wagamama no.076

神戶攻略完全制霸

國家圖書館出版品預行編目資料

神戶攻略完全制霸/墨刻編輯部 作 ; --
初版. -- 臺北市 : 墨刻出版股份有限公
司出版 : 英屬蓋曼群島商家庭傳媒股
份有限公司城邦分公司發行, 2024.10
256面 ; 14.8×21公分. -- (Wagamama;
76)
ISBN 978-626-398-076-1 (平裝)
1.旅遊 2.日本神戶市

731.75319   113013703

墨刻整合傳媒廣告團隊
提供全方位廣告、數位、影音、代編、出版、行銷等服務
為您創造最佳效益
歡迎與我們聯繫:
mook_service@mook.com.tw

U0094828

作者墨刻編輯部
主編呂宛霖
採訪編輯周麗淑
美術設計洪玉玲(特約)
封面設計羅婕云
地圖繪製墨刻編輯部·nina

特約·許靜萍
特約·詹淑娟
特約·蕭又禎
特約·董嘉惠

出版公司
墨刻出版股份有限公司
地址:115台北市南港區昆陽街16號7樓
電話:886-2-2500-7008/傳真:886-2-2500-7796
E-mail:mook_service@hmg.com.tw

發行公司
英屬蓋曼群島商家庭傳媒股份有限公司城邦分公司
城邦讀書花園:www.cite.com.tw
劃撥:19863813/戶名:書虫股份有限公司
香港發行城邦(香港)出版集團有限公司
地址:香港九龍土瓜灣土瓜灣道86號順聯工業大廈6樓A室
電話:852-2508-6231/傳真:852-2578-9337
E-mail:hkcite@biznetvigator.com
城邦(馬新)出版集團Cite (M) Sdn Bhd
地址:41,Jalan Radin Anum, Bandar Baru Sri Petaling,
57000 Kuala Lumpur, Malaysia.
電話:(603)90563833/傳真:(603)90576622
E-mail:services@cite.my

製版·印刷
藝樺設計有限公司·漾格科技股份有限公司
城邦書號KS2076   初版2024年10月
定價460元
MOOK官網www.mook.com.tw/wp/
Facebook粉絲團www.facebook.com/travelmook
MOOK墨刻出版
版權所有·翻印必究

執行長何飛鵬
PCH集團生活旅遊事業總經理暨墨刻出版社長李淑霞

總編輯汪雨菁
副總編輯呂宛霖
叢書編輯趙思語·李冠瑩
採訪編輯唐德容·林昱霖·蔡嘉榛
資深美術設計主任羅婕云
資深美術設計李英娟
影音企劃執行邱茗晨

資深業務經理詹顏嘉
業務經理劉玫玟
業務專員程麒
行銷企畫經理呂妙君
行銷企畫主任許立心
行政專員呂瑜珊

印務部經理王竟為

特別感謝
九電產業株式會社 海外事業推進室
株式會社 こうべ未來都市機構
株式會社 神戶ウォーターフロント開發機構
一般財團法人 神戶觀光局

交通日文

想問路嗎？

我想要去～。
～に行きたいです。
～ni i-ki-tai de-su.

去～的月台乘車處是幾號？
～行きはどのホーム [乗り場] ですか？
～yu-ki wa do-no ho-mu [no-ri-ba] de-su-ka?

直接這麼説！

搭什麼線比較好？
何線でいいですか？
na-ni-sen de ii de-su ka.

請問在哪裡轉車？
どこで乗り換えますか？
do-ko de no-ri-ka-e ma-su-ka.

那一個出口比較近？
何番出口の方が近いですか？
nan-ban de-gu-chi no ho ga chi-kai de-su-ka.

過不了改札口
改札口を通れませんでした。
kai-sa-tsu-guchi wo too-re-ma-sen de-shi-ta.

車票不見了
切符をなくしてしまいました。
kippu wo na-ku-shi-te shi-mai-ma-shi-ta.

東西忘了拿
荷物を忘れてしまいました。
ni-mo-tsu wo wa-su-re-te si-mai-ma-shi-ta.

想退票
払い戻ししたいんです。
ha-rai mo-do-shi shi-tain de-su.

搭錯車
乗り間違えました。
no-r ma-chi-ga-e-ma-shi-ta.

坐過站
乗り過こしました。
no-ri su-go-shi-ma-shi-ta.

請寫下來
書いてください。
kai-te ku-da-sai.

想找車站裡的設施嗎？

最近的～在哪裡。
一番近い～はどこですか。
ichi-ban chi-kai～wa do-ko de-su-ka.

車站內設施

観光案内所
かんこうあんないしょ
kan-ko-an-nai-syo

廁所
トイレ
to-i-re

電梯
エレベーター
(elevator)
e-re-be-ta

電扶梯
エスカレーター
(escalator)
e-su-ka-re-ta

投幣置物櫃
コインロッカー
(coin locker)
ko-in-rokka

出入口
でいりぐち
de-i-ri-gu-chi

駅員室
えきいんしつ
e-ki-in shi-tsu

精算機
せいさんき
sei-san-ki

公共電話
こうしゅうでんわ
ko-syu-den-wa

購物日文

想要買嗎？

請給我這個
これを下さい。
ko-re wo ku-da-sai.

請給我看這一個
これを見せて下さい。
ko-re wo mi-se-te ku-da-sai.

❶ これ(ko-re)，是「這個」的意思，買東西只要指著物品説これ，店員就會明白你要哪一個了。

直接這麼説！

多少錢？
いくらですか。
i-ku-ra de-su-ka.

可以試穿嗎？
試着してもいいですか。
si-chya-ku si-te-mo ii de-su-ka.

請修改尺寸
丈を直して下さい。
jyo wo na-o-si-te ku-da-sai.

不用了
いいんです。
iin de-su.

只是看看而已
見るだけです。
mi-ru da-ke de-su.

(尺寸)有更大的(更小)的嗎？
もっと大きいの [小さいの] はありませんか。
motto oo-kii no [chii-sai no] wa a-ri-ma-sen-ka.

請問有其他顏色嗎？
他の色はありませんか。
ho-ka no i-ro wa a-ri-ma-sen-ka.

保存期限有多久？
賞味期限はいつまでですか。
syo-mi-ki-gen wa i-tsu ma-de de-su-ka.

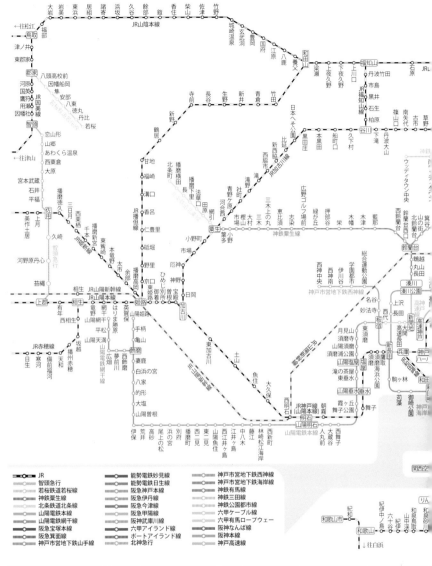

西村咖啡中山手本店

中山手通

拉麵太郎

↑往 ○FREUNDLIEB

神戸牛牛排 櫻　生田神社

東門街

GREEN HOUSE Silva

神戸牛牛排 Vesta

唐吉訶德

PLAISIR

tea room
MAHISA

Tor Road
delicatessen

石田屋

KOBE
new
WORLD

三宮駅

阪急神戸線
JR神戸線

Red Rock東店

欧風料理もん

金魚

EKIZO
神戸三宮

JR三ノ宮駅

OPA 2

雪月花 本店

MOURIYA總店

三宮駅

鳴門鯛焼本舗

阪急三宮駅

珉珉

OPA

M-int神戸

阪神三宮駅

Santica

SAN CENTER
PLAZA

神戸
O1O1

阪神本線

PLAZA WEST

淳久堂書店

神戸阪急

TOOTH TOOTH

三宮商店街

三井
住友

Loft

三宮本通

Clefy

地下鉄海岸線

神戸國際會館

三宮・花時計前駅

Hotel Königs Krone

花時計

朝日大樓

神戸市役所

磯上公園

Grill十字屋

高砂大樓

mont bell

東遊園地

TOOTH TOOTH
maison 15th

神戸市立博物館

舊居留地15番館

こども本の森 神戸

↓往 ○Aquarium x Art átoa　↓往 ○KIITO　↓往 ○神戸動物王国

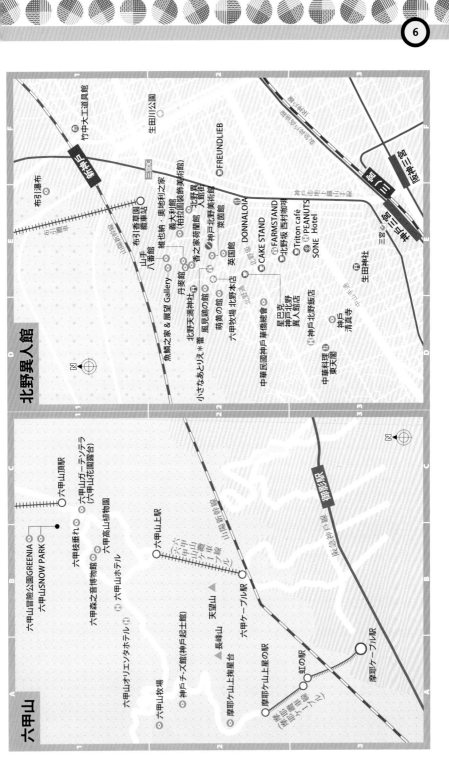

北野異人館

- 竹中大工道具館
- 布引雄滝
- 布引ハーブ園
- 新神戸
- 三宮
- 生田川公園
- FREUNDLIEB
- 布引滝
- 山手八番館
- 義大利館
- 雑地納・奥地利之家
- 香之家荷蘭館
- 北野外国人倶楽部
- 神戸北野美術館
- 萊茵館
- 英国館
- 魚鱗之家＆展望Gallery
- 丹麥館
- 北野天満神社
- 風見鶏の館
- 萌黄の館
- 六甲牧場 北野本店
- 中華民國神戸華僑總會
- 星巴克神戸北野異人館店
- FARMSTAND
- CAKE STAND
- 北野坂西村珈琲
- Triton café
- PEANUTS
- DONNALOIA
- SONE Hotel
- 神戸北野飯店
- 中華料理東天閣
- 神戸清真寺
- 生田神社
- 三宮
- 神戸
- 阪神三宮
- 神戸市営地下鉄山手線

六甲山

- 六甲山頂駅
- 六甲山冒険公園GREENIA
- 六甲山SNOW PARK
- 六甲ガーデンテラス（六甲山花園露台）
- 六甲枝垂れ
- 六甲高山植物園
- 六甲山上駅
- 六甲森之音博物館
- 六甲山オリエンタルホテル
- 六甲山ホテル
- 六甲山牧場
- 六甲チーズ館（神戸起士館）
- 天覧山
- 長峰山
- 摩耶ケーブル山上星の駅
- 六甲ケーブル下駅
- 摩耶ケーブル山上駅
- 虹の駅
- 摩耶ケーブル駅
- 御影
- 山陽新幹線
- 阪急神戸線

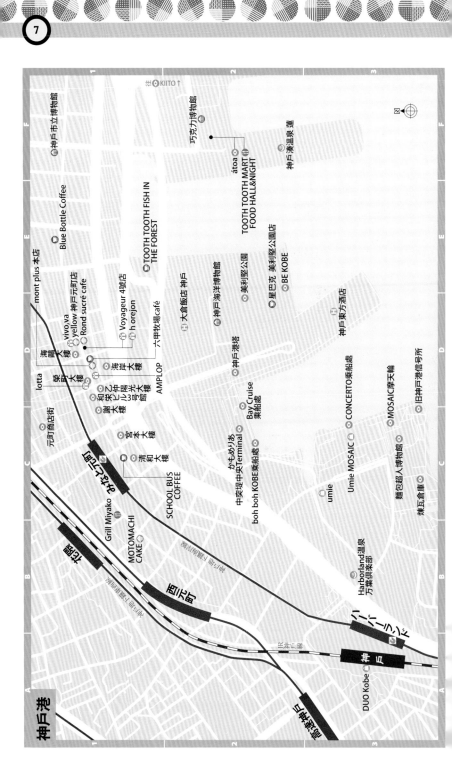

神戸港

往 ⑥ KIITO ↑

⑥ 神戸市立博物館

mont plus 本店

Blue Bottle Coffee

海鼇大樓
vivo,va
lotta
榮町大樓
yellow 神戸元町店 ● Rond sucré cafe
海岸大樓
謝 和榮ビル3号館
大樓 乙仲光大樓

● TOOTH TOOTH FISH IN THE FOREST

⑥ Voyageur 4號店 ● h orejon

六甲牧場 café

AMPLOP

元町商店街

巧克力博物館

âtoa ⑪

神戸湊温泉 蓮

TOOTH TOOTH MART
FOOD HALL&NIGHT

⑥ 大倉飯店 神戸

⑥ 神戸海洋博物館

美利堅公園

星巴克 美利堅公園店
● BE KOBE

みなと元町

宮本大樓
清和大樓

SCHOOL BUS
COFFEE

⑥ 神戸港塔

神戸東方酒店 ⑪

Bay Cruise
乗船處

CONCERTO 乗船處

⑥ MOSAIC摩天輪

⑥ 旧神戸港信号所

西元町

Grill Miyako

MOTOMACHI
CAKE ⑥

かもめりあ
中突堤中央Terminal ⑥

boh boh KOBE乗船處

Umie MOSAIC ⑥

麵包超人博物館 ⑥

煉瓦倉庫 ⑥

umie

Harborland温泉
万葉倶楽部

ハーバーランド

神戸

DUO Kobe

高速神戸

JR 神戸線

⑥ 神戸港塔

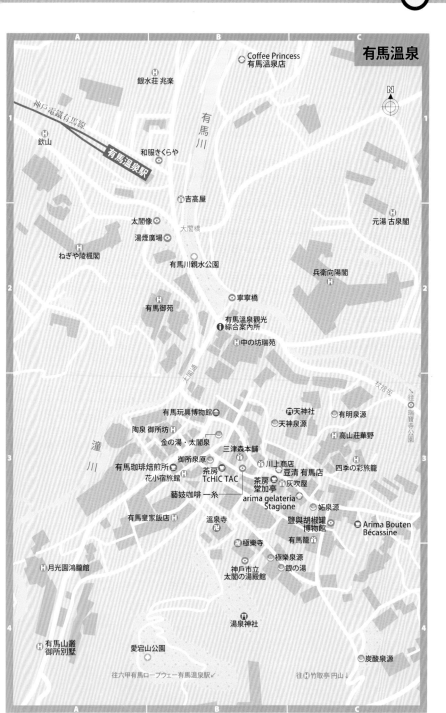

有馬溫泉

神戶電鐵有馬線

有馬溫泉駅

Coffee Princess 有馬溫泉店

銀水荘 兆楽

有馬川

欽山

和服きくらや

吉高屋

太閤像

大閤橋

元湯 古泉閣

湯煙廣場

ねぎや陵楓閣

有馬川親水公園

兵衛向陽閣

有馬御苑

寧寧橋

有馬溫泉觀光
綜合案內所

中の坊瑞苑

瀧川

往瑞寶寺公園

村捨坂

有馬玩具博物館

陶泉 御所坊

金の湯・太閤泉

御所泉源

有馬珈琲焙煎所
花小宿旅館

茶房
TcHIC TAC

藝妓咖啡 一糸

三津森本舖

川上商店

豆清 有馬店

天神社

天神泉源

有明泉源

高山荘華野

四季の彩旅籠

茶房
堂加亭

灰吹屋

arima gelateria
Stagione

妬泉源

有馬皇家飯店

溫泉寺

極樂寺

鹽與胡椒罐
博物館

有馬籠

Arima Bouten
Bécassine

月光園鴻朧館

極樂泉源

銀の湯

神戶市立
太閤の湯殿館

炭酸泉源

湯泉神社

有馬山叢
御所別墅

愛宕山公園

往六甲有馬ロープウェー有馬溫泉駅

往竹取亭 円山

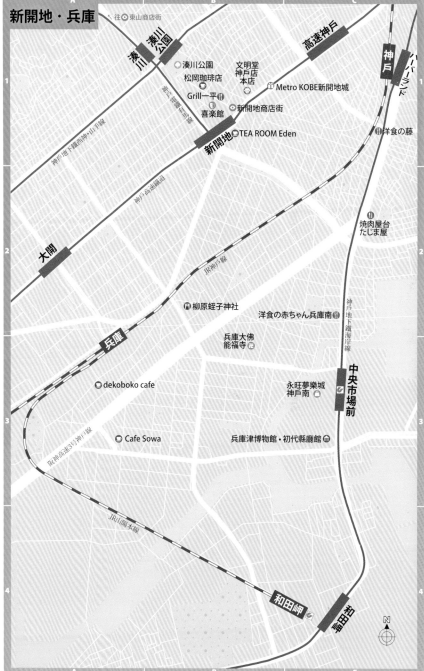

新開地・兵庫

往 東山商店街

湊川公園

湊川

湊川公園

松岡珈琲店

文明堂
神戸店
本店

Metro KOBE新開地城

Grill一平

喜楽館

新開地

新開地商店街

TEA ROOM Eden

高速神戸

神戸

ハーバーランド

洋食の藤

神戸地下鐵市・山手線

神戸高速鐵道

大開

焼肉屋台
たじま屋

JR神戸線

柳原蛭子神社

洋食の赤ちゃん兵庫南

兵庫

兵庫大佛
能福寺

神戸地下鐵海岸線

dekoboko cafe

永旺夢樂城
神戸南

中央市場前

Cafe Sowa

兵庫津博物館・初代縣廳館

阪神高速3号神戸線

JR山陽本線

和田岬

和田岬

N

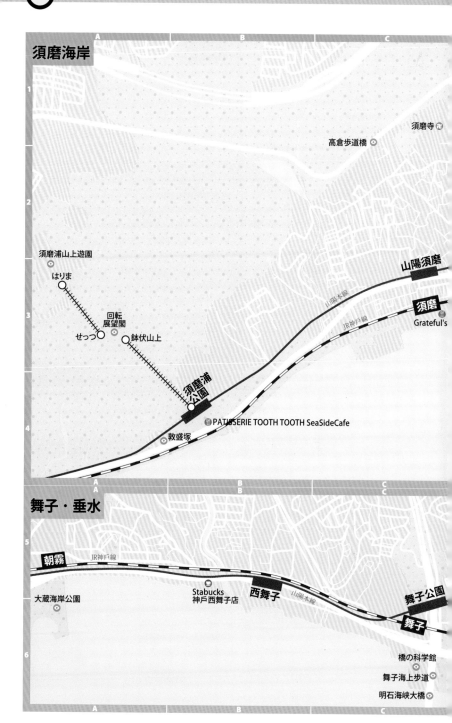

須磨海岸

須磨寺
高倉歩道橋
須磨浦山上遊園
はりま
回転展望閣
せっつ
鉢伏山上
須磨浦公園
山陽須磨
須磨
Grateful's
山陽本線
JR神戸線
PATISSERIE TOOTH TOOTH SeaSideCafe
敦盛塚

舞子・垂水

朝霧
JR神戸線
大蔵海岸公園
Stabucks 神戸西舞子店
西舞子
山陽本線
舞子公園
舞子
橋の科学館
舞子海上歩道
明石海峡大橋

寶塚

宝塚

宝塚

SORIO

寶塚阪急

花之道

花之道Cerca

阪急今津線

宝塚温泉
ホテル若水

寶塚HOTEL

宝塚大劇場

寶塚市立文化
藝術中心

手塚治虫
記念館

宝塚文化
創造館

Kitsune No
Hitokuchi

Coffee
Princess

CONCENT MARKET
to table

阪急宝塚本線

JR宝塚線

宝塚南口

Le Mans寶塚南口本店

岡本

桜守公園

Zenma

阪急神戸線

岡本駅

L'accent

神戸市立本山第
一小学校

三菱東京UFJ銀行
岡本駅前支店

フロイン堂

mon loire

常永寺

本山村役場跡之碑

日本茶カフェ一日

NAIFS

みなと銀行本山支店

sisam工房

daiei グルメシティ

りそな銀行
神戸岡本支店

Yuddy

田邊山神社

JR神戸線(東海道本線)

摂津本山駅

神戸本山駅前郵便局

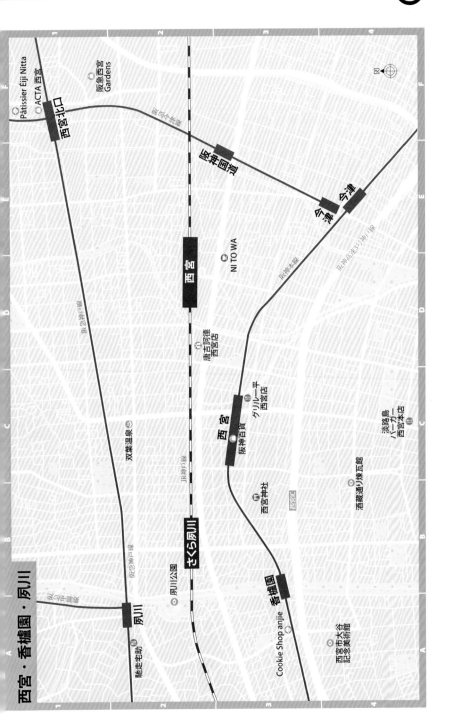

西宮・香櫨園・夙川

Pâtissier Éiji Nitta
ACTA 西宮
西宮北口
阪急西宮 Gardens
阪急今津線
阪神国道
今津
今津
阪神本線
阪神武庫川線
NI TO WA
西宮
阪急神戸線
双葉温泉
高吉訓徳西宮店
JR神戸線
西宮
阪神百貨
グリル一平西宮店
西宮神社
西宮IC
酒蔵通り煉瓦館
淡路島バーガー西宮本店
阪急神戸線
さくら夙川
夙川公園
阪急夙川
夙川
馳走宅助
香櫨園
阪急甲陽線
Cookie Shop anjie
西宮市大谷記念美術館

苦楽園

N

夙川さくら道
夙川
北夙川通

阪急苦楽園駅
阪急甲陽線

●北夙川小學
Kica
LOWSON
交番(派出所)
苦楽園口通
Permanent Age
越木岩筋

RYOICHI YAMAUCHI
Cafe ROOTS

菊谷公園

出石

N

●楽々鶴 出石酒造
●出石明治館
●風空路欧

●正覚田中屋
辰鼓楼
●田吾作
花水木● ●家老屋敷
永樂館●
●甚兵衛
●出石城跡

有子山稲荷神社

芦屋

N

〈往 ●ヨドコウ迎賓館(旧山邑家住宅)

阪急芦屋川駅
北口 南口
阪急神戸線

東芦屋町

AUX BONS SANDWICHES BIGOT
大原町
laporte北館
laporte本館
laporte西館
laporte裏館
JR芦屋
大丸芦屋

芦屋suomi THE BUTTER & SCONE
CHECK&STRIPE fabric&things
Terrace Daniel
大正橋
駅前通り

JR芦屋駅
北口 南口

space R
RIO COFFEE
旧宮塚町住宅
JR芦屋駅

おむすびころん
楽平町
芦屋本屋
Bigotの店
芦屋川

芦屋公光郵便局
小倉山荘
公光町
HENRI CHARPENTIER
芦屋本店

阪神芦屋駅
芦屋警察署●

精道町

ウカフ珈琲店
Nya coffee
店時々flower
月若橋
月若公園
芦屋
ぶんか
鯉川町
山下醫院
業平橋
大正橋
松ノ内公園

芦屋川
川西町
一寸法師
阪神本線(JR神戸線)
阪神本線

津知町

E F 1 2
E F 3 4
A B C D 1 2 3 4

淡路島

兵 庫

明石●

舞子●

●垂水

◎ 明石海峡大橋

淡路花棧敷 ◎　◎二次元之森

Hello Kitty Smile 🏠

◎ 淡路夢舞台

◎ 明石海峡公園

ゑびす亭 🍴

🅷 GARND NIKKO AWAJI

本福寺水御堂 🏛

PARCHEZ香りの館・香りの湯 ◎　◎ 吹き戻しの里

◎ 靜の里公園

薰壽堂 🏠

🍴大公

大阪灣

御食国 🍴

◎ 洲本城跡

洲本市

♨洲本温泉

和山歌県

淡路Farm Park England Hill◎

◎ 淡路島牧場

紀淡海峡

Hotel ANAGA 🅷

◎ 淡路人形座

🈁大鳴門橋記念館

●鳴門

◎

鳴門大橋　🅷Hotel New Awaji Plaza

紀淡海峡

鳴門海峡

徳島県

N

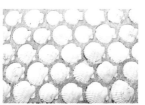

姫 路

N

〈往書寫山圓教寺・書寫の里・美術工藝館

男山千姫天滿宮
姫路文學館
水尾神社

清水橋(文學館前)

縣立歷史博物館
往姫路セントラルパーク

博物館前

姫路城天守

姫路市立美術館

菱之門　三國堀

美術館前

好古園

姫路市立動物園

千姫牡丹園
(千姫ぼたん園)

好古園前

城南小

姫路郵便局前

白鷺中

姫路城

大手前公園

国道2号線

大手門前通
ヤマトヤシキ

御幸通

ホテルクレール日笠

十二所線

姫路Green Hotel立町

きゃべつ

ねこびやか

姫路ワシンホテルプラザ

山陽姫路駅

姫路駅前

姫路駅前(總站)
山陽百貨

FESTA

JR姫新線

北口

東口

TERASSO

姫路駅

山陽新幹線

山陽本線

JR播但線

JR神戸線(山陽本線)

Piole
Himeji

南口

ホテルサンガーデン姫路

Hotel姫路Plaza

篠山

往↑ 栗屋西垣

雪岡市郎兵衛
洋菓子舗 ◎　　近又 ⓝ

篠山市立
歴史美術館 ◢

篠山城下町
ホテル Nipponia ⓗ　大正羅曼館 ◎

料理旅館
高砂 ⓗ ⓨ

鳳鳴酒造
ほろ酔い城下蔵

青山歴史村 ◎

◎ メイプルカフェ 篠山

まけきらい稲荷神社 ⓣ

篠山城大書院 ◎

篠山城跡 ◎

王地山公園 ◎

武家屋敷 ◎
安間家史料館

岩茶房
丹波ことり

小田垣商店
能樂資料館 ◎ ⓣ　花格子 ◎ ⓣ Hakutoya
◎ 和服租借 花菱

川端家住宅 ◎ ⓣ

河原町
妻入商家群

N

JR神戸線

◎ 石屋川公園

住吉

御影CLASS ◎

恋野温泉
Uharanoyu

六甲道

新在家

石屋川

御影

住吉

六甲Island線

神戸酒心館 ◎

灘五郷酒所 ⓝ

白鶴酒造資料館 ◎

魚崎

菊正宗
酒造記念館 ◎

櫻正宗
記念館
櫻宴 ◎

N

攻略神戶

完全制覇

台灣 TAIWAN
直 飛
神戶 KOBE

2024年11月26日正式開幕度假型 OUTLET！

MITSUI OUTLET PARK
瑪林匹亞神戸
三井アウトレットパーク マリンピア神戸

廣受喜愛、位於可展望整明石海峽、明石海峽大橋的三井 OUTLET，距神戸市中心僅需電車約 30 分鐘距離即可達，2024 年 11 月 26 日正式開幕後，不但將原本設施擴大成原本的 1.3 倍大，隆重正式開幕的「MITSUI OUTLET PARK 瑪林匹亞神戸」，變身成不僅僅是一個提供購物美食的 OUTLET，更是一個結合戶外水上活動、沙灘設施的度假型 OUTLET。能夠購物、玩水上活動、玩沙灘、賞景、美食，連寵物都能一起來逛街同樂。可說是度假設施裡有 OUTLET、而 OUTLET 裡也能玩水度假，超新鮮的新休憩購物概念，來神戸一遊，絕對不能錯過。

交通：「JR垂水駅」、「山陽垂水駅」下車徒步約9分，或從垂水駅利用OUTLET免費接駁巴士前往。
地址：神戸市垂水區海岸通12-2
時間：商店10:00〜20:00
　　　　餐廳11:00〜21:00
　　　　美食廣場10:30〜21:00

＊開幕期間之營業時間可能會有變動。

網址

約 150 家店鋪，
也有關西首次進駐店鋪

　　從世界各國的知名流行品牌到日常用品，全都匯聚於此！像是 BEAMS、CALVIN KLEIN、DIESEL、FURLA、URBAN RESEARCH 之外，Mercedes-Benz 、Montbell、BorneLund Asobino Sekai 兒童專屬遊戲區等，也都首次進駐，不論流行、運動用品、生活雜貨、兒童服飾通通能一次購足。

多樣美食，讓人一路吃不完

　　園區內有許多美食店家，不論要吃什麼風格的美食都能找到，夏威夷風、日式、咖啡、燒肉、海鮮等，通通沒問題，更有超過一半都是首次新進駐，也有關西首發店鋪，絕對讓人味蕾一新。也能預約一場戶外 BBQ，跟親朋好友度過悠閒之旅。

新形態的度假區裡，
邊享受購物與美食

　　就位在明石海峽邊、包含 OUTLET 的這個廣大的度假休憩區域「LAGOON COMMUNITY PARK」裡，不但能近距離欣賞到壯闊的明石海峽大橋及對岸淡路島的美麗景觀，白天已經夠驚艷，傍晚的晚霞與明石海峽大橋景觀，更是浪漫。園區內可體驗活動、購物、享受美食，更提供狗跑場、攀岩、BBQ 等多樣的戶外活動，給你奇妙又新穎的 OUTLET 購物新體驗。

寵物毛寶貝也能一起來度假

　　毛寶貝們現在可是跟家人一樣，一起出遊也成為常態。這裡也非常歡迎毛寶貝們一起來購物跟遊憩，不但有寵物們的專用活動空間，多達 70 多家店鋪也都是寵物友善店，即使遇到不能進入的店鋪，也有寵物專有場所可以暫待。喜歡寵物的人，即使自己沒帶寵物來，應該也會被這些各式毛寶貝可愛風景融化。

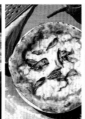

wagamama no.076

神戶攻略 完全制霸

contents

本書所提供的各項可能變動性資訊，如交通、時間、價格（含票價）、地址、電話、網址，係以2024年10月前所收集的為準，正確內容請以當地即時標示的資訊為主。如果你在旅行中發現資訊已更動，或是有任何內文或地圖需要修正的地方，歡迎隨時指正和批評。你可以透過下列方式告訴我們：
寫信：115台北市南港區昆陽街16號7樓
MOOK編輯部收
傳真：02-25007796
E-mail：mook_service@hmg.com.tw
FB粉絲團：「MOOK墨刻出版」
www.facebook.com/travelmook

神戶市區 × 兵庫近郊
31 大分區制霸
吃喝玩樂資料庫

實用情報。神戶交通迷宮完全詳解

wagamama

神戶攻略 完全制霸

如何使用本書

本書所提供的各項可能變動性資訊，如交通、時間、價格(含票價)、地址、電話、網址，係以2024年10月前所收集的為準，正確內容請以當地即時標示的資訊為主。如果你在旅行中發現資訊已更動，或是有任何內文或地圖需要修正的地方，歡迎隨時指正和批評。你可以透過下列方式告訴我們：

寫信：115台北市南港區昆陽街16號7樓MOOK編輯部收
傳真：02-25007796
E-mail：mook_service@hmg.com.tw
FB粉絲團：「MOOK墨刻出版」
www.facebook.com/travelmook

頁碼

分區名稱與英日文拼音

清楚分別美食、購物、景點、住宿等機能，一眼就能找到旅遊需求。

清楚標示出景點所在的地圖頁碼及座標值，可迅速找出想去的地方。

編輯認為值得推薦的景點或店家

右頁邊欄上標出索引名稱，翻閱更輕鬆。

全面普查的完整精確資訊

看一眼就知道的符號說明

清楚列出電車及其他交通資訊

紅色粗字清楚列出此店家或景點的特色

不同樣式的BOX分別介紹每一景點或店家的豆知識

地圖ICONS使用說明

◎景點	🍜麵食	ℍ飯店
🚪神社	日式美食	寺廟
🏛博物館	西式美食	溫泉
美術館	☕咖啡茶館	美容
♤公園	和菓子	公車站
購物	甜點、麵包	國道
百貨公司	酒吧	現場演唱
書店	劇院	✈機場

書中資訊ICONS使用說明

- 與本書地圖別冊對位，快速尋找景點或店家。
- 不小心東西忘在店裡面，可立刻去電詢問。
- 若店家均位於同一棟大樓，僅列出大樓名稱與所在樓層。
- L.O.(Last Order指的是最後點餐時間)
- 如果該店家無休假日就不出現。
- 日文料理菜名括號詳列中文翻譯，輕鬆手指點餐。
- 在大區域範圍內詳細標明如何前往景點或店家的交通方式。
- 出發前可上網認識有興趣的店家或景點。
- 各種與店家或景點相關不可不知的訊息。
- ① 地圖上出現車站實際出口名稱。

日本美妝
健康小物攻略

經典商品搶先關注！

日本大大小小的藥妝店實在太好逛，推陳出新的新商品
更是令人眼花撩亂，不過有幾樣口碑持續發燒的美妝及
健康小物可千萬別錯過，鎖定後快速下手準沒錯！

＊商品價格皆為含稅價

ロイヒ膏™ロキソプロフェン
ロイヒ膏™ロキソプロフェン 大判

ROIHI‐KO™ LOXOPROFEN 第2類医薬品
ROIHI‐KO™ LOXOPROFEN Large

ニチバン株式会社

¥1,078／7片 ¥1,738／大尺寸7片

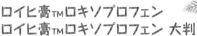

受到大家熱烈支持的
「ROIHI-TSUBOKO™」系列
產品推出了「ROIHI-KO™ LOXOPROFEN」貼布！
使用消炎止痛成分氯索洛芬鈉的溫感型舒適貼布。可
緩解肩膀酸痛、腰痛等，功效直達疼痛深處且持續24
小時，1天1貼即可。舒適無味，辦公或外出時皆可使
用。貼布不易皺摺，大尺寸亦可貼於腰部。
請認明印有「ROIHI-TSUBOKO™」的「ROIHI博士」的
紫色包裝外盒！

TM: trademark

龍角散ダイレクト®スティック
ミント・ピーチ

龍角散®清喉直爽顆粒 第3類医薬品

株式会社龍角散

顆粒型：¥770／16包
口含錠型：¥660／20錠

在日本熱銷超過
200年的咽喉藥「龍
角散」經過改良，設
計成可直接服用的條狀包裝。有薄荷與水蜜桃口味
的顆粒製劑，在口中會如薄雪般迅速融化。同系列產
品中也有口含錠型，為芒果加薄荷的香醇清涼口味。
本產品可改善因咳痰、咳嗽、喉嚨發炎引起的聲音沙
啞、喉嚨痛及喉嚨不適等症狀。無需配水服用，細微
粉末的生藥成分，直接作用於咽喉黏膜，發揮效果。

救心カプセルF

救心膠囊 F 第2類医薬品

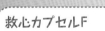

救心製薬株式会社

¥1,650／10顆
¥4,510／30顆

「救心膠囊F」是由天然生藥製成，
可有效舒緩心臟泵血功能減弱造
成的「心悸」、血液循環不暢因而無
法帶給全身充足氧氣所導致的「呼
吸困難」，以及眩暈、站起來時發暈、注意力無法集
中、「意識模糊」等症狀。救心膠囊F為小型膠囊，不
僅方便服用，也可以迅速吸收藥效成分。製造工廠使
用最新設備，並擁有嚴格品質管理規範。

正露丸シリーズ
正露丸系列

第2類医薬品

大幸薬品株式会社

正露丸：¥1,342／100顆
正露丸糖衣錠A：¥1,210／36錠
正露丸Quick C：¥1,100／16顆

「正露丸」是擁有120年歷史，備受青睞的居家常備
藥，在日本緩解腹瀉的藥品中不僅是市占率第一，針
對「軟便」、「拉肚子」、「因食物或飲水引起的腹瀉」等
症狀也有很不錯的效果。「正露丸」系列也有藥品氣
味較淡的「正露丸糖衣錠A」，以及「只有在日本才買
得到」、氣味淡、攜帶方便、溶解速度快的膠囊型正露
丸「正露丸Quick C」。來日本旅遊時，歡迎選購！

推薦店鋪 松本清藥妝店/Sundrug藥妝店/大國藥妝店/驚安殿堂·唐吉訶德/鶴羽藥妝店/Welcia藥局/杉藥局/Cocokarafine藥妝店

神戶區域簡介

神戶市區 → P. 1-1

神戶市擁有豐富多元的區域特色，繁華的三宮商圈、融合異國風情的舊居留地與元町，再到充滿復古氛圍的榮町，充滿現代與歷史交錯的景緻。神戶港以美麗的海濱景觀和夜景聞名、北野異人館保存了昔日外國人的住宅建築，展現濃厚的異國風情。六甲山是神戶的天然地標，適合健行與觀賞四季美景。有馬溫泉則是歷史悠久的名湯，吸引旅客放鬆身心。兵庫、長田區與新開地保留了傳統市場與庶民文化。西部的舞子、垂水擁有壯麗的明石海峽大橋景觀，而須磨地區則以美麗的沙灘和水族館著稱，是消暑與親子遊樂的最佳選擇。

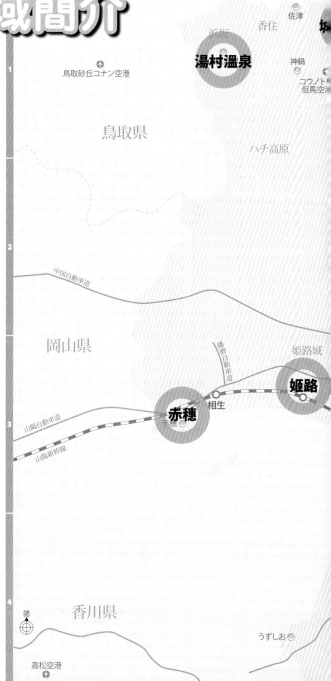

兵庫縣

溫泉

出石

京都府

丹波篠山

三田

三木

加古川

大阪国際空港
(伊丹空港)

有馬

宝塚

六甲山

神戶市區

阪神間

甲子園

神戶

尼崎

明石

神戶空港

大阪府

関西国際空港

洲本

路島

和歌山県

阪神間 → P. 2-1

阪神間指的是大阪與神戶之間的區域，其中西宮以甲子園球場聞名，是日本高中棒球聖地。芦屋擁有優雅的住宅區與高級美食店，展現出高雅的生活品味。夙川、苦樂園則以美麗的櫻花景致和寧靜的街道著稱，是漫步和放鬆的好地方。寶塚因寶塚歌劇團而聞名，為文化藝術愛好者的必訪地。岡本以其獨特的文青氛圍和精品咖啡店吸引年輕人前來，成為現代生活的潮流地區。灘區則是傳統酒藏的所在地，擁有數百年歷史的日本清酒釀造文化，是品味美酒與了解酒文化的絕佳場所。整個阪神間展現了都市與傳統與現代的完美結合。

神戶近郊 → P. 3-1

兵庫縣擁有多樣的自然景觀與豐富的人文歷史資源，像是淡路島位於瀨戶內海，擁有美麗的海岸線與特色花卉公園，是放鬆身心的度假勝地。姬路以世界遺產姬路城聞名，被譽為日本最美麗的城堡之一。明石則是日本知名的海鮮市場與章魚料理之鄉。赤穗擁有忠臣藏故事的歷史遺跡，深受歷史愛好者喜愛。城崎溫泉以七湯巡遊傳統而著名，充滿懷舊情調。出石以「小京都」的美名而聞名，有優雅的古街與蕎麥麵美食。湯村溫泉則是靜謐的溫泉鄉，適合休閒度假。丹波篠山則以古城遺跡與黑豆料理著稱，是秋季賞楓與品嚐美食的最佳去處。

從關西國際機場進入神戶市區

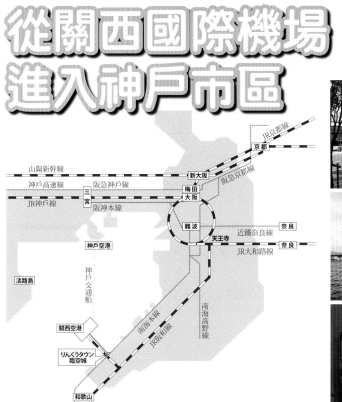

公路交通

前往神戶→利木津巴士

利用利木津巴士從機場可直達神戶三宮，是最推薦的交通方式，不但最便利單純，而且車班次多。由關西空港交通、阪急觀光巴士、阪神巴士聯營，幾乎每15分鐘就1班次，行車時間也僅需約1小時左右。但僅能從機場串接至三宮駅，若目的地在三宮以外，則須在三宮轉乘。

路線與價格指南

乘車處	目的地	需要時間	票價
6號(第一航廈1F) 4號(第二航廈1F)	神戶阪急 三宮駅	約1小時5分	¥2200

備註：無須預購票，隨到隨搭，可於售票亭買票或是上車刷電子票卡

水路交通

Bay Shuttle
(關西空港→神戶空港→三宮駅)

神戶機場與關西機場都位在大阪灣內，要前往神戶，走陸路交通外，搭乘水路交通反而更近更方便。且近年皆有

提供外國觀光客的500日幣優惠搭乘快艇方案，不妨多加利用。抵達神戶空港後，只需利用Port Liner進入市中心三宮駅更只需18分。

路線與價格指南

路線名	目的地	需要時間	票價
Bay Shuttle	神戶機場	約30分	¥1880(原票價)
Port Liner	三宮駅	約18分	¥340

鐵路交通

前往神戶→鐵道

JR西日本

雖然搭巴士前往神戶市中心絕對是最推薦，也最便利，但若是因為持有JR PASS，那麼就可以利用JR西日本從機場出發後，在大阪駅(梅田)轉乘一次，也是便利的方式。

路線與價格指南

路線名	目的地	需要時間	票價
JR關空快速線+ JR神戶線新快速	JR三ノ宮駅	約1小時30分	¥2220

神戶-關西機場 海上高速船 Bay Shuttle

從關西機場出發，最快約30分鐘可到神戶！另外乘坐人工島線捷運18分鐘即可到達三宮市區！

踏入關西國際機場後乘坐神戶空港高速船，循著大阪灣湛藍內海海色直奔神戶港灣，不過三十分鐘，從日本廚房的美食之都投身「新興庶民都市」，這是作家田邊聖子在《歲月車票》一書中賦予神戶的新封號，有別於你我熟悉的藝文情調，更加真傳遞當地坦率真誠的庶民文化。接近大自然的景色，加上開闊的地形，以及帶點古典又不失傳統韻味的街道感，讓外來旅人多點能隨時輕鬆融入的親近感。即便下了關西國際機場，也能選擇搭神戶海上高速船直達神戶，領略港灣山林間的神戶特有印象，走一趟交通便捷、舒適自在的悠閒旅程吧！

KOBE
KOBE·KANSAI AIRPORT
Bay Shuttle

購票指南

◎第1航廈

1. 國際線北出口正面有售票專櫃

提示護照購票

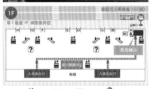

※2024年10月時的資訊

2. 12號巴士站轉坐免費接駁巴士到碼頭

◎第2航廈

1. 國際線出口正面有售票專櫃

提示護照購票

2. 巴士站轉坐免費接駁巴士到碼頭

3. 乘船最快大約30分鐘到神戶機場

從三宮到神戶機場海上高速船航廈的指南

● 搭乘港灣人工島線電車(port liner)

● 搭乘前往神戶機場方向的電車 **三宮站⇆神戶機場站** 大約18分鐘，神戶機場1樓在6號巴士乘車點搭乘前往海上高速船航廈的免費接駁巴士(大約3分鐘)到達神戶機場海上高速船航廈。

三宮站
Port Liner 港灣人工島線
北埠頭站
市民廣場站
神戶機場
神戶機場站
關西國際機場

—— 三宮站↔神戶機場站
—— 三宮站↔北埠頭站

如果停船的話怎麼辦？

因惡劣天氣等理由而停船時，將為乘客準備代行巴士。

神戶機場⇆關西國際機場 (大約需要90分鐘) 詳情請查詢官網。

神戶－關西機場 海上高速船

🔗 www.kobe-access.jp/chi2/

📞 078-304-0033(預訂和運行狀況諮詢，預訂時間9:00~18:00，日文熱線)

🕐 最早一班05:30(神戶側出發)、最晚一班 00:00(關西機場側出發)，詳細時刻表，請以官網為準。

💰 單程¥500（限訪日外國旅客）

詳情請查看官網喔～

官網

※Captain Tobby(Tobby船長)

從神戶機場進入神戶市區及周邊

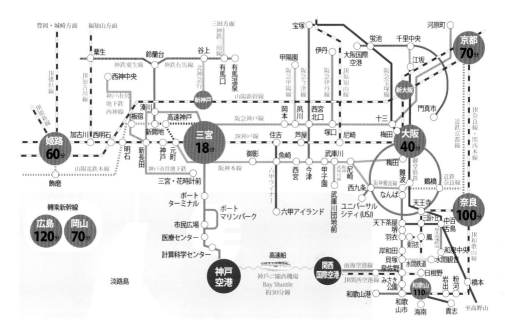

港灣人工島線Port Liner

串聯空港到市中心的這條空港快速鐵道-港灣人工島線,起訖站就是神戶空港↔三宮駅,不但快速便利,沿途通過人工島Port Island、神戶港,雖是短短18分鐘距離,但精采度十足,讓旅人進到神戶前,直接感受這個港灣城市霸氣美景的迎接洗禮。

🚋 神戶空港↔三宮駅,大人¥340、小孩¥170

🌐 www.knt-liner.co.jp/station/808/

港灣人工島線Port Liner搭乘必注意

從機場搭乘往市區,幾乎車來搭上去就對了,絕對不出錯,但若是從三宮駅過來機場,可得注意,三宮出發有2條路線,

方向一致、路線部分重疊,一條會到空港、一條則到半路的北埠頭繞一圈再往回到三宮,萬一搭錯會多浪費一些轉乘時間,對於趕飛機的人,務必要注意。

巴士

抵達神戶機場後若要進入神戶市區,若目的地不在三宮,尤其是帶大型李的人,則可利用巴士會比較便利,雖然搭Port Liner到三宮再轉車也可以,但帶著大行李轉車,會比較不方便。另外在機場也有長途巴士,可以直達周邊部分城市。

前往區域	巴士公司	巴士月台	搭乘時間	費用
新神戶駅、三宮駅	神姬巴士	7	22分	¥340
新神戶駅	JR巴士、本四海峽巴士	5	30分	¥340
淡路島(淡路市、洲本市)	神姬巴士	5	90分	¥1890~2200
環球影城	みなと觀光巴士	3	60分	¥900
大阪駅	大阪巴士	2	70分	¥1000

🚋 國內線航廈1F出口前方巴士站

🌐 www.kairport.co.jp/access/bus

❶ 以上車資為成人費用,小孩半價

神戶機場

宛 如一座漂浮在海上的機場般，神戶空港是一座於海上填地造陸的機場專用島，於2006年開始飛航啟用後，也將神戶的旅遊線大大擴張，還可以利用機場設置的碼頭棧橋，以海上高速船Bay Shuttle快速與海灣對岸的關西國際機場，30分鐘快速連結。而奔馳於高架橋上的港灣人工島線Port Liner，穿越海灣、人工島Port Island，以直線距離快速將旅人從機場帶到神戶最熱鬧市中心「三宮駅」，更只要18分。新整備完成的國內線航廈3樓室內休憩&美食空間、頂樓庭園戶外展望台，海空連結的優美景緻，優雅又迷人；另外，也特別請來知名迷你微型創作藝術家&攝影師田中達也先生以神戶為主題創作，在此設置常設展美術館，更讓神戶空港成為話題焦點。2025年春天，新的國際線航廈也將完工啟用，未來從海外可直飛神戶空港，也將成為台灣旅人的便利新選項。

www.kairport.co.jp/

神戶空港櫃層介紹

神戶空港國內航廈總共為3層樓航廈+頂樓建築，動線簡單清晰，尤其航站2F與Port Liner直結的便利性，讓往返市中心三宮，便利又快速。

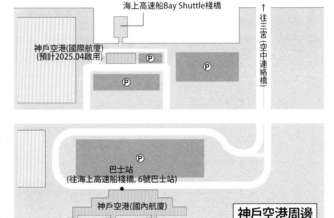

海上高速船Bay Shuttle棧橋

神戶空港(國際航廈)(預計2025.04啟用)

巴士站(往海上高速船棧橋, 6號巴士站)

神戶空港(國內航廈)

↑往三宮(空中連絡橋)

神戶空港周邊

樓層(國內航廈)	樓層設施
1F(入境抵達樓層)	・綜合案內所&租車處 ・入境樓層 ・接機大廳
2F(出境大廳、商店)	・出境報到大廳 ・伴手禮購物店鋪 ・育嬰室、行李置物櫃 ・出境後貴賓室Lounge(限所有乘機者可以利用，提供咖啡、紅茶、軟性飲料、報章雜誌等，¥1,050/一人) ・ポートライナー(Port Liner)
3F(餐廳、休憩區)	・餐廳、咖啡廳 ・SKY COURT(室內展望區、自由休憩座位區) ・幼兒遊戲室
頂樓展望區	・屋上庭園(戶外展望區) ・室內展望座位區 ・田中達也先生「MINIATURE LIFE × KOBE AIRPORT」常設展

購物美食區

🏠2F、3F ⏰商店6:15~20:45、餐飲咖啡各店不一，約6:15~21:00

機場的2~3F集合有伴手禮、咖啡、餐廳，其中2F設有「関西旅日記」、「神戸旅日記」2個商店區，裏頭集結各式豐富關西熱門伴手禮、神戸熱門伴手禮，讓購物送禮一次輕鬆買齊。3樓則以餐廳及寬闊舒適的室內自由展望休憩區為主，尤其面對機場跑道側，大片落地玻璃，將海面上的大輪船、跑道上的飛機以近距離在眼前展開，成為機場內最受歡迎的區域。

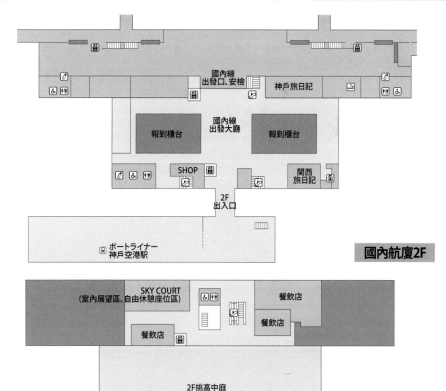

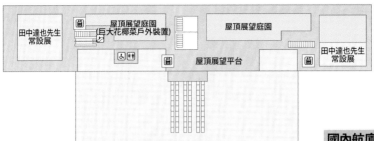

國內航廈_頂樓

頂樓庭園

⏱頂樓(4F) 🕕6:30~22:00

　神戶空港最迷人景致便是海景與空港景色，無接縫串連的優雅風貌，尤其繁忙的神戶港帶來許多船輪出入，也讓許多大型船輪成為機場美麗的背景。往上走到3F頂樓戶外庭園展望區，不僅高度視野更開闊，也能在跑道反方向觀景台，展望神戶市區方向&六甲山脈景致，而設在頂樓左右兩側的室內微型展區，更是看展、賞景雙合一的好地方。

▶ MINIATURE LIFE × KOBE AIRPORT

⏱頂樓(4F) 🕕10:00~19:00、週末例假日9:00~20:00，花椰菜樹6:30~22:00 💲免費

🌐www.kairport.co.jp/miniaturelife/

　4F的頂樓戶外展望區，邀請知名迷你微型創作藝術家&攝影師田中達也先生，2022年9月起在此設立常設美術館「MINIATURE LIFE × KOBE AIRPORT」，幾乎成為另類打卡熱點。多達39個全新創作，不但開放免費參觀，而且兼具展望功能的展示館內，邊看展還能邊欣賞跑道上的飛機、跑道外海面上的船輪身影，一次感受現實×虛幻合一的看展特殊經驗。

　以「能搭飛機、也能看飛機，大人小孩都能同樂的主題公園」為概念，針對神戶全新創作的2大展區，分別是「AIRPORT ZONE」，以機場為創作主題，各式麵包甜點，通通變身成機場內的微型場景外，更有一處打卡拍照區，麵包直接化身旅行箱，也太可愛了！

　另外一個展區則是「KOBE ZONE」，以各式空瓶罐、紙盒等日常物品，組成一區超大型的神戶城市微型風貌，光繞著作品細看一圈，就要花不少時間。還有各式神戶甜點、明石燒等代表美食，也變身成神戶知名景點，妙不可言的創意，各個令人驚艷。

　除室內展區外，在戶外展望區則特別將原本作品中的迷你花椰菜(樹)，變成巨大版，這次換你變成微型場景中的小小人一起入鏡吧！

神戶市聯外交通攻略

神戶市中心以東西狹長的腹地所形成,市中心從港灣到山地丘陵地的北野一帶,大約僅2公里的距離,加上密集幾乎成平行線的JR、阪急、阪神、市營地下鐵、市營巴士等交纏又緊鄰的路線,幾乎各大熱門景點,都在車程5~30分鐘的距離內,相當便利。另外也有新幹線、聯外高速巴士、緊鄰市中心的神戶空港等,擴張旅遊版圖,也意外的便利又快速。

➡ 電車前往周邊城市

　　想利用電車前往周邊城市的話,三宮駅及新神戶駅可說是交通起點的不二選擇,新神戶駅有新幹線,三宮駅則是神戶市的交通轉運中心點,幾乎能解決旅客90%的轉運需求。想拉大旅遊範圍,JR是首選,JR除了東海道本線外,也有新幹線,因此30分鐘內足以快速往北達京都、往南到岡山去串接四國。往京都、大阪的話,阪神、阪急也是很便利的選擇,能夠更直捷地快速抵達觀光客最愛的京都河原町駅、難波駅等。

出發站	目的地	路線	時間	費用
三宮	大阪駅(梅田)	於JR三ノ宮駅搭乘「JR東海道本線(新快速)」	約22分	¥420
		於神戶三宮駅搭乘「阪神本線」或「阪急神戶線」	約35分	¥330
	京都駅	於JR三ノ宮駅搭乘「JR東海道本線(新快速)」	約50分	¥1110
	近鉄奈良駅	於阪神三宮駅搭乘「近鉄奈良線(快速急行)」可直達	約1小時20分	¥1110
	姫路駅	於JR三ノ宮駅搭乘「JR東海道本線」	約42分	¥990
	有馬溫泉駅	於地下鐵三宮駅搭乘「西神、山手線」,於谷上駅轉乘「神戶電鐵有馬線」	約35分	¥690
	宝塚駅	於阪急三宮駅搭乘「阪急神戶線」,於西宮北口駅轉乘「阪急今津線」	約40分	¥290
	JR垂水駅 JR舞子駅	於JR三ノ宮駅搭乘「JR東海道本線」	約20分	¥330
新神戶	新大阪駅	於新神戶駅搭乘「山陽新幹線」	約12分	¥2750
	京都駅	於新神戶駅搭乘「山陽新幹線」	約30分	¥3630
	姫路駅	於新神戶駅搭乘「山陽新幹線」	約16分	¥3400
	岡山駅	於新神戶駅搭乘「山陽新幹線」	約30分	¥5820

➜巴士前往周邊景點、城市

　　神戶市中心因腹地範圍狹小，電鐵幾乎都是呈平行路線集中在濱海地帶，但神戶仍有大範圍區域是在丘陵山區，或是隔海相鄰的淡路島、再一路串連到四國，若想便利串接這些觀光景點，巴士會更便利，可省去不斷轉車的麻煩。而緊鄰臨海灣的神戶市，甚至連快艇有時也能結合在行程中，當作統整規劃的選項之一。

　　利用高速巴士前往周邊景點的話，三宮是最重要的轉運站，三宮駅周邊有兩個巴士轉運站，分別是神姬巴士BT(位在JR三ノ宮駅站旁的鐵道橋下)，另一個則是三宮巴士BT(位在m-int百貨的一樓平面廣場)。神姬巴士BT可前往區域以關西一帶居多；三宮巴士BT除關西外，更能串聯日本各地，無論想前往東京、靜岡、名古屋或是九州各城市等，這裡都能找到巴士路線。新神戶則因有東海道新幹線，而成為神戶入口之一，停靠此處的長途巴士，幾乎都會與三宮巴士BT、神姬巴士BT串連。

出發站	目的地	路線	時間	費用
三宮巴士BT 新神戶駅	*有馬溫泉(太閤橋) *六甲有馬纜車- 有馬溫泉駅	搭乘「阪急巴士6系統」(阪急巴士)，或高速巴士「有馬Express号」(JR西日本) *從有馬溫泉(太閤橋)下車後徒步16分可達纜車站	約30分	¥780
三宮駅	六甲山 (六甲ケーブル下駅)	搭乘阪急神戶線至六甲駅，轉乘市營巴士16系統	約37分	¥430
三宮駅 新神戶駅	摩耶山 (摩耶ケーブル駅)	市營巴士18系統	約10分	¥230
神姬巴士BT	大阪環球影城	搭乘往「USJ・南港線」(神姬巴士)	約38分	¥700
神姬巴士BT	城崎溫泉駅	搭乘「城崎溫泉・豊岡ー神戶線」(全但巴士)(一天僅有3班)	約3小時11分	¥3550
三宮巴士BT 新神戶駅	淡路島(夢舞台前)	搭乘高速巴士「大磯号」(JR西日本)	約45分	¥1050
三宮巴士BT 新神戶駅	高松巴士總站 高松駅	搭乘「高松Express神戶號」(JR四國巴士)，或搭乘「神戶うどん線」(FOOTBUS)	約2小時45分	¥4300
神姬巴士BT 新神戶駅	德島駅前	搭乘「阿波Express神戶號」(JR四國巴士、德島巴士)、「舞子〜鳴門・德島線」(神姬巴士)	約2小時	¥3600
神姬巴士BT 三宮巴士BT	松山市駅	搭乘「往松山」方向高速巴士(神姬巴士)	約3小時10分	¥7000
神姬巴士BT	岡山駅	搭乘「往岡山」方向高速巴士(中鐵巴士、兩備巴士)	約2小時45分	¥2900

神戶市區交通全攻略

神戶市區共有市營地下鐵有3條，一條JR神戶線、東海新幹線、還有阪神本線、阪急神戶線、高速神戶線、Port Liner往機場路線等，加上86條密集的市營公車路線、2條串聯景點觀光的CITY LOOP路線，即使想往六甲山脈上的熱門景點，從山腳下就有數條纜車可以快速上山，密集便利的交通站點，讓走路倍覺吃力的人，完全免擔憂。鐵道路線平行又彼此雖距離不遠，可是一旦搭錯線反而會走更多冤枉路，因為各鐵道間除了在三宮有交集外，大部分都沒有鐵道路線互相串接，出發前最好清楚認識各路線及重要站點，才能讓行程更順暢。

神戶市內交通圖

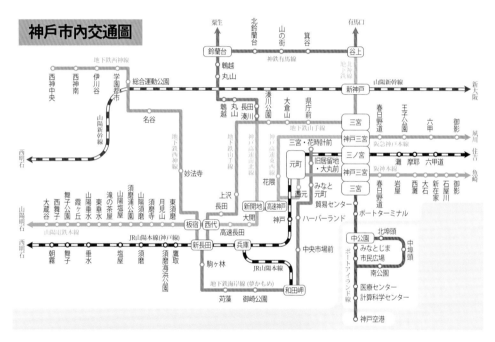

電車

➜ JR神戶線

重要車站：三ノ宮、元町、神戶、灘、芦屋、新長田、須磨

　　JR神戶線與山陽本線、東海道本線重疊，尤其須利用同一條鐵道續行，前往神戶外圍更郊區或是跨縣區域時，是做長途移動的最佳交通選擇。

➜ 東海道新幹線

重要車站：新神戶

　　想快速從神戶串聯日本各大城市，利用東海道新幹線就能輕鬆達成，尤其距離最熱鬧的三宮，僅有一站電車站距離，轉乘上完全沒有任何時間焦慮。

阪神電車-阪神本線

重要車站：阪神三宮、岩屋、魚崎、芦屋、西宮

阪神本線，營運路線主要在大阪梅田至神戶三宮之間，但也與山陽電車直通延伸至世界文化遺產姬路城。由於阪神的票價較為便宜，停靠站又多，所以相當受到當地居民歡迎。雖然速度比不上JR，但如果想想省錢又想來趟鐵路慢活旅行，阪神電車倒是個不錯的選擇。

阪急電鐵-阪急神戶線

重要車站：阪急三宮、王子公園、岡本、夙川、西宮北口

阪急電鐵涵蓋的範圍廣大，全線長143.6公里，可一路串接神戶、大阪、京都，JR雖可快速抵達京都駅，但阪急神戶線在十三駅可轉接阪急京都線，則可到達觀光客最愛的河原町通駅。另外想去甲子園、寶塚一遊的話，也是利用阪急神戶線再轉乘其他阪急路線，最便利快速。

神戶市營地下鐵-海岸線

重要車站：三宮・花時計前、旧居留地・大丸前、みなと元町、ハーバーランド、中央市場前、新長田

在神戶地區，除了各大私鐵與JR之外，三條市營地鐵中最常被觀光客使用的，當然就屬海岸線了，由於是條靠近濱海位置的地下鐵，是想去神戶港塔、榮町、摩天輪所在的Haber Land這一大濱海購物區的最佳選擇。

神戶電鐵-有馬線

重要車站：谷上、有馬溫泉

想前往有馬溫泉泡湯，搭鐵就能一路從神戶市中心輕鬆抵達，可以從新神駅搭乘市營地下鐵-北神線，在終點站谷上駅轉搭神戶電鐵有馬線即達。

山陽電車-高速神戶線

重要車站：三宮、元町、高速神戶、新開地

阪急、阪神線，從三宮、元町後，變成是高速神戶線，是前往高速神戶駅、新開地駅最快速選擇，而路線在西代駅後，稱為山陽電鐵本線，山陽電車幾與JR山陽本線平行，行經的地點也都差不多，但其停靠的站更多，所以一樣的目的行駛時間較長，算是服務地方民眾的路線。

港灣人工島線Port Liner

重要車站：貿易センター、ポートターミナル(碼頭航站)、神戶空港

這條從三宮出發，橫跨2座人工島，奔馳於高架橋上的港灣人工島線，主要用於串聯這兩座人工島以及前往機場，所以有兩條路線，一條往北埠頭，終點站止於第一座人工島繞行一圈回到三宮。另一條往第二座人工島所在的神空港。對觀光客而言，當然重點站便是神空港，而其中的碼頭航站，則是遠航路線的碼頭，像是前往國外、四國、九州便是在這裡搭乘。

車班種類

除了地下鐵是每站皆停之外，不管是JR還是各大私鐵，幾乎都會依照電車運行速度(或停靠站多寡)來區分出電車的種類：

各停／普通列車

類似台灣說的慢車，每一站皆停靠之意。優點是不易坐過站，但缺點就是長程移動比較浪費時間。

快速／急行／準急列車

這些種類的列車都是屬於快車，並非每站都停。大多會停靠的都是轉運站。如果目的地是有名的大車站或終點站，可以放心搭乘沒有關係；但如果是大站與大站間的小站，那麼還是事先看清楚月台上的車種表或是向站務員詢問，以免搭錯車白白浪費更多時間。

JR特急列車

JR特急列車是比一般的快速列車更快能到達目的的列車，相對的停靠的站數則更少了。要搭乘JR特急列車除了進出車站的乘車券之外，還需要另外購買特急券或指定席券，所以看到特急列車不要一股勁就衝上車，以免在車上被車掌補票。

新幹線

時速200~300公里的超快速列車，適合做長距離移動時的交通工具。沿途可享受在速度感下欣賞各地景色，雖然票價高昂，但在時間有限的行程中以金錢換取時間，也不失是一種聰明玩法。

巴士

市營巴士

由神戶市交通局所運營的神戶市營巴士，多達86條的路線，密集的串接起神戶市各地交通外，更把平行不互通的各鐵道站點，利用密集班次串接，不但滿足市民的通勤需求，也讓旅客可省下不少腳力，更棒的是巴士價格單一費率，單程都是230日幣，完全可以無腦搭乘，且只要在30分鐘內繼續轉乘市營巴士，利用IC卡支付都能再獲得轉乘降價優惠。

◎搭乘方式：後門上車刷卡付費、前門下車需再刷一次卡

◎時間：營運時間約6:00~23:00(各路線不一)

◎價格：成人¥230、小孩¥120

◎網址：www.city.kobe.lg.jp/kurashi/access/kotsukyoku/

三宮・區間120 (SANNOMIYA AREA 120)

為了鼓勵更多人利用搭乘短程巴士，降低因天候影響、步行太多的疲累感，市營巴士特別針對三宮周邊區域，提供只要使用電子支付卡搭乘指定路線巴士(指定的三宮範圍)，單程一價格都只要120日幣，超佛心的措施，一天只要搭個3次，直接省下近一杯咖啡錢，超划算，而且所有路線都有經過三宮駅，不用怕迷路。

路線系統	推薦前往熱門景點
29	こども本の森 神 (東遊園地前站)
新港	舊居留地(神戶市立博物館前站)
2、92	大丸百貨、元町商店街(元町1丁目站)
2、92、18、66	新神戶駅(加納町3丁目站)
25	生田神社(中山手3丁目站)

◎可搭乘路線：2、92、7、18、25、29、64、66、101、新港系統

◎價格：單程¥120 (大人、小孩同一價格)

◎網址：www.city.kobe.lg.jp/a90404/area110.html

◎備註：必須以電子支付自動扣款才能獲得此優惠，現金不適用

CITY LOOP & Port Loop路線

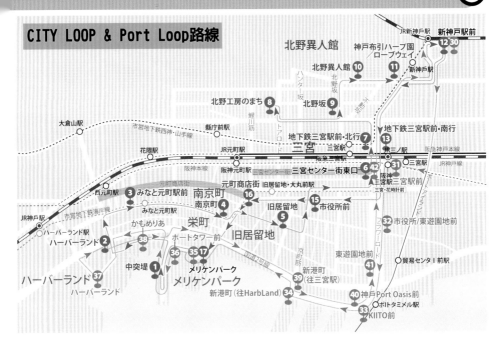

北野異人館

神戸布引ハーブ園
ロープウェイ

JR新神戸駅　新神戸駅前 12 30

北野異人館 10　　11 新神戸駅

北野工房のまち 8　北野坂　北野坂 9

地下鉄三宮駅前・北行 7　地下鉄三宮駅前・南行 13

三宮

縣庁前駅

大倉山駅

花隈駅　JR元町駅

阪神元町駅　三宮センター街東口 6 42

西元町駅　みなと元町駅前 3　南京町

南京町 4　16　旧居留地 15 市役所前

みなと元町駅　栄町 5

JR神戸駅　かもめりあ　ポートタワー前　旧居留地

ハーバーランド駅　2　38　36 35 17

中突堤 1　メリケンパーク 32 市役所/東遊園地前

ハーバーランド 37　メリケンパーク 41

新港町(往三宮駅) 39　40 神戸Port Oasis前

新港町(往HarbLand) 34　33 KIITO前

▶CITY LOOP & Port Loop 景點巴士

如果想直接在一天內輕鬆串聯多個神戶市中心景點，那麼以景點為主的巴士路線就很適合。

搭乘方式：前門上車付款(或出示一日券)，後門直接下車(無須再刷卡)

● CITY LOOP（環城巴士）

有著復古車身、深綠色沉穩優雅色澤的CITY LOOP，有別於一般巴士的外觀，光在街道上行走就很吸睛。巡遊於市中心黃金景點的CITY LOOP路線，可以串接三宮駅、北野異人館、新神戶駅、元町、南京町、旧居留地、美利堅公園、神戶港塔、臨海樂園的Umie等，每15分鐘1班次，環繞這些景點一圈大約65分。如果一日

搭乘超過3次，就強烈建議直接購買一日券最划算。

◎時間：8:30~19:30

◎地點：可在神姬巴士總站購買，或是直接在車上購買

價格：單程¥300(小孩半價)。一日券¥800、二日券¥1200(小孩半價)

◎網址：www.shinkibus.co.jp/bus/cityloop/

◎備註：一個大人可免費攜帶2位幼兒同行搭乘免費。一、二日券皆可搭乘CITY LOOP & Port Loop。

● Port Loop（環港巴士）

以少見的雙車廂連結巴士，漆上象徵大海的深藍色的Port Loop，路線便是以港灣周邊為重點，尤其新港町區域有著熱門atoa水族館、神戶港博

物館、巧克力博物館外，即將完成的巨型展演館，也將引爆新一波熱潮。每20分鐘1班次，環繞這些景點一圈大約70分，大部分路段都在港區行進，沿途港灣景致盡收眼底。如果一日搭乘超過4次，建議直接購買一日券最划算。

◎時間：9:30~20:30

◎地點：可在神姬巴士總站購買，或是直接在車上購買

◎價格：單程¥230(小孩半價)。一日券¥800、二日券¥1200(小孩半價)

◎網址：www.shinkibus.co.jp/bus/portloop/

◎備註：一個大人可免費攜帶2位幼兒同行搭乘免費。一、二日券皆可搭乘CITY LOOP & Port Loop。

神戶地區交通優惠票券

以神戶市區為主的旅遊，也有各式優惠票券可以選擇，由於京阪神常被觀光客一起連帶規劃，若行程中要再拉遠路線，很多交通PASS票券也都有各式不同區域的擴大版，可再自行詳查，以下僅就神戶市區為主的優惠票券作介紹。

▶loop bus ticket (1日乘車券／2日乘車券)

想輕鬆遊走神戶市中心各個精華景點、購物街區，利用觀光景點的接駁巴士最便利，目前有CITY LOOP(環城巴士)跟Port Loop(環港巴士)這兩條路線，幾乎每15~20分鐘就有一班次，頻繁的車班讓行程安排更加有效旅外，Loop所推出的一日券、二日券，更是一券在手，這兩條路線都能搭，想逛北野異人館周邊、港邊的Umie、摩天輪、神戶港塔、atoa水族館，然後再去元町、三宮購物吃美食，通通都在路線內。

使用期間：有1日券、2日券選擇。紙本票卡，可預購

票卡使用方式：紙式票券，使用當日自行刮開欲使用的

月、日即可，前門上車向司機出示已刮開的當月月份／日期即可

◎購票地點：神姬巴士BT、神戶市旅遊服務中心(三宮)、新神 駅觀光案內所、車上向司機購買(限1日券)

◎價格：1日券¥800、2日券¥1200(小孩半價)。單程¥230~300
網址：www.shinkibus.co.jp/bus/cityloop/bus-ticket/

◎備註：一個大人可免費攜帶2位幼兒同行搭乘免費。出示乘車券，在許多場館設施都可以獲得優惠折扣

▶神戶街めぐり 1dayクーポン

這張神戶優惠卡，可說是包交通、包景點又包好吃的一張優惠卡，完全買到就是立馬賺到。面額1000日幣的優惠卡，不但可以一日內無限次搭乘神戶市營地下鐵(西神・山手線、海岸線全線)、神戶高速線、Port Liner；還可以抵用各式場館的入場券、泡湯、纜車的車資等，一次抵用金額最高可到800日幣，若設施費用高於800，僅需再補差額。另外持這張卡所附的優惠券還能再購買

loop bus ticket一日券、可折抵100日幣(限巴士內購買)，或是享有各式餐飲的折扣優惠。由於可抵用設施相當多，幾乎觀光客想去的都包含在內，相當划算。

◎使用期間：交通卡啟用後，1日內限使用。優惠抵用券則不限時間，可與交通卡分開使用

◎價格：神戶區域版1日券¥1000

◎購買地點：

市營地下鐵： 新神戶~三宮~新長田及海岸線各駅

阪神電車： 神戶三宮及新開地的駅長室、阪神電車服務中心(神戶三宮)

ポートライナー： 三宮駅、神戶空港駅

阪急電車： 阪急神戶三宮(案內服務窗口)

◎搭乘區間：

・**市營地下鐵：** 西神・山手線(新神戶~新長田)、海岸線全線

・**神戶高速線：** 全線(神戶三宮~西代、新開地~湊川)

・**神戶新交通：** ポートライナー全線(三宮~神戶空港)

◎網址：www.feel-kobe.jp/tickets/machimeguri1day/

◎備註：800日幣設施利用優惠券，限抵用單一設施一次

➡️ 有馬・六甲周遊PASS（1日券／2日券）

　從神戶市中心想前往有馬溫泉、六甲山一遊，買這張就對了！包含可從三宮、新神戶抵達有馬溫泉的交通、上六甲山的登山電車與登山纜車，以及纜車至電車站間的的巴士等，更包含可以泡銀之湯或金之湯的免費泡湯券，有馬及六甲山周邊的飲食、住宿、購物、場館等優惠。如過旅遊範圍想再延伸往拉長，也有串聯大阪、京都的不同交通範圍票券。不論想一日輕旅、二日深度，都有適合的PASS可以選擇。

◎使用期間：有1日券、2日券選擇。卡式交通票卡，可預購

◎價格：神戶區1日券¥2400、神戶區2日券¥3100

◎購票地點：市營地下鐵（三宮駅、新神戶駅）、神戶電鐵（谷上駅、有馬溫泉駅）、阪急電車（神戶三宮-案內服務櫃檯、六甲駅）

◎搭乘區間：

・市營地鐵（三宮駅～谷上駅）

・市營巴士（六甲山上巴士、市營巴士16號系統）

・神戶電鐵（谷上駅～有馬溫泉駅）

・六甲纜車、登山電車（有馬溫泉駅～六甲山頂駅～六甲登山電車山上駅、六甲山上駅～六甲登山電車下駅）

・阪急神戶線（阪急三宮駅～阪急六甲駅）

◎網址：www.feel-kobe.jp/tickets/

➡️ 地下鉄1日乘車券

　可在一日之內無限次數搭乘市營地下鐵全線外，北神線（新神戶～谷上）也可以搭。利用這張券，最適合前往港灣周邊各個熱門景點，尤其海岸線這條，幾乎站站都是緊臨熱門景點，想去舊居留地、神戶港塔、元町、臨海樂園、兵庫津博物館、或去新長田看巨大鐵人，這一張通通都能到。

　基本上地下鐵以距離計價，起跳價210日幣，從三宮到新長田票價280日幣，一天搭乘3~4次就回本。

◎使用期間：1日券。卡式交通票卡，可預購

◎價格：1日券¥830

◎購票地點：市營地下鐵各定期券售票窗口（谷上駅除外）

◎搭乘區間：市營地鐵全部路線、北神線（新神戶～谷上）

◎網址：ktbsp.jp/ticket/576/

◎備註：購票後，在票期有效期限內若未使用，可退票，但需酌收210日幣手續費

➡️ 市巴士・地下鉄共通1日乘車券

　可在一日內不限次數搭乘神戶市營巴士、市營地下鐵全部路線，對於旅遊範圍比較廣，在地下鐵範圍外景點，須利用巴士轉乘的，這張就能符合需求，基本上無論搭乘電車或巴士，一日內有超過5次的上下車，就適合購入這張了。

◎使用期間：1日券。卡式交通票卡，可預購

◎價格：1日券¥1040

◎購票地點：市營地下鐵各定期券售票窗口（谷上駅除外）

◎搭乘區間：

・市營巴士、地下鐵全線

・北神線（新神　～谷上）

・市營巴士與神　巴士、山陽巴士共營的特15系統（S15系統）也可搭乘

◎網址：ktbsp.jp/ticket/574/

◎備註：購票後，在票期有效期限內若未使用，可退票，但需酌收210日幣手續費

神戶市主要車站，周邊交通指南

神戶市中心腹地小，許多路線來到這裡基本上不是匯聚在一起、就是彼此平行、相距都在徒步距離內，理解各路線相關位置，不論搭車前往或是從出發，都會效率很多。

三宮駅周邊

如果鐵道、巴士交通等路線是血管，三宮駅可說是神戶市的心臟，幾乎所有路線都在此匯聚，初訪神戶、或想從神戶出發到別的城市，或是前往神戶機場、關西機場，以三宮為交通中心就對了。而且這裡不但是交通中心，購物美食也非常密集，m-int、OPA2、阪急、0101等各大百貨都在此插旗外，綿長的三宮地下街更是人潮洶湧，三宮駅前正在如火如荼施工中的新多功能商業大樓，相信會為三宮帶來更光鮮的新面貌。

◎重要交通路線
- **JR神戶線**：三ノ宮駅
- **阪急神戶線**：神戶三宮駅
- **阪神本線**：神戶三宮駅
- **市營地下鐵西神、山手線**：三宮駅
- **市營地下鐵海岸線**：三宮、花時計前駅
- **港灣人工島線Port Liner**：三宮駅
- **高速神戶線**：三宮駅
- **三宮巴士總站**
- **神姬巴士總站**
- **關西空港巴士站**
- **市營巴士、CITY LOOP & Port Loop**

新神戶駅周邊

新神戶駅位在六甲山山脈的山腳下位置，這裡因東海道新幹線行經，而成為另一個交通重要轉運點，加上距離三宮僅一個電車站距離，與三宮區域一起結合成最大的交通轉運圈。從這裡可利用新幹線前往日本各大城市外，也有市營地下鐵西神•山手線、北神線行經，可便利串接前往有馬溫泉外，這區就是北野異人館所在的鄰近區域站點，更有纜車可以搭上山到布引香草園，是個自帶觀光熱度的區域。

◎重要交通路線
- **東海道本線、東海道新幹線**：新神戶駅、JR新神戶駅
- **市營地下鐵西神•山手線**：新神戶駅
- **市營地下鐵北神線**：新神戶駅
- **神戶布引纜車**：神戶布引香草園駅
- **市營巴士、CITY LOOP & Port Loop**
- **部分長途巴士行經點**

三宮週邊地下街圖

圖例 ▬地下街 🚇車站 🛗電梯 🚶電扶梯 Ⓐ1地下入口編號 ⓘ遊客服務中心

利用三宮地下街，串接海岸線的「三宮、花時計前駅」

JR神戶線、阪急神戶線、阪神本線、港灣人工島線的車站，看似都黏結在一起，但其實各自出入口並不一樣，雖然地下街也能串接，但因目前施工線故，走起來七轉八拐，必須很仔細確認指標，否則很容易迷路。而同樣位在三宮的地鐵海岸線，使用機率也很高，也是必須認識位置的一站。只是海岸線起點的「三宮、花時計前駅」距離其他路線都聚在一起的三宮駅，有點距離，光路面徒步至少6~7分鐘，遇天候太熱或下雨，真的很困擾，還好其實從三宮駅的地下街就能一路便利串聯，看好指標，往神戶國際會館、地鐵海岸線方向走，就不會出錯。

➜元町駅周邊

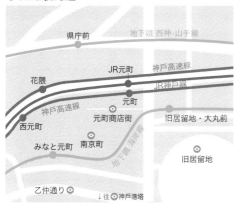

➜JR神戶駅周邊

元町這一帶是在三宮成為最熱區之前,神戶熱門區域,這裡有指標性的舊居留地、大丸百貨、元町商店街、中華街等,續往港灣方向,則有榮町這個文青風、老洋樓充斥的街區,還有許多老舖可以一一拜訪,是感受港町歷史風華最濃厚的地方。這一區的購物、美食、老建築均勻散落全區,又以花隈、みなと元町、元町、舊居留地·大丸前這四站圈起來的區域最密集,不論搭到哪一站當起點,其實都問題不大。從這裡想串到神戶港塔、臨海樂園區域,則建議用市營巴士、LOOP最方便。

◎重要交通路線

· **JR神戶線**：元町駅、西元町駅

· **市營地下鐵海岸線**：舊居留地·大丸前駅、みなと元町駅

· **高速神戶線**：元町駅、花隈駅

· **市營巴士、CITY LOOP & Port Loop**

在元町、三宮興盛之前的昭和年代,神戶的鬧區市中心便是在神戶駅周邊,來這一帶可以搭乘電鐵在新開地駅、高速神戶駅、神戶駅、ハーバーランド駅下車,而且這幾站透過地下街完全串聯,不受天候影響。想感受昭和年代的神戶風華、娛樂街氣息,可以在新開地駅、高速神戶駅下車;想大玩神戶港灣最新熱鬧風貌、夜晚的爛漫燈火,則在神戶駅、ハーバーランド駅下車,這2站距離臨海樂園最近,有Umie、Mosaic、摩天輪、麵包超人博物館等,還能搭遊輪出海逛一圈。

◎重要交通路線

· **JR神戶線**：神戶駅

· **高速神戶線**：新開地駅、高速神戶駅

· **市營地下鐵 海岸線**：ハーバーランド駅

· **市營巴士、CITY LOOP & Port Loop**

交通儲值卡

➡ ICOCA

由JR西日本推出的ICOCA是類似台北捷運悠遊卡的儲值票卡，首次購買後便已有¥1500的額度可以使用，不管是用在搭乘電車，或是在便利商店購物都很方便，票卡內的金額用完後只要在機器加值即可。ICOCA因與PiTaPa合作，所以除了JR還可使用在京阪神的市營地下鐵及各大私鐵，十分地便利。

◎販賣地點
各JR車站的車票自動販賣機
◎價格
¥2000(內含可使用額度¥1500、保證金¥500，退還卡片時可領回保證金，卡片餘額的部分會扣除¥220的手續費)。
◎加值金額
每一次可加值¥1000、2000、3000、5000、10000
◎改札口
將ICOCA輕輕觸碰改札口感應處，就可迅速進入車站。
◎自動精算機
如果卡片中的餘額不足，無法通過改札口，必須在精算機精算出餘額，也可以直接在精算機加值。

➡ 信用卡也是交通卡

在日本各地開始推行的「信用卡就是交通卡」，來到神戶，只要搭乘神戶市營地鐵、CITY LOOP & Port Loop、港灣人工島線Port Liner，都可以使用信用卡直接扣車資，對國外遊客來說也算是海外刷卡消費，雖然不是最佳選項，但對於沒有買交通卡、又臨時湊不出零錢搭車，或是交通卡內餘額不足時，身上有張信用卡就能幫大忙。而且完全無需註冊，只要符合指定的卡別，使用方式跟交通卡一模一樣，拿出來「嗶」一聲就扣款完成。

◎可使用交通工具：神戶市營地鐵、CITY LOOP & Port Loop、港灣人工島線Port Liner
◎可使用卡別：Visa、JCB、American Express、Diners Club、Discover、銀聯
◎注意：地鐵、港灣人工島線須走信用卡刷卡指定閘口。一張卡僅限個人使用，無論大人小孩扣款金額皆為成人車資

➡ 儲值卡的加值方式

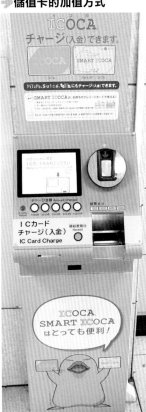

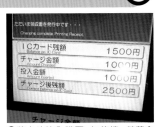

ICカード残額	1500円
チャージ金額	1000円
投入金額	1000円
チャージ後残額	2500円

❶ 將卡片放入購票、加值機，螢幕會顯示卡片剩餘金額。

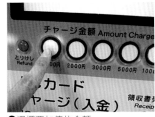

❷ 選擇要加值的金額

❸ 放入紙幣

❹ 取回ICOCA

I ♥ KOBE

從夜景、老街到美食，帶你玩轉神戶港都精華體驗！

😊神戶絕對是個值得深度探索的地方！無論是登上六甲山欣賞城市與海岸交織的美麗夜景，還是在「BE KOBE」地標打卡留影，神戶的每個角落都充滿驚喜。到老派咖啡廳感受獨特氛圍、來碗熱騰騰的拉麵或是品嘗極致美味的神戶牛排，都是必做的美食體驗。此外，神戶的港町氛圍充滿藝術感，沿著老建築漫步，享受悠閒時光。親子遊也不可錯過須磨水族館或王子動物園，再搭乘港町遊船，感受海風的清新氣息。最後別忘了鑽進小巷弄裡，找尋地元B級美食，體驗神戶豐富的都市魅力！

神戶是一座適合慢步調探索的城市，每個角落都充滿驚喜與魅力。😊

願望清單，全都想實現～

Must-Do **1**

上山看海·
朝聖神戶百萬夜景

Ⓐ 六甲花園露台
Rokko Garden Terrace

　　這裡異國風情四溢，擁有眾多餐廳和商店及迷人的觀景點。燈光璀璨的露台被靜謐的氛圍包圍，能夠由高而下俯瞰明石海峽到大阪的壯麗全景，絕對不可錯過。

🚃搭乘六甲纜索鐵路在「六甲山上車站」下車，再搭乘六甲山上巴士在「六甲空中花園」下車即到。

📍神戶市灘區六甲山町五介山1877-9 　自由參觀

🌐www.rokkosan.com/gt/

Ⓑ 維那斯橋
Venus Bridge

　　獨特的螺旋形橋上可以俯瞰三宮地區的摩天大樓、公寓、美利堅公園以及神戶臨海樂園的璀璨燈光。能近距離欣賞到如畫般的全景美景，彷彿整個景色就在眼前展現。

🚃從「三宮站」搭乘市巴士7系統，在「諏訪山公園下」下車，步行約20分鐘；或從市營地下鐵西神山手線「縣廳前車站」步行約30分鐘

📍神戶市中央區諏訪山公園展望台　自由參觀

Ⓒ 布引香草園
Nunobiki Herb Gardens

　　在約400公尺高的觀景區，不僅可以欣賞壯麗的夜景，還能體驗「光之森」這個融合燈光和音效的夢幻森林空間。在纜車上，將感受到置身閃亮星空裡的神戶空中漫步。

🚃地下鐵「新神戶站」轉乘纜車從「香草園山麓站」到「香草園山頂站」下車

📍神戶市北野町1-4-3

　依纜車營業時間為準　🈵不定休

🌐www.kobeherb.com

神戶不僅擁有迷人的海岸線，還以壯麗的夜景聞名。從六甲花園露台到摩耶山，俯瞰整座城市與神戶港，令人陶醉。登上維那斯橋，享受獨特的視角，或是在布引香草園的浪漫氛圍中散步，體會山與海的交織。神戶港濱則是夜晚漫步的理想地點，城市燈火映照在海面上，營造出一幅動人的景象。這座城市完美結合自然與現代，帶來難忘的視覺饗宴。

D ☆SPECIAL☆

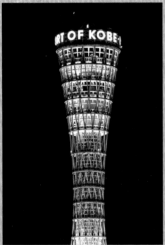

E

F

Ⓓ 神戶港
Kobe Port

這是一個結合購物、餐飲和娛樂的神戶代表性景點。夜晚燈光璀璨的設施與閃耀的觀光船交相輝映，形成美麗的景觀。周圍的煉瓦倉庫和臨海步道裝飾著迷人的燈飾，而摩天輪則提供絕佳的視野。🚶從JR「神戶站」、市營地下鐵海岸線「臨海樂園站」步行約5分鐘、神戶高速鐵道「高速神戶站」步行約10分鐘；搭乘Port Loop在「臨海樂園」下車即到。 ⌂神戶市中央區東川崎町1丁目 🕒自由參觀 🌐harborland.co.jp/

Ⓔ 摩耶山 掬星台
Mt. Maya Kikuseidai

掬星台是日本三大夜景之一，位於神戶市內，是極為著名的觀景點。從這裡可以欣賞到從大阪延伸到神戶的壯麗夜景。夕陽西下，天空變成藍色，港口的燈光逐漸閃爍，令人感動不已。🚶從「三宮站」搭乘市巴士18系統，在「摩耶纜索鐵路下」下車，搭乘摩耶View Line（纜索鐵路、纜車）在「星之車站」下車即達。 ⌂神戶市灘區摩耶山町2-2 🕒自由參觀。搭纜車上下山要注意末班時刻。 🌐koberope.jp/maya

Ⓕ 明石海峽大橋
Akashi Kaikyo Bridge

連接神戶市與淡路島的世界第一長橋，因其燈光如同珍珠串般美麗，懸跨於海峽之上，展現多達31種燈光變化，也被稱為「珍珠橋」。每小時短暫5分鐘的彩虹色點燈秀十分精彩，千萬不要錯過了。🚶JR「舞子站」、山陽電車「舞子公園站」下車即達 ⌂神戶市垂水區東舞子町 🕒自由參觀

Must-Do 2

BE KOBE地標打卡。
神戶專屬回憶

A

HOT!

B

Ⓐ 美利堅公園
Meriken Park

　位於神戶港邊的美利堅公園，是BE KOBE地標最有名的打卡點。以廣闊的海景與港口風光為背景，園內還設有遊步道，白天晚上都好玩。尤其晚上從這裡可以欣賞到停泊的觀光船以及閃耀的摩天輪夜景，營造出迷人的氛圍。

🚋JR、阪神「元町站」步行10分
🏙神戶市中央區波止場2
🔹自由參觀

Ⓑ ポーアイ潮騷公園
Port Island Shiosai Park

　人工島Port Island上的潮騷公園，以港濱為背景，設計了特殊鏤空的BE KOBE，平時人潮不多，尤其是黃昏時分，夕陽映照下的海景與城市天際線交織，營造出浪漫的氛圍，是拍照和享受寧靜片刻的絕佳場所。

🚋Port Liner「みなとじま站」步行約15分鐘；從「三宮」搭乘神姬巴士至「Port Island校區」下車後步行約3分鐘。
🏙神戶市中央區港島1丁目
🔹自由參觀

「BE KOBE」地標在阪神大震災20多年後設立，目的在傳達「神戶的魅力在於居民」的理念，在神戶市多處都能看到，是遊玩神戶必打卡的象徵性景點。不只坐落於毗鄰神戶港、活力四射的美利堅公園，從人工島潮騷公園到アジュール舞子，海岸線上美麗的地標打卡更是別具特色。此外，自駕的人可造訪衝原水壩旁的衝原大橋休憩所，也能展望壯麗的景觀視野，讓人從高處欣賞神戶的山水相映之美。

C

E

D

C アジュール舞子
Azure Maiko

アジュール舞子以明石海峽大橋的美麗景觀聞名。從BE KOBE可以眺望到壯麗的橋梁與淡路島，特別是夕陽時分，橋上的燈光與海面反射的光線交相輝映，形成夢幻般的景象。這裡設有沙灘步道，讓人盡享海風與美景。
- 山陽電車「霞之丘站」步行5分，JR「舞子站」步行7分
- 神戶市垂水區海岸通11
- 自由參觀

D 衝原大橋休憩所
Tsukuhara Ohashi Rest Area

神出山田自行車道是從神戶市北區山田町到西區神出町之間，全長19.3公里的自行車道路，在2019年重新開放。其中在衝原湖北側一段設有「BE KOBE」地標的衝原大橋休憩所，不只可以騎自行車，也能散步抵達。
- 「つくはらサイクリングターミナル」站步行約35分，自行車10分
- 神戶市北區山田町衝原
- 自由參觀

E 須磨海濱公園
Suma Seaside Park

以「與記憶同在」為設計理念，神戶市立須磨海濱水族園關閉時，其標誌性的「波之大水槽」壓克力被再利用，染成彩虹色，不僅象徵著水族園的回憶與歷史，也將BE KOBE設置在須磨海與天空的背景中，讓人將美好永存心中。
- JR「須磨海浜公園站」步行5分，山陽電車「月見山站」步行10分
- 神戶市須磨區若宮町1丁目
- 自由參觀

Must-Do ③

可愛療癒·神戶親子放電必訪

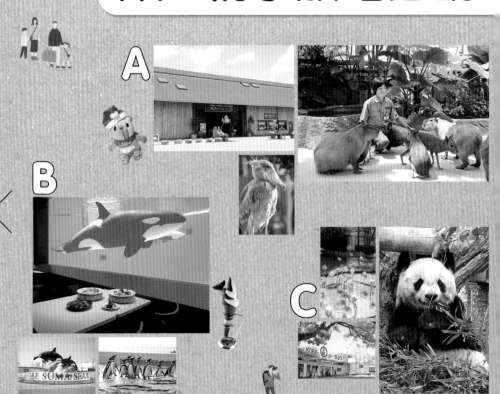

Ⓐ
神戶動物王國
Kobe Animal Kingdom

神戶動物王國是一個親子同遊的理想地點，這裡的設計讓人能夠與多種動物近距離互動。可以在室內外展區觀賞企鵝、袋鼠等多種動物，還可以餵食鳥類和其他小動物。園內還提供各種互動節目，如動物表演和飛禽展示。
📍Port Liner「計算科學センター站（神戶どうぶつ王國·「富岳」前」下即達 🏠神戶市中央區港島南町7-1-9 🕐10:00～17:00（依季節更動）🚫週四 🌐www.kobe-oukoku.com

Ⓑ
須磨海洋世界
Kobe Suma Seaworld

須磨海洋世界展示多種海洋生物，包括日本唯一的虎鯨表演、海豚和企鵝等互動區域，讓孩子們近距離接觸水族館中的生物，不僅可以學習海洋知識，還能在充滿趣味的環境中度過美好時光。
📍JR「須磨海浜公園站」步行5分，山陽電車「月見山站」步行10分 🏠神戶市須磨區若宮町1-3-5 🕐10:00～18:00，週末例假日10:00～20:00（依季節更動）🚫不定休 🌐www.kobesuma-seaworld.jp/

Ⓒ
神戶王子動物園
Kobe Oji Zoo

神戶王子動物園擁有多樣的動物展區，從可愛的大熊貓、無尾熊到威猛的老虎，孩子們透過園方活動與各種動物近距離接觸。園內還設有兒童遊樂園，想坐再付費，適合家庭一起度過歡樂時光。
📍JR「王子公園站」下車即達 🏠神戶市灘區王子町3-1 🕐9:00～17:00，冬季9:00～16:30 🚫週三、年末年始 🌐www.kobe-ojizoo.jp

帶著孩子來神戶享受充滿療癒感的小旅行吧！動物王國讓小朋友近距離接觸可愛動物，須磨海洋世界則帶來海底奇景的探索體驗。王子動物園不僅有多樣化的動物，也有受歡迎的大熊貓。喜愛動漫的孩子們一定不能錯過麵包超人博物館，充滿童趣的互動設施會讓他們開心不已。還有六甲山冒險公園，廣闊的戶外空間是釋放活力的最佳場所，這趟親子之旅絕對讓小朋友精力盡放！

D 神戶麵包超人博物館
Kobe Anpanman Children's Museum

充滿色彩鮮豔、趣味的設施，麵包超人博物館有互動展區、角色扮演遊戲，以及麵包超人主題的紀念品店，讓孩子們能在玩樂中學習與探索，沉浸在卡通的世界中。在咖啡廳提供麵包超人造型的餐點可以享受歡樂美食時光。

🚶 從JR「神戶站」、市營地下鐵海岸線「臨海樂園站」步行約10分鐘、神戶高速鐵道「高速神戶站」步行約15分鐘；搭乘 Port Loop 在「臨海樂園」下車即到。
🏠 神戶市中央區東川崎町1-6-2
🕙 10:00~18:00
🚫 1/1、維護日、不定休
🌐 www.kobe-anpanman.jp

E 六甲山冒險公園GREENIA
Rokkosan Athletic Park GREENIA

這裡有廣闊的綠地和各種遊樂設施，讓孩子們盡情奔跑、玩耍。公園內設有可攀爬的遊樂場、草地野餐區以及步道，不管什麼年齡都能在這裡找到適合自己的設施，全家一起享受大自然的樂趣。

🚶 搭乘六甲纜索鐵路在「六甲山上車站」下車，再搭乘六甲山上巴士在「アスレチックパーク前」步行4分即達
🏠 神戶市灘區六甲山町北六甲4512-98
🕙 10:00~17:00
🚫 週四
🌐 www.rokkosan.com/greenia

Must-Do 4

慢步調老建築．
拜訪神戶舊時光

A

good!

B

C

Ⓐ **神戶大丸**
Daimaru Kobe

大丸神戶店以「經典與現代」為設計理念，周圍佈置有迴廊和煤氣燈，展現了舊居留地的獨特魅力。在舊居留地一帶約有60家商店散佈街道中，如舊居留地38號館，讓遊客可以在仿佛歐洲的街道上輕鬆購物。
🚶JR、阪神「元町站」步行3分
🏠神戶市中央區明石町40
🕙10:00～20:00 ㊑不定休
🔗www.daimaru.co.jp/kobe/

Ⓑ **舊居留地38番館**
The Old Settlement Hall No.38

外觀有相當濃厚懷舊氣氛的38番館同屬於大丸百貨，是舊居留地的代表性地標。這裡的1樓是附設咖啡館HERMES，2樓是較高級的流行服飾品牌COMME des GARÇONS，3樓L'Appartement，4樓是神戶知名菓子舖。
🚶JR、阪神「元町站」步行6分
🏠神戶市中央區明石町40
🕙11:00～20:00
㊑不定休

Ⓒ **商船三井大樓**
Kobe Mitsui O.S.K. Lines Bldg.

充滿美國文藝復興風格的商船三井大樓由渡邊節設計，是當時少數的七層高樓，融入了許多日本首創技術。外觀上，一樓是粗獷的石材，頂部有半圓形的飾板，室內則呈現西式風格。
🚶JR、阪神「元町站」步行10分
🏠神戶市中央區海岸通5
👁外觀自由見學

走進神戶的舊居留地一帶，彷彿踏入了時間靜止的古典世界。這裡曾是外國商人聚集的區域，如今保留著當時的西式建築，充滿歷史與優雅的氣息。漫步在整潔的石板街道上，欣賞精緻現代又有點懷舊的歐洲風格建築，不僅是對神戶過去繁榮時期的懷舊，也是一次沉靜的都市探索之旅。這片區域還隱藏著許多精緻的咖啡館和小店，適合來一場輕鬆的建築散策。

D

E

F

Ⓓ 舊渣打大樓
Kobe Chartered Bldg.

舊渣打銀行神戶分行是於1938年完工的神戶近代建築。正面的外牆裝飾有愛奧尼亞式的圓柱，內部則是壯觀的開放空間，設有華麗的拱形天花板和全大理石鋪成的裝飾，展現出英國銀行特有的豪華風格。

🚃JR、阪神「元町站」步行10分
🏠神戶市中央區海岸通9
🕐外觀自由見學

Ⓔ 舊神戶居留地十五番館
The Old Settlement Hall No.15

舊居留地十五番館曾為美國領事館，亦是現存唯一的居留地時代建築。館內保存著當時的街區界限的磚牆和石柱，並與神戶市立博物館相對。館外展示了日本最古老的現代下水道遺構，為這區的歷史增添了深度。

🚃JR、阪神「元町站」步行10分
🏠神戶市中央區浪花町15
🕐外觀自由見學

Ⓕ 舊郵船大樓
Kobe Meriken Bldg.

位於海岸通上的舊神戶郵船大樓正對著神戶港口，這裏曾是美國領事館的所在地，1918年時由日本郵船公司建造完成這棟近代設計風格的建築，不過卻在戰爭時損毀。到了1994年重建的大樓相當符合舊居留地的風情，夜晚還會點燈。

🚃JR、阪神「元町站」西口步行8分
🏠神戶市中央區海岸通1-1-1
🕐外觀自由見學

Must-Do 5

美術館潮風大道。
發掘藝術的神戶風景

A

B

C

Ⓐ JR灘駅
JR Nada Station

走出JR灘駅，一旁標誌性的Museum Road鋼塑字樣，似乎昭告精彩的正要登場，光是小小廣場內就有7座藝術家作品雕塑，宛如一個戶外小型美術館。

🚃JR「灘站」南口 森之廣場
◎自由參觀

Ⓑ PEASE CRACKER

這個像青椒、像植物又像有大紅爪伸出的怪獸，就矗立在美術館大道的人行道上，看起來稍稍可怕的外觀，卻是有著可愛的小巧思，下方是可以坐下來休憩的椅子喔。

🚃阪神「岩屋站」往南步行6分
🏠神戶市灘區岩摩耶海岸通2-3
◎自由參觀

Ⓒ 美かえる
Kobe Frog

趴在兵庫縣立美術館屋頂上的這隻帶著喜感的彩色巨型青蛙，是來自知名藝術家霍夫曼的作品，巨型黃色小鴨讓他聲名大噪，帶來開心的元素總在他的藝術中呈現。

🚃阪神「岩屋站」往南步行8分 🏠神戶市中央區脇浜海岸通1-1-1兵庫縣立美術館 東北側 ◎自由參觀

走進神戶的藝術區域，享受一場充滿創意的潮風港町藝術之旅。推薦可以從橫尾忠則美術館的現代藝術收藏開始，欣賞兵庫縣美術館內展現的多樣性風格，並沿著HAT神戶區域散步，感受藝術與海景交融的獨特氛圍。這些場館不僅展示當代日本藝術，更是神戶深厚文化底蘊的象徵，周邊多達近20個以上的藝術熱點，等著你一一解鎖。

Ⓓ なぎさちゃん
Sun Sister

象徵「閃耀的陽光」並帶來希望，這尊超巨大的少女像，被膩稱なぎさちゃん，就矗立在兵庫美術館大階梯下、面向港灣側，也是一處超熱門的拍照景點。

🚃阪神「岩屋站」往南步行10分
📍神戶市中央區脇浜海岸通1-1-1兵庫縣立美術館南側
🕐自由參觀

Ⓔ 青りんご
Green Apple

就位在兵庫美術館裡的戶外露臺，安藤忠雄以美國詩人Samuel Ullman的詩「青春」內容而創作，面向著廣闊港灣的青蘋果，在藍天下顯得清新又有著獨特的存在。

🚃阪神「岩屋站」往南步行10分
📍神戶市中央區脇浜海岸通1-1-1兵庫縣立美術館南側
🕐自由參觀

Ⓕ Animal 2021-01-B- (Kobe Bear)

位在港邊的なぎさ公園內，面對著眼前的青山，巨大的銅製大熊，宛如寶石般閃耀的眼睛，竟然左右眼不同顏色，有著綠色、藍色的不同眼睛，分別代表青山、藍海映照出的瞳孔顏色。

🚃阪神「岩屋站」往南步行15分
📍神戶市中央區脇浜海岸通1-4-1なぎさ公園內 🕐自由參觀

神戶北神區域
探索隱藏魅力

B

LOVE

A

Ⓐ 三田プレミアムア ウトレット
Sanda Premium Outlets

　　三田 Premium Outlets是神戶最大級的名品折扣購物中心，主要建築模仿洛杉磯市郊外的高級住宅區帕薩迪納而設計；擁有約210家海內外知名品牌店鋪，提供開放感十足的高級購物體驗。從奢侈品到運動品牌，各種商品應有盡有。

🚌神戶電鐵「谷上站」轉搭路線巴士至「神戶三田プレミアム・アウトレット」即達。或從「三宮站」、「新神戶站」搭直達巴士約50分即達
🏠神戶市北區上津台7-3　🕐10:00～20:00　🈺不定休
🌐www.premiumoutlets.co.jp/kobesanda/

Ⓑ 麒麟啤酒 神戶工場
Kirin Kobe Beer Factory

　　提供「麒麟一番搾啤酒美味體驗之旅」，讓啤酒愛好者透過視覺、嗅覺與味覺，深入了解啤酒釀造的精髓。旅程中可觀賞產地影片、試吃麥芽、聞香啤酒花，並親自品嚐一番搾與二番搾麥汁，感受其風味差異。

🚌從神戶電鐵「三田站」、JR「三田站」以及神戶電鐵「フラワータウン花卉城站」提供免費接駁巴士
🏠神戶市北區赤松台2-1-1
🕐9:00～17:00
🈺週一　💰入場免費，工廠見學＋啤酒試飲￥500
🌐www.kirin.co.jp/experience/factory/kobe/

暫離繁忙的三宮市區，踏上北神的觀光旅程，這裡有你意想不到的新天地。首先，參觀麒麟啤酒的神戶工場，了解啤酒的釀造過程，享受新鮮的啤酒。接著，前往神戶水果花卉公園大澤道之駅，品味當地人文美食與自然美景。不要錯過FARM CIRCUS的本地食材與特色餐廳，並在三田OUTLETS尋寶，享受購物樂趣。這段北神之旅將讓你發現神戶有趣的另一面。

C

D

C 道之駅 神戶水果花卉公園大澤
Michi no Eki Kobe Fruit & Flower Park Ozo

這裡是被美麗自然環繞的花卉水果主題公園。不分年齡，每個人都能在這個道路綠洲盡情享受。園區有咖啡廳、餐廳、遊樂園以及農夫市集，可購買到新鮮的農產品。園內四季花卉盛開，夏季到秋季還可進行季節性水果採摘活動。

🚌JR「三宮站」搭市巴士38號，或神戶電鐵「岡場站」搭市巴士69號至「神戶フルーツ・フラワーパーク」即達。
📍神戶市北區大沢町上大沢2150
🕐各設施不一，約9:00～17:00
🔗fruit-flowerpark.jp

D ファームサーカス・マーケット
Farm Circus Market

以「帶來神戶的美好事物」為宗旨，Farm Circus Market選入附近農們們剛收穫的新鮮蔬菜與水果，讓顧客能以合理的價格購買到當地的最新鮮食材。不僅提供讓每日餐桌更美味的食材，還有適合送給重要人物的神戶精選商品、伴手。

🚌JR「三宮站」搭市巴士38號，或神戶電鐵「岡場」站搭市巴士69號至「神戶フルーツ・フラワーパーク」即達。
📍神戶市北區大沢町上大沢2150
🕐10:00～17:00
🔗fruit-flowerpark.jp

Must-Do 7

經典老派咖啡廳・神戶復古滋味再現

Ⓐ エビアン
Evian Coffee

說是咖啡廳，不如說是充滿昭和懷舊風的「純喫茶」，吸引著各個年齡層的人來享受咖啡時光。咖啡豆選自伊索比亞、哥倫比亞與巴西，經淺烘焙與細磨處理，使咖啡柔和無苦澀，帶來獨特的圓潤口感。

🚃 JR、阪神「元町站」南口步行2分
🏠 神戶市中央區元町通1-7-2
🕐 9:00~18:30 🈺 每月第1、3週的週三
🌐 www.evian-coffee.com/

Ⓑ 放香堂加琲
Hokodo Coffee

放香堂的咖啡豆有多種烘焙程度，像是麟太郎的中深烘焙、平左衛門的淺烘焙、友右衛門的中淺烘焙、喜左衛門的深烘焙等，以石臼研磨的咖啡粉不均勻，反而帶來變化、雜帶著穀物般的酸味，獨特的風味令人著迷。

🚃 JR、阪神「元町站」南口步行2分
🏠 神戶市中央區元町通3-10-6
🕐 9:00~18:00 🈺 不定休
🌐 www.hokodocoffee.com/

Ⓒ 西村珈琲店 中山手本店
Nishimura's Coffee

無論咖啡豆多麼高級或烘焙多麼細心，最終賦予咖啡靈魂的是水。西村珈琲店使用釀造清酒的「宮水」來沖泡咖啡，配合6日內烘焙的新鮮咖啡豆，確保每一杯送上桌的咖啡都在最佳狀態下。

🚃 JR、阪神、阪急、地下鐵「三宮站」往北步行10分 🏠 神戶市中央區中山手通1-26-3 🕐 8:30~23:00 🈺 不定休 🌐 kobe-nishimura.jp

神戶的老派咖啡廳是一種獨特的體驗，讓人回到那種經典、悠閒的時光。像是エビアン咖啡和放香堂加啡這樣的老店，以其懷舊氛圍和手工咖啡吸引著人們。而在西村咖啡中山手本店，可以享受使用宮水調製的特製咖啡，體驗獨一無二的風味。若喜歡甜點，榮町通上更多小店將咖啡和甜品結合，為神戶的咖啡文化增添了更多新鮮層次。

Reccomend

Ⓓ 北野坂 西村珈琲店
Nishimura's Coffee

西村珈琲北野坂店限定的琥珀色的冰咖啡盛在手工雕刻的冰碗中，入口即展現出濃郁的苦味與風味，冰涼順口，令人神清氣爽。稍微攪拌後，冰咖啡會變成沙冰狀，從內部散發出清涼感，瞬間驅走夏日的暑氣。

🚇 JR、阪神、阪急、地下鐵「三宮站」往北步行10分
🏠 神戶市中央區山本通2-1-20
🕐 10:00~22:00
💤 不定休
🌐 kobe-nishimura.jp

Ⓔ ロンシュクレカフェ
Rond sucré cafe

咖啡除了用喝的，還能用吃的。文青咖啡廳提供的甜點Rond sucré加上一球冰淇淋，再淋上濃縮熱咖啡，甜香、巧克力香、冰感、熱感、咖啡的苦甘與香氣，通通融在一起，衝突的味蕾體驗帶來美味新境界。

🚇 地下鐵「みなと元町站」步行2分；JR、阪神「元町站」南口步行6分。
🏠 神戶市中央區海岸通2-4-15
🕐 8:00~18:00
💤 週二
🌐 rondsucre.com/

Must-Do 8

地元B級美食・經典必嚐神戶庶民味

除了高級神戶牛之外，神戶當地的B級美食也不容錯過！源自明石的明石燒以柔軟的粉漿包裹鮮美章魚，沾上高湯後更是一絕。神戶風味餃子配味噌醬最受歡迎。而將炒麵與白飯巧妙結合的創意料理，口感豐富更只有神戶才有！

A

B

Check!

C

Ⓐ 蛸の壺
Tako No Tsubo

蛸の壺的明石燒，好吃的密訣就在於使用來自北海道的羅臼昆布熬煮高湯，帶來豐富的味道。而銅製烤盤獨特的深溝設計，讓烤出來的明石燒更加蓬鬆圓潤。加上內含的巨大章魚帶來兩種口感，搭配鬆軟的麵糊，美味十分突出。
🚃JR、阪神「元町站」南口步行2分
🏠神戶市中央區三宮町3-3-3
🕐12:00~22:30 ㊡週二
📷www.instagram.com/takonotubo1953/

Ⓑ 瓢たん
Hyoutan

神戶的餃子以厚實的外皮、少量的蒜味以及特有的濃郁味噌醬結合而成，味道清新而甘美，尤其搭配啤酒更是絕配。特別推薦搭配濃厚的八丁味噌醬來享用，可以根據個人口味添加醋、醬油或辣油，讓每一口都充滿驚喜。
🚃JR、阪神「元町站」北口步行1分
🏠神戶市中央區元町通1-11-15
🕐週一～三11:00~21:00、週四～日11:00~23:00 ㊡不定休
📷hyoutan-kobe1957.com

Ⓒ 長田タンク筋
Nagata Tank Suji

以其獨特的酥脆口感和完美的火候而聞名的「炒麵飯」，製作過程中主廚需用力攪拌，挑戰火候與技巧的極限，確保米飯與碎麵的完美融合。特製的香辣醬與炒飯的比例非常講究，也可加入各式調料，千萬別錯過慢燉數日的牛筋。
🚃JR、阪急、阪神、地下鐵「三宮站」步行3分 🏠神戶市中央區三宮町1-9-1 SAN PLAZA B1F 🕐11:00~22:00（L.O.21:30） ㊡不定休 📷www.kobe1te2.com/tank

來碗神戶新派系拉麵。多元口味充滿驚奇

在神戶，拉麵愛好者絕對能找到屬於自己的最愛。從口味豐富的拉麵太郎到以神戶牛湯底聞名的八座和，每一家精緻的湯頭和完美的麵條比例、特殊的口感令人回味無窮，且贏得了眾多食客的青睞。

Delicious!3

F

E

D

D 拉麵太郎 三宮本店
Ramen Taro

若要推薦一碗神戶最好吃拉麵的話，小編我絕對要把拉麵太郎的蕃茄拉麵用雙手高高舉起。這碗拉麵另外，這裡還有免費的泡菜任你吃，雖然口味偏甜，對喜歡辣勁的人也許不太適合，由於是免費提供，大家也都吃得很開心。

🚃JR、阪急、阪神、地下鐵「三宮站」步行3分 🏠神戶市中央區中山手通1-10-10 🕐11:00~23:00 ❌不定休
🌐kobe-ramentaro.com

E 神戶牛拉麵 八坐和
Kobe Beef Ramen Yazawa

以神戶牛為主打的拉麵，白色湯頭來自神戶牛的牛骨熬煮，搭配以細麵沾取更多高湯美味外，麵上的配肉就是大名鼎鼎的神戶牛肉，點套餐還包含白飯、神戶牛壽司2貫、滷牛筋，用實惠價格就能嚐到神戶牛。

🚃JR、阪急、阪神、地下鐵「三宮站」步行3分 🏠神戶市中央區三宮町2-11-1 🕐11:00~15:00、17:00~22:00 ❌不定休 🌐www.koubegyuu.com/shop/yazawa-ramen/

F 麵道しゅはり
Mendo Shuhari

發源自拉麵激戰區六甲的しゅはり走濃厚豚骨系，主廚在九州修行多年，經過不斷探索找到了理想的豬農，創造出極致的豚骨湯。「風神豚骨叉燒麵」是店內人氣冠軍，濃郁的豬骨湯與豐富多汁的叉燒完美結合，還可以免費加麵服務。

🚃JR「六甲道站」、阪神「新在家站」步行4分 🏠神戶市灘區桜口町5-1-1 🕐11:00~24:00 ❌不定休 🌐mendoshuhari.foodre.jp/

Must-Do 10

銅板價甜食・神戶的甜蜜誘惑

神戶以其精緻的甜點而聞名，充滿奶香的酥脆麵衣，搭配新鮮水果令人陶醉。而元町蛋糕則以其柔軟的口感和細膩的味道，成為當地人和遊客的最愛。對於喜歡奶香的人來說，起司蛋糕是必試之選，全都只要銅版價就能品嚐！

A

B

C

GOOD

Ⓐ ケーニヒス クローネ 本店
Konigs-Krone

「ケーニヒスクローネ」源自德文，意為「勝利的皇冠」。其中最具代表性的產品是外酥內軟的長泡芙Krone，裡頭包滿滑順的卡士達醬，或甜而不膩的紅豆餡等，其豐富的口感層次和精緻的製作工藝，成為品牌經典招牌。

🚶 阪神、阪急「御影站」步行約15分
🏠 神戶市東灘區御影石町4-12-19
🕐 10:00～18:00　🈺 不定休
🌐 konigs-krone.co.jp

Ⓑ 元町ケーキ
Motomachi Cake

名為石榴（ざくろ）的經典甜點特色在於鬆軟的黃色海綿蛋糕，間隙中透出濃郁生奶油以及當季草莓，表面輕輕灑上糖粉，外觀迷人、口感特殊。自創業以來，製作方法幾乎未曾改變，是當地無人不曉的地元名物。

🚶 JR、阪神「元町站」西口步行10分
🏠 神戶市中央區元町通5-5-1
🕐 賣店10:00～18:30　🈺 週三、週四
🌐 motomachicake.com

Ⓒ 觀音屋
Kannonya

觀音屋的手工起司蛋糕以丹麥最古老的食譜製作，需加熱後享用，熱烘烘的起司變得柔滑且香氣四溢，與輕柔的海綿蛋糕相互結合，口感極佳。烘烤後的起司濃郁且綿延不斷，創造出一種令人難以抗拒的獨特美味。

🚶 JR、阪神「元町站」南口步行2分
🏠 神戶市中央區元町通3-9-23
🕐 10:30～20:30　🈺 不定休
🌐 www.kannonya.co.jp

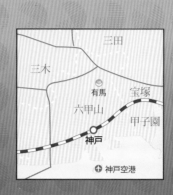

神戸市
こうべし

神戸市區 三宮 阪神間▶神戸近郊

三宮
さんのみや
Sannomiya

三宮是神戶最熱鬧的街區，JR、阪神、阪急、市營地下鐵等重要電車路線都在這交會，前往人工島PORT ISLAND的港區捷運線(PORT LINER)也從三宮出發。如以電車軌道來橫貫劃分，鐵道以南有頗受年輕人歡迎的百貨包括OIOI、阪急通通可以找到，路面下的地下街同樣能夠享受購物樂趣。往西出發則是熱鬧的商店街，一路直通元町區域，除了逛街血拼，也吸引各國美食餐飲聚集，最值得品嚐的，當然就是神戶鼎鼎有名的洋菓子與神戶牛排。再向北就是充滿異國風情的異人館街道，成為吸引年輕人聚集、約會閒晃的聚點。

交通路線&出站資訊

電車：
JR三ノ宮駅◆JR神戶線
神戶市地下鐵三宮駅◆西神線、山手線
神戶市地下鐵三宮·花時計前駅◆海岸線
阪急三宮駅◆阪急神戶線
阪神三宮駅◆阪神本線
神戶高速鐵道三宮駅◆東西線
神戶新交通三宮駅◆ポートライナー(PORT LINER)線

出站便利通
◎三宮駅是由許多鐵道路線所組成，每條路線的車站都不同，轉乘時需要多預留時間。
◎事實上三宮的主要遊逛區域都是步行就可抵達，從三宮駅往北沿著北野坂徒步約15~20分可達北野，往南徒步約12分可達舊居留地，往西徒步約10分可達元町，從元町再向南行約10分便可抵達神戶港區。
◎JR三ノ宮駅西口與阪急三宮駅東口直結，出站就是年輕人喜歡的百貨OPA，經由行人天橋可接到時尚百貨M-int神戶、阪急、OIOI等，皆徒步約3分可達。
◎三宮最熱鬧的當然就是商店街，車站地下有Santic地下街，由阪神電車三宮駅出站即是。而地下街連接處廣，依指標就能找到想去的地方。
◎若想搭乘機場巴士往關海岸線，除了從地下街連通，也可出三宮車站之後沿著最大條的馬路Flower Road徒步約5分就可看到車站入口，十字路口上就是著名的花時計。
◎前往神戶有名的生田神社從車站北側出站。
◎沿著高架鐵道，從三宮至元町一段路線下方同樣有許多商店可逛，就是年輕人最喜歡的Piazza Kobe。
◎若想搭乘機場巴士到關西機場，在JR三ノ宮駅西側，神戶交通センタービル(神戶交通中心大樓)旁的巴士站，於自動售票機購票即可排隊搭乘。

> 三宮最熱鬧的商業區域，不管晴雨都好逛。

薦 おすすめ

👁🎁 三宮中心商店街
三宮センター街

🅐別冊P.4,E3~D3 🕐依店舖而異 🅐神戶市中央區三宮町1~3丁目 🅑依店舖而異 🌐www.kobe-sc.jp

> 超好逛的商店街，一路通向元町連遍手上清單！

走出三宮車站就會看到的三宮中心商店街是神戶地區最熱鬧的商店街，從三宮可以一路往西逛到元町地區，再沿著元町商店街向西走便能直通通到神戶車站。由於商店街頂頭有遮陽棚，即使艷陽天或下大雨依然能購買信盡興，**舉凡服飾、配件、文具、書籍或各種服務，只要想得到的店家都能夠在此找到**，平行的2丁目也同樣有許多專門店都很好逛。

🛍 神戶OIOI

🅐別冊P.4,E2 ☎078-334-0101 🅐神戶市中央區三宮町1-7-2 🕐11:00~20:00，週日、例假日10:30~20:00 🅧不定休 🌐www.0101.co.jp

丸井百貨依照其日文讀音，以「OIOI」為商標，神戶店就位於最熱鬧的三宮中心商店街上，開幕即以全新現代裝潢引進許多首次進軍神戶的品牌，**無論是青少年服飾、男仕服、配件、都會淑女服等，提供最齊全的商品**，先鎖定好品牌，然後趕緊去血拼一番吧。

生田神社

おすすめ 薦

♠ 別冊P.4,D1~D2 **☎**078-321-3851 **♠**神戶市中央區下山手通1-2-1 **◐**7:00~17:00 **◒**自由參拜 **⊕**www.ikutajinja.or.jp

> 著名緣結神社，想求好姻緣一定要來參拜。

　「神戶」在古代所指的是神社所屬，收受租稅繳納以維持神社祭祀、維修的人家，而**今日的神戶地名，便是由三宮地區的生田神社而來**。與熱鬧商店街只有一步之隔的生田神社，不同於一般日本神社的素樸古意，境內鮮豔的朱紅色樓門和主殿充滿華麗典雅，祭祀的是主司緣份的稚日女神，**由於曾有許多名人在這裡結婚，因此這裡也成為了最佳的結緣神社**，每天有許多人來參拜，祈求締結良緣。

　神社後有一片市民之森，是市區的綠色休閒地帶，

生田神社內雖種植不少綠樹，卻沒有松樹，其中有個小小傳說，因為古時候有一次洪水來襲，山上種植的松樹完全抵擋不住水患而使神社被沖走，因此傳說生田神社的神祇不喜歡松樹，到現在境內都不種松樹。

> 當地人會將車子開來祈求行車平安。

接受祈禱

　若想要再深度體驗日本的文化，不妨向社方申請祈禱儀式。進入本殿中，持「玉串」(楊桐的葉子)獻給神明後，再由神官持由楊桐枝與紙片製成的「大麻」在頭上掃過，不但除厄同時開運。
接著由巫女獻上神樂「生田舞」向神祈求安泰；在悠揚的現代神樂中，隨著巫女旋轉、踏步，沉浸在幻想時光中。

戀愛水籤

女孩們來此絕對不能錯過有趣的「戀愛水籤」體驗。誠心參拜後，來到神社後的森林裡，向祭祀神功皇后的坐社行參拜禮，再將水籤輕沾在流經森林的小溪上，讓人在意的戀愛運勢慢慢便浮現。情侶一同造訪的話，可再至松尾神社旁的杉樹下一同許願，戀情必會開花結果。

神戸市区
三宮
阪神間▼神戸近郊

神戸阪急

🅐別冊P.4,E2 ☎078-221-4181 ⊙神戸市中央區小野柄
通8-1-8 ⏰10:00〜20:00 🌐www.hankyu-dept.co.jp/
kobe/

　神戸阪急以「成為神戸人的阪急」為目標,不僅引入全新時尚品牌,更結合神戶特有的都市魅力與豐富人文景觀,提供多元化的生活提案。下層樓層設有精選的化妝品、服飾與精品配件,中上層則以神戸人的優雅生活為靈感,打造出獨具風格的家居與生活用品區,營造都市與自然共融的購物體驗。地下樓層匯聚了神戶各式美食,從和洋菓子、精緻麵包到本地蔬果與飲品,應有盡有。除此之外,新館的「Hankyu Mode KOBE」以現代時尚為主軸,結合多元風格與品牌,並設置咖啡館與精品店,讓顧客在享受購物樂趣的同時,也能沉浸於時尚與藝術的氛圍中。

> 超長的大桌只設單面座位,面對著前方櫃位,有種看逛街人潮的頑皮趣味。

藍瓶咖啡

Blue Bottle Café

📞078-200-7320 ⊙神戸阪急新館1F ⏰10:00~20:00 💰
手沖單品咖啡￥712 🌐store.bluebottlecoffee.jp

　2023年秋天,阪急的新館進行了大規模的改裝,讓整館風貌一新。而原本就位在新館1樓的藍瓶咖啡,延續其優雅的氣息,舒適又帶點特別的空間,喜歡藍瓶的人,一定要來朝聖一下。

空間找來知名設計師芦沢啓治操刀,他的設計以簡約和自然風格著稱。空間雖大,卻低調不彰顯,無特殊區隔的空間設計,**視覺與風格無縫地與周邊的其他精品串聯在一起,營造出一個既開放又充滿悠閒放鬆感。神**戸雖然有2間藍瓶,但又以神戸阪急這裡交通最便利,空間感受最舒適開闊。

選入瀨戶內一帶的職人作品，帶領大家感受當地的獨特魅力。

Peanuts Life & Time

☎078-221-4181 ⏺神戶阪急本館5F
10:00～20:00 ⏺馬克杯￥1980 ⏺阪急西宮亦有店舖

　　阪急百貨店推出的官方PEANUTS生活提案店，是喜愛史努比與其好友的粉絲不可錯過的場所！這間主題店鋪以「**LIFE & TIMES**」為概念，透過可愛的**史努比及其夥伴們，將日常生活的每個片刻轉化為充滿驚喜與趣味的體驗**。無論是家庭裝飾、文具小物，還是獨特設計的周邊商品，皆充滿了歡樂氣氛與美好回憶，感受到滿滿的PEANUTS生活美學。

街のシューレ KOBE

☎078-200-7745 ⏺神戶阪急本館6F ⏺10:00～20:00
⏺不定休 ⏺www.schule.jp/kobe/

　　名稱「シューレ」源自德語「Schule」，意為「學校」或「學習」，象徵著這裡是一個探索生活方式與美學的學習場所。**展示商品主要來自四國及瀨戶內地區，皆是兼具實用性與美感的生活良品**。店內依主題劃分為不同區域，如生活雜貨、手作工藝及食品等，讓每位訪客都能在這裡發現衣食住相關的精選好物，並享受舒適放鬆的時光。

不少神戶限定商品，等著你來挖寶。

JIB

☎078-200-7590 ⏺神戶阪急本館6F ⏺10:00～20:00
⏺Sling Tape lesson Tote￥6930 ⏺jib.ne.jp/

　　發源自西宮的JIB創立於1978年，最初專營海洋主題的小物與服飾，並引入世界各地的進口商品。隨著品牌的發展，開始**設計並製作以帆船帆布為主要材質的原創包款**。這些產品不僅外觀設計時尚，還**融合了耐用性與環保理念**。品牌創辦人將其對海洋與自然的熱愛注入每個設計之中，藉由帆船帆布所傳達的「遊玩與探險精神」，將自然的美好與生活的樂趣傳遞給消費者。JIB以「**最後的救援**」為品牌概念，希望透過這些充滿機能性與創意的包款，讓人們感受到生活的多樣性與美好。

M-int神戶

◎別冊P.4,F2 ☎078-265-3700 ◎神戶市中央區雲井通7-1-1 ◎購物11:00～20:00，餐廳11:00～23:00，(B1F)M-MARCHÉ 10:00～21:00，(B1F)M-KITCHEN 11:00～21:30 ◎不定休 ◎www.mint-kobe.jp

神戶M-int就位於最便利的三宮車站前，為一個**流行感十足的複合式大樓**，除了購物、美食之外，部分樓層也進駐辦公室，由於地點絕佳，且刻意挑選進駐的店家無論服飾、雜貨、美妝、唱片等，走向具有年輕時尚感，成為神戶年輕人喜愛聚集的逛街地。

MLESNA TEA THE M-INT

☎078-251-5066 ◎M-int神戶5F ◎11:00～20:00 ◎水果薰香茶(茶包11入) ¥918 ◎uct-mlesna.com

來自斯里蘭卡的紅茶品牌**MLESNA TEA**，是高級**錫蘭紅茶最具代表性品的品牌**，這裡是取得MLESNA TEA授權的販售店，想喝高品質錫蘭紅茶，這裡都找得到。而且除了純粹的錫蘭紅茶，**店裡也有許多調味紅茶選項**，豐富的口味，讓人眼花撩亂，**滿足喜歡品嚐各式加味紅茶的人**。不論是花系列、水果系列，有感興趣的，有部份品項也提供試喝，或是試聞茶葉香氣。如果還是很迷惘，不妨向店員探詢，會提供解說與建議，挑選茶品會更有效率喔。

各式可愛包裝也很適合買來送人。

除了錫蘭紅茶，也有販售甜點可以搭配茶。

Neue

薦 おすすめ

ノイエ
☎078-291-4601 ◎M-int神戶5F ◎11:00～20:00 ◎dasneue.jp/

質感上班族文具及用品店。

上班族想要有型有款，不一定要名牌高價品加持，但質感、實用的設計很重要。**文具和辦公室雜貨選品店Neue**，可以在這裡找到各種用品，像是包包、皮件、卡片、筆、本子、杯子、名片夾等，除此之外穿搭需要的飾品也在這裡的選物中。**選物的品牌也不僅限是日本，也包含國外品牌**，將世界品味也帶進來，其中部分皮件或筆，能提供刻字字服務，讓送禮紀念更特別，不論是自己用或是選來送人，都很適合。

咖啡玻璃用品HARIO品牌的飾品，細緻又特別。

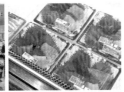

🍴 KOHYO三宮店

☎078-242-5040　📍M-int神戸B1　
🕐7:00~23:00　💻www.kohyo.co.jp/

> 宛如熟食的大排檔，實在太好買。

隸屬於AEON集團的KOHYO超市，在m-int地下樓的賣面積雖不算大，但無論何時來，都是人潮洶湧，一方面這邊這與車站的移動路線直結，若說移動路線裡有超市，也說得通，因為這超市賣場裡出入口四通八達，串聯很多重要方向，但真正讓這裡人潮洶湧的原因，是因為**這裡熟食區域很豐富，整個賣場一半以上區域都是熟食區**，PIZZA、麵包、焗烤、日式各種餐點美食、甜點、水果…，各種料理通通被端出來放在這裡，滿足忙碌上班族想快速解決飲食問題，又不想跟人群排擠餐廳。

旅遊日本你一定要學會自助結帳

以服務至上的日本，如果你還想到處都有人誠心幫你結帳，那真的會稍稍失望，而且幾乎每天一定會遇到需要自助結帳的場景，尤其是超市、超商，半自助、全自助結帳是常態。但其實別怕，自助結帳超簡單，只要學會一個單字就可以喔，那就是「チャージ」(結帳的意思)。

半自助結帳是店員幫你掃商品條碼後，顧客自行確認螢幕金額沒問題，❶先選擇付款方式(可選→現金)，❷接著把錢丟入機器內，❸最後按「チャージ」，就完成啦。

🍴 くそおやじ最後のひとふり 三宮店

☎078-200-6767　📍M-int神戸　B1 M-KITCHEN　
🕐11:00~21:30　🍜あさりラーメン(淡菜拉麵)　￥891　
💻www.kusooyaji.com/

這家主打貝殼系拉麵的店，主推淡菜(あさり)、蜆(しじみ)、蛤蜊(ハマグリ) 3種貝類拉麵選項，喜歡口味濃一點的就點「蛤蜊拉麵」，「蜆拉麵」最清爽，「淡菜拉麵」則介於兩者之間。但不論點哪種貝類拉麵，麵碗裡都會將貝類大份量地加入拉麵中，可以開心滿足的一口拉麵、一口貝肉，連叉燒肉、筍乾也沒缺席。**清爽甘甜的醬油系海鮮湯頭，以北海道干貝、貝類熬煮，讓人很容易將湯頭通通喝完。**除了3種拉麵口味選擇外，也有炒飯、煎餃可以加點，也都有著海味干貝加持，讓人口口滿足。

> 特別選用的麵碗餐具，讓貝類香氣可以保留。

> 薦 おすすめ

🍴 餃子 瓢箪

ぎょうざの店 ひょうたん

☎078-200-6660　📍M-int神戸　B1 M-KITCHEN　🕐11:00~20:00　🥟餃子1人份 (7個) ￥400，生啤酒￥450　💻hyoutan-kobe1957.com/

> 薦 おすすめ

> 神戶代表煎餃，沾味噌醬吃獨俱特色。

創立於昭和32年的老字號餃子專賣店瓢箪，以單一招牌煎餃聞名。元町本店的店內只供應這一道菜，卻以其極致美味吸引無數饕客前來品嚐。煎餃外皮香脆、內餡多汁，特別在於皮薄卻彈韌的口感與餡料完美比例。搭配特製的八丁味噌基底沾醬，展現獨特的神戶風味。**在Mint地下的分店有點像居酒屋，也提供各式菜餚，適合多人聚餐。**

> 熟客才知道的「大蒜醬油」，配餃子吃更是一絕！

神戸市區 三宮

阪神間→神戸近郊

👁 神戸国際会館

🅰️別冊P.4,E3 ☎078-231-8161 🏠神戸市中央區御幸町通8-1-6 ⏰依設施而異 🌐www.kih.co.jp/index.php

三宮車站前20層樓的国際会館是一棟複合式商業大樓,從**1樓廣場的大樓梯直接到地下樓層,即可連通三宮車站、地下鐵**。地下層的SOL是定位為美麗與健康的百貨商場,有最新款的服裝、配件、化妝品、居家用品,想擁有一身和神戶美女一樣的裝扮,這裡可以一次購齊,累了的話,還有各種體貼的療癒服務。

🏪 Ataoland

☎078-230-3199 🏠神戸国際会館SOL B1 ⏰10:00～20:00 ❌不定休,以SOL公告為主 💰Limo長夾￥2,9000起 🌐ataoland.com/

> 源自神戸的精品皮件品牌。

ATAO以高品質皮革與精工細作聞名,從北美與義大利精選的皮革材料,經過精細的染色與加工,搭配細緻的金屬配件,每一處細節皆展現品牌對設計的堅持與熱情。品牌源自神戶,靈感來自身穿風衣、漫步於神戶街頭的女性形象,追求經典不退流行的時尚風格。自創立以來品牌的標誌性產品包括經典款elvy包袋及L字型長夾limo。特別是limo誕生於品牌創立初期,以包袋的工藝手法設計錢包,最終成功推出了具有開合順暢及防止零錢外溢功能的獨特設計。

🏪 ILEMER

イルメール

☎078-230-3321 🏠神戸国際会館SOL B1 ⏰10:00～20:00 💰HAPPY DOLL娃娃(服裝另購)￥2,700 🌐ilemer.jp/

> 人氣超夯的IG話題流行「打扮娃娃」。

有著5種髮色、可自由穿搭打扮更換穿著的這個大眼娃娃,近幾年可說是捲起旋風,名為ILEMER,不但是一款創新的角色人物,更因為IG及流行雜誌、電視廣告推波助瀾而爆紅,成為一款女生們流行將她掛在包包上的新飾品,加上可以加購服裝改變造型,讓想撞娃都困難,很多人幫她打造獨特影片跟個性,難怪成為話題。ILEMER這家專賣店,除東京外,這裡是唯二店鋪,**店內商品超豐富,包含娃娃、娃娃服飾配件、手機套、各式包包、化妝包、服飾、電腦包等**,不論想入手娃娃、入坑幫她打扮,或是買周邊商品,都讓人陷入選擇困難症。光這裡還不過癮的話,**11樓還有一處ILEMER Gallery**,滿足粉迷的需求。

> 有許多衣服配件,可以打造自己專屬的ILEMER。

vote for by sisam

☎078-200-4188　♠神戶国際会館SOL B2　●
10:00~20:00　🌐sisam.jp

這家來自公平交易概念商品的店，初看店內商品，可能會覺得很不典型的「公平交易商店」，主要是因為sisam這家公司，把公平交易概念轉換，不再是直接進口商品，而是完成設計後委託製作，一樣能維持公平交易精神、幫助在地職人獲得應得報酬。而日本設計也讓所有商品，更符合消費者的需求。**店內以服飾居多，雖是日本設計，但仍依照當地特色，將當地傳統服飾做轉化，既保留特殊風格又能應對現代穿著需求**，像是尼泊爾的長褲，保留原始形式，但花色卻是很現代的流行風格，穿著上班也不違和。

透過日本設計，讓公平交易商品更適合日常穿搭。

Mother Moon café

☎078-230-9450　♠神戶国際会館SOL B2　●
11:00~20:00　💲有機培根&蔬菜派(附湯品)¥1,410　🌐
www.mothermoon.co.jp/

以**「FARM to TABLE」為主軸**，這家咖啡餐廳聚焦提供在地健康、優質食材，打造一個安心、健康的用餐空間，難怪大受女性客層的喜愛。從1993年在神戶開起第一家店鋪，至今已經有了13家分店，咖啡館的氛圍跟餐飲都以美國西部情調為主格調，讓輕鬆、自在、健康、美味飄散在店內。

堅持在地食材、有機，因此特別從淡路島的契約農園取得蔬菜、肉品，親眼所見的採購才能確保安心健康，讓這裡也有不少家庭客帶小小孩來共餐。店內除了咖啡、甜點、下午茶外，也有義大利麵，最受歡迎的則是餐盤料理，將主食、沙拉、肉類通通豐盛聚於一盤，營養均衡又美味。

各色美味新鮮有機蔬菜，滿足一日所需。

Santica

📖別冊P.4,E2~E3　☎078-391-3965　♠神戶市中央區三宮町1-10-1　●10:00~20:00(餐廳至21:00)　🗓第3個週三
🌐www.santica.com

Santica是**神戶三宮地區最大的地下街，共分為10個區域**，擁有服飾、餐廳甜點等各種讓通勤足方便獲取需求的店家，每個區域各有不同主題。其中7番街是甜點街；10番街為美食街，集合了多家餐廳、蛋糕店，讓利用Santica的人能夠快速享用美味。

Haune Bayer Santica店

☎078-391-3357　♠Santica7番街　●10:00~20:00　🗓第3個週三　💲玄米パン(玄米麵包)¥141　🌐www.cascade-kobe.co.jp/haunebayer.html

以美味生活為中心，希望能夠提供身心健康理想生活的Haune Bayer選用最新鮮穀物與乳製品作成麵包，最有特色的石磨麵包是**利用石臼磨出膳食纖維豐富的麵粉**，而人氣最高的法國麵包，揉入大片自家製作的頂級培根，再與起司一同烤出焦脆口感，外皮香酥、內部柔軟十分對味。

神戸市區 三宮

阪神間◆神戸近郊

🛍 OPA 2

三宮オーパ2

🏠 別冊P.4,F2　☎ 078-222-2229　🚇 神戸市中央區雲井通
6-1-15，2F-9F　⏰ 10:00~21:00，餐廳11:00~22:00
www.opa-club.com/sannomiya2

　　緊鄰JR三宮站、與m-nit百貨隔著馬路對望，不論從2樓天橋、B1都有通道互相串接，無論天候，從三宮站出站後就能一路逛不停。總共達8層樓的賣場，最高的8、9樓是餐廳，最低的B2~1樓則都是食品類賣場，其他樓層則是服飾、雜貨之外，也有一家大型書店淳久堂。**整體賣場面積雖不大，但光飲食類別就多達5層樓**，加上動線簡單的交通串連便利性，也吸引不少人潮，尤其B1的超市熟食區，種類多到令人眼花撩亂。

studio CLIP

☎ 078-221-6395　🚇 OPA 2　2F　⏰ 10:00~21:00　🚇 ot-st.
com/studioclip/

　　在台灣也有分店的studio CLIP，**以女性服裝、生活雜貨、居家日用商品等，深受喜愛**，依隨季節提案上市的新鮮商品外，也有深受喜愛的角色變身可愛雜貨品項，都能讓日常充滿一點點可愛或是新鮮感。**推薦給喜愛日系風格的人**，鎖定這裡來逛逛，當然女性服飾也是都走日系風格濃厚的舒適生活感，喜歡日系風格優雅的人，都很容易在這裡找到喜歡的單品。

🛍 久世福商店

おすすめ 薦

☎ 078-891-7739　🚇 OPA 2　2F
⏰ 10:00~21:00　🍜 お吸い物最中(最中速食湯/1個) ¥282　🌐 kuzefuku.com/

　　日式湯頭的健康清爽，接受度很高，想把美味在家複製，當然首要就是高湯材料。來到久世福商店當然就是**一定要入手萬年不敗的長銷品「万能だし」**，這款萬用高湯包，輕便好攜帶，是許多人必買回國的一款。商店裡，也陸陸續續開發各式新商品，所以經過就一定順便巡一下，像是做成**日式甜點最中造型的速食湯，有6種口味**，造型具話題外，還能讓餐桌飲食超有趣味。也能來一瓶已經裝好調味乾料的玻璃瓶，買回家後，只要把喜歡醬油加進去，就是無敵自治調味醬油，也很特別。

各式日式醬料 高湯食材，通通在這裡。

將喜歡的醬油倒進去，1~2天後就能享用囉。

甜點最中?！不不不，放進杯子倒入熱水，瞬間變成日式湯品。

🛍 AEON FOOD STYLE by daiei

☎ 078-291-0077　🚇 OPA 2　1F~B2F　⏰ 9:00~23:00
www.daiei.co.jp/stores/d0622/

　　位在OPA 2的1F~B2F，雖然跟OPA 2串聯在一起，但這裡又自成一格，**這3個樓層都以飲料、食物、生鮮超市、熟食等為主**，也因為與車站串聯，因此在營業時間上也特別長。**地下一樓則與m-nit的KOHYO超市串聯**，短短通道僅需30秒，兩個超市串連一起，簡直更無敵，daiei這邊的B1樓熟食區區甚至比KOHYO更多。生鮮蔬果則在B2樓，且B1樓因應可能有需要立即飲食的顧客，還設有小小一區座位區，連微波爐都有。

熟食區也是琳瑯滿目，完全讓人陷入選擇困難症。

🍴 DONNALOIA

ドンナロイヤ

> 神戸的代表老店，推薦品嘗超道地的披薩與義大利麵。

📍別冊P.6,E2 ☎078-261-9291 🚉神戶市中央區加納町2-5-1 神戶滋慶ビル B1
🕐11:30～14:30、17:00～22:00 🗓週二
🍴平日限定午餐￥1600 🌐www.donnaloia-kobe.net

DONNALOIA自1952年由意大利人DONNALOIA創立以來，始終堅持傳承純正的意大利料理。餐廳內的深紅桌布營造出舒適的用餐氛圍，讓人忘卻時間的流逝，在昭和時期吸引了許多外國顧客，成為神戶社交的熱點，亦是神戶最古老的意大利餐廳。雖然曾因阪神大震災而失去了原有的歷史建築，重建後繼續為顧客提供堅持的優質美味。現任主廚渡邊元則在保持傳統風味的同時，積極探索新食材，並以豪邁且簡單的風格呈現當季美食。

> 奶油寬扁麵（自家製フェットチーネ）￥1900

> 炸小牛排千層（仔牛カツレツ パルミジャーナ）￥4514

🧁☕ FREUNDLIEB

📍別冊P.6,F2 ☎078-231-6051 🚉神戶市中央區生田町4-6-15 🕐賣店、Café 10:00~18:00(L.O.17:30) 🗓週三（遇假日順延翌日休） 🍴日替ランチ（午間套餐：三明治+湯+飲料）￥1,650 🌐freundlieb.jp ❗平日有開放訂位，若不想排隊可先致電預約

> 在教堂內享受美好甜點時光，也能外帶現烤麵包至公園小野餐。

FREUNDLIEB在神戶可是無人不知無人不曉的名店，**1樓的烘焙坊賣的甜點餅干**也是神戶人外出訪友的最佳伴手禮。位在舊教堂裡的店面維持典雅風格，充滿當地人信仰記憶的教堂中，天天供應美味的麵包、三明治，以及手工餅乾。**2樓寬闊教堂尖頂下擺上幾張桌椅便成了最佳咖啡空間**，美麗的室內景緻與美味餐點吸引許多人前來聊天用餐，一坐就是一個下午。

FREUNDLIEB 的創始路程

第一代主人，在一次世界大戰期間從中國山東的德國租界來到日本，本想靠一身好手藝開家甜點店安家立業，沒想到關東大地震造成經濟危機，只好匆匆來到神戶，中間經歷了二次世界大戰，但總算平安度過，沒想到半個世紀之後，又遇上了阪神大地震。這次地震，是危機也是轉機，第三代主人在尋找新的工廠地點時，發現了因泡沫經濟而荒廢的教堂。這是她與先生當年舉行婚禮的所在地、也是兒女受洗的教堂，於是，基於保存文化資產也為了紀念自己的生命歷程，把教堂買了下來，保存了原有的空間，開設了咖啡館。

神戸市區 三宮 阪神間↓神戸近郊

👁️ 🏠 SAN CENTER PLAZA 薦

📖別冊P.4,D2 📞078-332-2768 🕐
神戸市中央區三宮町1-9-1 🕐依店舖
而異 🌐3nomiya.net

> 地下街美食便宜
> 又好吃,每到用餐
> 時段人潮滿滿,美
> 味不言而喻。

　就位於三宮中心商店街的SAN CENTER PLAZA 是一個**複合式購物中心**,其又可分為SAN PLAZA、CENTER PLAZA、PLAZA WEST三大區,購物用餐一網打盡。與一般購物中心不同的是,其中PLAZA WEST可以說是神戶的動漫中心,從2~5樓進駐許多動漫相關商店,有點像是東京中野的動漫特區,又被暱稱為神戶的御宅街。**B1樓還有美食街與公立市場**,看起來毫不起眼,卻集結了當地知名庶民餐廳,用餐時間跟著人龍排隊準不會錯!

🍴 長田タンク筋

📞078-962-6868 🏠SAN PLAZA B1F 🕐11:00~22:00(L.O.21:30) 🕐不定休(12月外週二休居多,詳見官網) 🍴牛スジぼっかけめし(牛筋炒飯)¥880 🌐www.kobe1te2.com/tank

　早期,神戶的長田地區有「大阪燒分布最密集的地方」之稱,想當然爾,這裡也就成為大阪燒、炒麵的激戰區了。長田タンク筋**以炒麵與炒麵飯聞名**,其最特別的就是那**微辣微甜卻互不搶味的基底醬汁**,加上長田的特色牛スジぼっかけ(一種滷牛筋),讓庶民料理更添高級的口感與視覺享受。

🍴 長田本庄軒

📞078-391-3314 🏠CENTER PLAZA B1F 🕐
11:00~21:30(L.O.21:00),週六日例假日10:30~21:30(L.O.21:00) 🍴ぼっかけ焼きそば(滷牛筋炒麵)¥750 🌐
www.toridoll.com/shop/nagata

　是什麼樣的魅力,會讓連穿著打扮入時的年輕年也甘願大排長龍只等著吃上一口呢?近年來在神戶年輕年間口耳相傳的炒麵名店,在三宮CENTER PLAZA的B1樓也吃得到了。長田本庄軒的炒麵**使用中粗雞蛋麵條**,在鐵板上大火快炒,淋上醬汁滋滋作響,再**淋上由牛筋與蒟蒻燉煮入味的ぼっかけ**,坐在鐵板前邊看老板俐落炒麵的身手邊吃著熱呼呼的炒麵,更能感受日本庶民風情。

🍴 まきの 薦

📞078-335-1427 🏠CENTER PLAZA B1F 🕐11:00~21:00(L.O.20:30) 🍴天婦羅定食加炸雞蛋(招牌定食:6品)¥1250 🌐www.toridoll.com/shop/makino/

> 三宮的人氣排隊名店!想要用平實價格品嚐最認真的炸物嗎?天婦羅絕絕對對不能錯過的一軒。

　無論何時經過,白色的暖廉前總是排著人龍,尤其是用餐時間人潮更是絡繹不絕。這裡可是天婦羅的著名店,有別於一次全上的炸物定食,**まきの的堅持將現炸的美味呈現客人桌上**,點餐後才將季節食材下鍋油炸,讓人能夠品嚐到最鮮脆的炸物。這裡的白飯、味噌湯與醬菜採吃到飽的方式,大食量的人絕對不怕吃不飽。

💡 必吃「玉子天」

點份玉子天(炸雞蛋),放到白飯上再將玉子天用筷子戳破,半熟蛋液的流下來讓白飯更加濕潤,撒點山椒粉,濃厚中帶點清香,鮮嫩中又帶點酥脆,美妙的滋味可千萬不要錯過!

🍴 吉兵衛 三宮本店

☎078-392-4559 🕐 PLAZA WEST B1F ⏰ 10:30~19:30(L.O.19:00) 休不定休 💲玉子とじかつ丼 肩ロース(蛋液肩里肌肉豬排丼)¥850、ソースかつ丼 肩ロース(醬汁肩里肌肉豬排丼)¥850 🌐www.yoshibei.co.jp

發源自神戶的豬排名店，招牌有兩種，一種是**在炸得香酥的豬排飯上淋上半熟蛋花的蛋液豬排丼**，另外則是**淋上香濃豬排醬的醬汁豬排丼**，兩款各自有擁護者，但不管哪一種，都是能讓人再三回味的庶民好味道。用餐時間總是大排長龍，但翻桌率很高，不用等太久；若是利用下午非用餐的時段造訪較有空位。另外，點餐再加50日幣便有一碗紅味噌湯，不死鹹的甘美滋味也值得一試。

🍴☕ Tor Road Delicatessen

📖別冊P.5,C2 ☎078-331-6535 🕐神戶市中央區北長狹通2-6-5 1、2F ⏰9:30~18:00、2F Café 11:00~15:00、週三 💲火腿三明治¥1100 🌐tor-road-delica.com

神戶為國際大港，為了行船食用，早年保存食品也十分盛行。這間火腿店**使用上質原料，僅遵古法製作，是當地人送禮的首選**。來這裡可以品嚐特製的火腿三明治，可至2樓咖啡廳享用或是外帶。

👁 Konigs Krone手作甜點館

ケーニヒスクローネ手づくりスイーツ館

📖別冊P.4,D3 ☎078 222 2612 🕐神戶市中央區御幸通4-1-6 ⏰11:00、13:30兩時段。採預約制，詳洽官網 💲蛋糕裝飾¥3718起 🌐sweetsmakingkitchen.konigs-krone.co.jp ❗目前只受理10人以上報名

神戶老牌甜點店Konigs Krone作為德式糕點專門店，一直深受顧客喜愛。在附設的手作甜點館，則可以讓人親身體驗製作蛋糕。**在這裡可以使用色彩繽紛的季節性食材，自由發揮創意，製作出專屬於自己的獨特蛋糕**。無論是情侶約會、家庭活動、閨蜜聚會，或是神戶旅行中的特別回憶，都能在優雅舒適的空間中盡情享受甜點製作的樂趣。

裝飾甜點看似簡單，其實也有許多技巧，大廚會盡力解說，體驗起來十分輕鬆自在。

🛍 EKIZO神戸三宮　薦 おすすめ

📍別冊P.4,E2　🏠神戸市中央區加納町4-2-1(阪急神戸三宮駅直結)　🕐依各店鋪而異

🌐ekizo.hankyu.co.jp

繼往開來三宮新地標。

阪急電車一向是關西地區高水準生活的代表，而在2021年4月，神戶三宮的街頭有了新風貌，阪急三宮站完成整修重新開張了！保留了原本的車站結構以及地下室的阪急OASIS超市，高樓層則規劃了全新的飯店讓來訪的旅客們入住，**1樓羅列著各國風貌的飲食店，像是維持了神戶開港時的外國風情，走到山側這邊，映入眼簾就是時尚的露天咖啡座、泰國的嘟嘟車、從中午便開始營業的日式居酒屋、西式料理或是中式小吃**，EKIZO神戶三宮，以神戶特有的時尚風格，為車站這個繁忙的建築點綴出更多悠閒的城市光影。

超萌蛋黃哥TKG。

🍴 KOBE YAKITORI STAND 野乃鳥

📞050-5280-9483　🏠神戶市中央區北長狹通1-1-1 EKIZO神戶三宮1F山側　🕐11:00～16:00(L.O.15:30)，16:00～23:00(L.O.22:30)　💴土雞蛋拌飯親子丼￥2000

🌐nonotory.jp/stores/kobe-yakitori-stand/

野乃鳥是一家中午就開始營業的串燒店居酒屋，如果有機會坐在烤爐邊的吧檯位置，就能看到店長在這邊熟嫻地烤著所有的烤雞串，並且像指揮官一樣發號司令，非常有看頭。從雲朵般蛋白霜中探頭而出的**蛋黃哥TKG(雞蛋拌飯)只有午餐時間才會提供**，端上桌的時候看著在飯上微笑的蛋黃怎麼捨得開吃，**午間套餐有兩碗飯，三個烤串，關東煮跟一碗雞湯，份量十足。**

🍴 珉珉　薦 おすすめ

📍別冊P.4,E2　📞078-331-3000　🏠神戶市中央區北長狹通1-32-2　🕐平日17:00～22:30，週末11:30～15:00　17:00～22:30　🈵週二　💴煎餃7個￥430、肉片湯￥450　🌐www.minminhonten.com/

70年老店的煎餃美味必點！

在高架橋下的窄巷中，有著紅通通招牌的「珉珉」，真的很顯眼，**創業於昭和28年(1953年)的這家老牌中華料理店，以煎餃是最招牌的美味**，小小一顆煎餃，可是濃縮很多美味，慢慢醒麵後桿出輕薄的餃子皮，內包入的蔬菜、肉也一一講求風味均衡不馬虎，美味洋蔥更是來自淡路島產。酥煎後的煎餃一入口，皮就瞬間化掉的錯覺，相當好入口，一份7連女生都稍嫌吃得不盡興，還好，**店內菜單相當豐富，各式可單點的配菜從湯品、小菜、棒棒雞、連皮蛋小菜都有，人多人少都很好點**，重點是，價格都相當親民，不用擔心會傷荷包。

煎餃、水餃都是店內招牌，米飯類則是新潟越光米，也很美味。

🍴 KOBE new WORLD 🔺薦

📍別冊P.4,D2　☎078-325-5524　🏠神戸市
中央區北長狹通1-1(阪急神戸三宮駅西改札
外 1F)　🕐10:00~20:00　🍴若雞どりのから揚
げ2種食べ比べ¥1309　🌐kobenewworld.com

右上：地產地銷
的健康定
食屋。

　KOBE new WORLD是一間標榜全部選用在地食材
的定食屋,1樓是超市以及外帶用的販售區,無論是當
天現摘的生鮮蔬菜,或是可以在店內吃到的美食,調
味料、調理包都可以在這邊購買帶走,2樓是用餐區,
**所有的料理都是以兵庫縣生產為基準,不走高級路
線但求高水準的樸實
滋味**,這是店家想要帶
給大家的神戸精神,以
神戸這個自古以來就開
放給全世界的窗口,把
在地的美味推廣出去。

👁🍴 Piazza Kobe

📍別冊P.5,C2　依店舖而異　🏠神戸市中央區北長狹通
🕐依店舖而異　🌐piazza-kobe.com

　從JR三宮站往西延伸,**沿著電車路線的高架橋下
到JR元町站,有條約400公尺長的狹長商店街**,就是
高架下商店街,稱作Piazza Kobe,是義大利語「有屋
簷的走廊」的意思。在這裡擠著上百家小店,有年輕
人最炫的流行服飾、包包、鞋子、復古玩具、個性飾
品等。不只有逛的,這裡也有復古食堂、咖啡廳、蛋糕
店等,是購物休息的好地方。

⚙ 鳴門鯛燒本舖 阪急三宮駅前店

📍別冊P.4,D2　☎078-321-5520　🏠神戸市中央區北長狹
通1-9-5　🕐11:00~23:00　🚫不定休　🍴鳴門金時いも(地瓜
口味)¥250　🌐www.taiyaki.co.jp

　鳴門鯛燒本舖運用傳統的鯛魚燒製法「一丁燒」,
**堅持使用鯛魚模具一個一個以炭火燒烤出內餡飽滿
的鯛魚燒**。這一丁燒的模具一個就要2公斤,只見職
人滿頭大汗也要不停翻動模具,以免鯛魚燒烤焦。而
這樣用心烤出來的鯛魚燒表皮酥脆,內餡熱燙綿密,
採用北海道十勝紅豆的內餡還吃得到豆的彈牙口感,
而最要推薦的是鳴門金時いも,金黃色的地瓜餡用料
大方,吃起來香甜不膩,深受女性歡迎。

🧁 Berry 🔺薦

📍別冊P.5,C2　☎078-331-1616　🏠神戸市中
央區北長狹通3-31-70　🕐10:00~20:00

右：水準之上
的平價美
味蛋糕。

　位在Piazza Kobe與TOR ROAD交叉口
的Berry,是一間受到三宮居民長期愛載的蛋糕店。
誰說在神戸吃蛋糕就一定要是高價奢
侈的享用呢?Berry就**以最實惠的
價錢提供以當地新鮮素材製作
而成的蛋糕**,在店內享用的
話,一起點蛋糕與飲料還能折
價¥50,十分划算。

神戸市區

三宮

↓阪神間↓神戸近郊

 EKI SWEETS 三之宮 I·II店 薦

◎別冊P.4,E2　◎JR三之宮駅，中央改閘
口外　◎10:00~22:00　◎www．
ekimarusweets.com/

> 關西快閃名店甜點，每2週就有新鮮貨！

　　神戶本身就是個甜點之城，好吃的洋果子、和菓子都不缺，但嗜吃甜點的人，恐怕不會就此滿足，因為有些甜點名店真的有點遠，交通又不便。別擔心，「EKI SWEETS」將這些甜點名店招喚過來了，三宮店就位在JR三宮駅中央改閘口外，**出了車站就能買，簡直是甜點便利通**。更酷的是，這裡直接設2家店鋪，都是**外帶快閃店營運形式**。店鋪位置是常態經營，但甜點店家每2週就更換，而且都找來關西一帶高知名度的甜點店，連超級名店、老舖也有，即使對甜點品牌江湖地位不清楚，但都保證美味不踩雷。

> 「空と大地」是位在有馬溫泉山上的名店，季節水果甜點是招牌。

> 整顆新鮮桃子塞入奶油，¥1,200。

GREEN HOUSE Silva

◎別冊P.4,F1　◎078-262-7044　◎神戶市中央區琴ノ緒町5-5-25　◎11:00~0:00(餐點L.O.23:00，飲料L.O.23:30)　◎年始　◎アッサム(阿薩姆紅茶)¥600，メープル・シフォンケーキ(戚風蛋糕)¥720　◎www.green-house99.com

　　被綠意圍起來的餐廳，結合了摩登元素，創造出了一個不一樣的現代都會休憩場所。除了茶飲、蛋糕之外，GREEN HOUSE也提供多樣午晚餐供顧客選擇。不同於一些咖啡廳只開到傍晚，**GREEN HOUSE Silva的營業時間很長，夜貓子還怕沒地方能去嗎？**在旅行途中捨不得睡的夜裡與同好在這裡聊天、喝杯飲料，夜晚的時間一點也不浪費。

☕🧁 Patisserie TOOTH TOOTH 本店

◎別冊P.4,D3　☎078-334-1350　◎神戶市中央區三宮町1-4-11ラティス三宮1、2F　◎1F 10:00~20:00；2F 11:00~19:00(餐點L.O.18:00，甜點L.O.18:30)，週六、日至20:00(餐點L.O.19:00，甜點L.O.19:30)　◎不定休　◎クレームブリュレ(Crème Brûlée法式烤布蕾)¥1100　◎www.patisserie-toothtooth.com

　　TOOTH TOOTH店內風格現代感強烈，甜點更是有型有款。依照季節使用各種新鮮水果的水果塔是人氣招牌；**以草莓為主的草莓水果塔和使用芒果、鳳梨、木瓜等水果的熱帶水果塔最受到歡迎**，深受女孩子喜愛。每個月來這裡吃到的水果塔都不同，也會不定時有新品推出，是值得一訪再訪的水果塔名店。

有趣的店名
牙齒牙齒，真是夠另類的店名了，其實店名當中暗藏玄機。牙齒日文唸做HA(は)，HAHA也是母親的意思。TOOTH TOOTH的第一家店是以家庭風料理取勝，強調的是「有媽媽的味道」。然而，現在的TOOTH TOOTH走新路線，店內風格現代感強烈，甜點更是有型有款。

Red Rock 三宮東店

🅐別冊P.4,F2 ☎078-261-8539 🏠神戶市中央區旭通5-3-12 竹下ビル 1F 🕐11:30~15:30、17:00~21:30 🅢ステーキ丼(牛排丼)￥2000 🌐redrock-kobebeef.com

發源自三宮的人氣紅店Red Rock,受歡迎的秘密便在於新鮮的肉品!採用**高檔部位的美國牛肉調理至3分熟便上桌**,大份量的鮮美牛肉讓人十分滿足。由於本店用餐時人潮眾多,建議可以到三宮東店,避開人潮。要注意的是,若是害怕吃太生的人,可以在點餐時提出要求,店家會將肉調理至全熟(Well down)。

🅨 BROOCH

🏠六月樓1F ☎078-335-8550 🕐12:30~18:00 🚫週三

這裡展售**以胸針為主的服飾佩件**,女主人認為胸針可為每一天創造新感覺,是表現個人風格不可或缺的元素。集合了日本各地手工藝作家的作品,刺繡、陶藝、金工、木雕,依季節展售不同材質和色彩的胸針,並自創商品,選擇適合搭配胸針的洋服和雜貨,有著童話一般的多彩氛圍。

🎯 六月樓

ロクガツビル

🅐別冊P.5,C2 🏠神戶市中央區北長狭通3-11-8 🕐依各店鋪而異 🌐www.tit-rollo.com

おすすめ **薦**

> 自2015年開幕以來,一躍成為神戶的文創新據點。

ロクガツビル(六月樓)改建自一幢70年代的小樓,「六月」一詞,在店主人谷氏夫婦喜愛的神戶作家稻垣足穗的小説中經常提及,兩人**認為「六月的感覺很神戶」**,故以六月為小樓命名。這是一座集合商舖,共設2間店——服飾配件舖「BROOCH」隸屬於谷奈穗經營的「tit.」,以及手作選物店「星空(HOSHIZORA)」。

品嚐A5等級神戸牛排，
不同滋味一次制霸！

在美食家之間常被評為「世界最高級的牛肉」、更是高級名牌牛肉代名詞的神戸牛排，來到了神戸，當然一定要嚐嚐。但即使是和牛，還是有等級之分，其中又以A5等級是品質最高的。神戸牛的特色是細緻的油花（霜降）及軟嫩的肉質，尤其神戸牛有著熔點很低的油花，甚至可以在人的肌膚上化開，濃郁且清爽的口感，便是它配得稱為最高級牛肉的深奧滋味。既然都要吃、當然就吃好一點，推薦一定要品嚐一次最高等級A5神戸牛排，在口中慢慢享受老饕極力推薦的和牛醍醐味。

來到市中心的「三宮站」、「元町站」周邊，就很容易找到提供A5等級神戸牛排的餐廳，推薦可以前往鐵板燒專門店「神戸牛排 彩Dining」，而且光在這區周邊就有三家店裝風格、餐飲各異的分店，不論想吃鐵板牛排、融合懷石風格的神戸牛、或是以櫻花木等柴火香氣燒烤的牛排，通通任君選擇。

認證的A5等級最高品質，讓顧客吃得安心。

豐富的套餐內容，連季節蔬果跟營養均衡都照顧到。

店內所有座位區都是吧檯座位。

🍴 神戸牛排 彩Dining
おすすめ 薦

神戸ステーキ 彩ダイニング

提供A5等級神戸牛排的專門店。

🅰別冊P.5,C2 🚃JR「三ノ宮駅」徒歩6分、JR「元町駅」徒歩4分 ☎078-331-5638 ⏰神戸市中央區下山手通3-1-9(コスモビルB1) 🕐午餐11:30〜15:30(入店至14:00)、晚餐17:00〜23:00(入店至21:00) 🈺12月31日、1月1日 💰嚴選神戸牛ステーキ(午餐限定-嚴選神戸牛牛排80gA套餐)￥5,000、神戸牛稀少部位ステーキ(午餐限定-神戸牛稀少部位牛排160gB套餐)￥11,800、神戸牛サーロインステーキ(神戸牛沙朗牛排160g套餐)￥17,000、特選神戸牛シャトーブリアンステーキ(特選神戸牛夏多布里昂牛排160g套餐)￥29,000 🌐www.saidining.com/

僅提供最高等級的A5神戸牛與黑毛和牛的鐵板燒專門店，從滋味豐富的霜降沙朗、淡雅高貴的菲力到肋眼、臀肉、臀肉蓋、夏多布里昂以及罕見的乾式熟成神戸牛等，通通都能吃到外，還能坐在臨場感十足的吧檯座位，邊品嚐美味、邊欣賞屬於神戸正統鐵板前的廚師精彩烹飪手藝。

動感十足的火焰表演，以及肉類在眼前煎烤時的香氣與聲音，品味最高級的神戸牛美味外，擁有蔬果專家資格的老闆，更依季節精選蔬果搭配於料理中，也能額外單點新鮮鮑魚與螯蝦等海鮮，整個套餐料理滋味豐盛，不論午餐、晚餐都值得前來。

神戸牛牛排 櫻

神戸牛ステーキ 桜

在能感受到「和風」文化的餐飲中，享樂世界頂級神戸牛。

🚇別冊P.4,D1 🚉市營地下鉄西神・山手線「三宮駅」徒歩3分 ☎078-335-8885 🏠神戸市中央區下山手通2-17-10(ライオンビル三宮館2F) 🕐午餐11:30~15:30(入店至14:00)、晚餐17:00~23:00(入店至21:00) 🈺週一 🌸櫻吹雪-神戸牛稀少部位(午餐套餐)¥8,500、初櫻-神戸牛沙朗(午餐套餐)¥11,500。花衣-神戸牛沙朗¥15,500、夢見草-神戸牛特選沙朗¥19,000 🌐www.saidining.com/sakura/

融合世界頂級神戸牛×感受日本文化「和」的飲食享樂，「神戸牛ステーキ 桜」一樣僅選用A5等級的神戸牛，並在鐵板前為顧客提供融合演出般的精采美食料理秀。但如果你喜歡更多一點日本風格融入其中的話，這家店就很適合你，在**內裝上展現和風精神外，套餐更是將懷石料理的精髓融入鐵板燒的料理中**，像是能襯托出牛排美味的八寸(前菜)、使用鐵板蒸製的茶碗蒸、輕煎的肋眼薄片燒肉、蔬果專家精選的蔬菜，甚至在顧客面前現煮的土鍋飯等，不僅視覺上更為華麗，也讓鐵板料理呈現更細緻的一新風貌。

呈現出日式懷石料理風格的神戸牛鐵板套餐。

雅致的店內，以日本風呈現高級雅淨感。

柴燒的神戸牛美味，更融入木頭的香氣。

無論午餐或晚餐套餐，均使用160g的神戸牛，可十足享受美味。

神戸牛牛排 Vesta

神戸牛ステーキ Vesta

A5等級神戸牛×「柴火燒烤」的美味。

🚇別冊P.4,D1 🚉JR「三ノ宮駅」徒歩6分、阪急「神戸三宮駅」徒歩6分 ☎078-335-0107 🏠神戸市中央區下山手通2-12-16 🕐午餐11:30~15:30(入店至14:00)、晚餐17:00~23:00(入店至21:00) 🈺週一 🥩神戸牛ステーキランチ(神戸牛牛排午餐套餐)¥2,800、神戸牛モモ赤身ステーキ-ランチコース(神戸牛臀肉牛排-午餐套餐)¥5,610。神戸牛モモ赤身ステーキコース(神戸牛臀肉牛排套餐)¥6,930、神戸牛サーロインステーキコース(神戸牛沙朗牛排套餐)¥15,400。(以上價格含稅) 🌐www.saidining.com/vesta/

品嚐A5等級神戸牛，除了鐵板、懷石風格，你還有燒烤的另外選項。店內一樣提供自家的**精選A5等級神戸牛、熟成神戸牛，並以柴火烤爐來料理**，依季節選擇包括橡木、檜木、櫻花木、櫸木、白樺、栗木等，來燒烤牛肉。店內所有座位均為包廂或半包廂設計，很適合聚會或親子共享美味，雖然這裡不主打鐵板的料理演出，但一樣能讓顧客感受到料理的活力與色香味，像是**剛燒烤好的牛排，上桌前以玻璃罩將柴火的香氣將與料理一起封存，直到上桌時才打開**，讓顧客感受到宛如身在柴燒爐前，嗅聞到肉香、木香的誘人美味融合。

🍴 神戸牛排 石田屋

おすすめ 薦

神戸牛すてーき Ishida. 生田新道店

🅐別冊P.4,D2 🚃「三宮駅」徒歩3分
078-335-5922 🏠神戸市中央區下山手
通2-1-14(ArcCOASTビル2F) 🕐午餐
11:30~15:00(L.O. 14:00)；晩餐17:00~21:30(L.O. 20:30)
🈺不定休 🍴神戸牛コース-ロース(神戸牛套餐-里脊肉
110g)￥15,290起 🔗www.kobe-ishidaya.com/

精肉直營批發店經營的餐廳、美味肉質掛保證。

豐富的神戸牛套餐，份量十足。

就位在三宮的生田神社參道前方的「神戸牛排 石田屋」，是一家由肉品直營批發商所經營的鐵板燒牛排店，超過30年的肉品經營眼光，讓石田屋所提供的神戸牛，不論品質、油花都是超群美味。

精選最高級、經過合格認證的神戸牛之外，更為了保障品質的穩定，店主透過其長年挑選高品質肉品的眼光，持續與兵庫縣內三家契約牧場合作，尤其是店內特選提供的雌牛肉，細緻不油膩的高雅滋味，搭配上店內廚師高超的烹飪技巧，將美味的神戸牛滋味鎖住，讓顧客都能品嚐到店家自豪的好滋味。也為了讓顧客能享受不同的神戸牛料理風格，在神戸、大阪都有分店外，有牛排店、燒肉店、壽喜燒和涮涮鍋店等，不論神戸牛沙朗、菲力牛排、神戸牛漢堡排、鵝肝、海鮮牛排等菜色都能盡享，而且光在三宮就有多達9家的店鋪，讓無論何時想要享用，都不用擔心店休而止步。

鎖住肉品鮮味的六面煎烤技術，讓美味在入口瞬間化開。

店內提供的神戸牛，都是經過認證的高品質肉品。

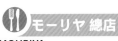 **モーリヤ 總店**

おすすめ
薦

140年老店
嚴選的自慢
牛肉美味。

MOURIYA

🏠 別冊P.4,D2　🚃 JR「三ノ宮駅」西口徒步5

分　☎078-391-4603　🏠 神戶市中央區下山

手通2-1-17 (モーリヤビル)　🕐 11:00~22:00 (L.O.21:00)

🈳 不定休　🍴 モーリヤ嚴選牛極上フィレステーキ(A5) B コ

ース(MOURIYA嚴選牛極上菲力牛排(A5) B套餐￥11,130

起　🌐 www.mouriya.co.jp/zh-TW/

　　從明治18年開始經營神戶牛已經**超過140年「モー**
リヤ」，能夠百年持續不墜的受歡迎理由、便是嚴格
把關嚴選優良肉質的堅持，也是モーリヤ最引以為傲
的美味利器。

　　店家使用的牛肉相當重視但馬牛的血統來源，除

了精選A5等級，受到認證的高品質神戶牛肉外，也以
延續神戶牛素牛(開始育肥前的小牛)──但馬牛的血
統，選取未曾生育的母牛，經過32個月以上的育肥，
避免和兵庫縣內的同宗但馬牛進行近親交配，以此
做為「Mouriya精選牛」的另一款高品質肉品選項，而
且在契約牧場嚴格的飼育下，口感、風味也毫不遜於
神戶牛。因此不論想品嚐受到**認證的高級神戶牛、或**
是價格合理且品質一樣非常美味的Mouriya精選
牛，都能透過店內烹調技術純熟的廚師，深刻感受
神戶牛的獨特美味。

　　本店共有3層樓，不但能提供更多顧客享用外，三
宮週邊更有有不同風格的另外4家分店及京都1家分店，
都能讓便利品嚐神戶代表美食的同時，也感受老店的
歷史風華與對美味的把關堅持。

神戶牛、但馬牛的肉質細嫩，脂肪不膩、口感清爽，是其令老饕醉心的主因。

由廚師精心煎烤的肉品和蔬菜，可搭配天然鹽或自製醬汁一起享用。

店家最引以為傲的、便是挑選優良品質牛肉的眼光。

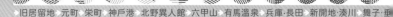
神戸市區　三宮

▼阪神間▼神戸近郊

欧風料理もん

別冊P.4,D2　078-331-0372　神戸市中央區北長狭通2-12-12　11:00～21:00(L.O.)　第三個週一　カレーライス(咖哩飯)￥1320，名物トンカツ(豬排)￥1820

　創業於1936年的歐風料理もん，位在前熱鬧的三宮街區，有著簡單摩登的外觀。推門而入，木造桌椅襯托出店內沉的穩風格。據店主人説，會將餐廳取名叫「もん(門)」，就是指以港口為立基點的神戸是各國美食的入口，而這家小店裡的異國料理，也能開啟日本人通向各國美食文化的另一道門。歐風料理もん的神戸牛排餐，**份量非常足夠**，考慮到朋友家人聚餐時，可以點2～3種菜餚大家一同分享，讓每個人都更能享受多樣化的美食。而這裡**不只內用牛排美味**，許多人也會來這裡**外帶牛排三明治**，當成來到神戸的伴手禮呢！

PLAISIR

薦
おすすめ

別冊P.4,D2　078-571-0141　神戸市中央區下山手通2-11-5ホテル ザ・ビー神戸1F　11:30～15:00(L.O.14:00)，17:00～22:30(L.O.21:00)，週日17:00～21:30(L.O.20:30)　週一　神戸ビーフサーロインのコース(午間神戸沙朗牛排套餐)100g￥9900
www.kobe-plaisir.jp

午間的優惠套餐讓人能享用平價神戸牛。

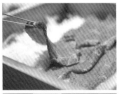

　一走進PLAISIR店內，就被其白壁木造的時尚裝潢吸引。強調店內使用的**牛肉皆為兵庫境內農場直送**，肉質新鮮自然不在話下。結合當季鮮蔬一同炙煎而成的鐵板燒料理，一直都是PLAISIR的自慢料理。只見主廚在鐵板前舞動鐵鏟，藉由鐵板將神戸牛肉鮮美的肉汁都鎖起來，瞬間就變化出一道道美味的料理。另外，配合每種不同的肉質，店家還會推薦適合的酒類一起品嘗。

雪月花 本店

別冊P.4,D2　078-333-7080　神戸市中央區北長狭通1-9-3 レインボープラザ 8F　17:30～23:00，週末例假日17:00～23:00　不定休　神戸牛套餐￥17600起
www.kobe-setsugetsuka.com/honten

　雪月花選用的處女雌牛，在經過長期熟成後，肉質變得更加柔嫩多汁。屠宰後的神戸牛雖然肉質偏硬，霜降紋理較少，但經過熟成過程後，水分逐漸減少，充分釋放出牛肉的氨基酸。此時，神戸牛的脂肪因為柔軟且融化溫度較低，即使以低火烹調，內層仍能保持溫熱，鮮美的肉汁瞬間在口中蔓延，留下難以忘懷的美味。雪月花還**提供豐富的套餐選擇，除了神戸牛外，還搭配當季新鮮的海鮮與蔬菜，以多樣化的料理方式滿足各種口味需求，為饕客帶來無與倫比的美食饗宴。**

神戶動物王國

神戶どうぶつ王国・
KOBE ANIMAL KINGDOM

おすすめ 薦

可開心與動物們近距離互動、餵食體驗。

🔺地圖外 🚃Port Liner電車往神戶機場方向，在「計算科學中心(神戶動物王國・「富岳」前)」下車即達 ☎078-302-8899 🏠神戶市中央區港島南町7-1-9 🕙10:00~17:00 ⊗週四、1月1日 💰一般¥2,200、小學生¥1,200、小孩(4-5歲)¥500 🌐www.kobe-oukoku.com/

交通極度便利的神戶動物王國，就位在神戶市區內、鄰近鬧區三宮與神戶機場，**若從三宮出發搭乘Port Liner電車，僅需14分鐘就能抵達**，與機場的距離更是僅有一站之隔。

這裡最吸引人的是**有著許多無柵欄的展示區**，與自由放養的動物們，在重現棲息地的空間內，可以感受動物們宛如野生狀態下、生氣勃勃姿態外，**也可以用超近的距離觀察動物們**，甚至似乎可以感受到動物們的呼吸；而且園內提供各式各樣的演出和互動活動，非常合全家大小一起同樂。

除了近距離觀察動物們，園區的設計也很用心，有別於一般的動物園，除了室外的園區外，也有冬暖夏涼的室內園區，讓一年四季皆綠意蔥蔥、各色花朵盛開。當然來這裡也別忘了品嚐一份使用「對馬山貓米」的美味料理，來自可以幫助對馬山貓增加食物來源的農田所生產的米，透過吃，就能對保育盡一份心力。還有還有，最後**一定得逛逛動物王國的紀念品店，這裡有著動物王國獨家的人氣動物們的各式周邊商品**，可以將滿滿的歡樂回憶一起帶回家。

小朋友也可以很安心的體驗羊駝的餵食活動。

園區內最受歡迎、精彩的Wings演出，可別錯過。

可以近距離的觀察鯨頭鸛。

可與動物們近身接觸外，還有體驗餵食活動。

在紀念品區，可以買到各式可愛的動物造型周邊商品。

旧居留地
きゅうきょりゅち
KyuKyoryuchi

神戸大丸百貨周邊擁有一系列充滿新文藝復興風格的歐風建築,是100多年前神戶開港時所建的街道,由於是過去的外國人居住地區,留下來許多舊建築物和紀念碑,因此被稱為 居留地,形成此區處處可見的歷史特色,如今只見更多的精品名牌店、露天咖啡座紛紛進駐,街道也更加寬敞整潔舒適,優雅而清爽,是關西地區最具歐洲情調的街道。在這歐風濃濃的懷舊街道眺望神戶的港町暮色,讓人彷彿來到歐洲,更能貼近有別於日本其他地區的洋風情緒。

交通路線 & 出站資訊

電車:
JR三ノ宮駅◇JR神戶線
阪急三宮駅◇阪急神戶線
阪神三宮駅◇阪神本線
神戶高速鐵道三宮駅◇東西線
神戶市地下鐵旧居留地 · 大丸前駅◇海岸線
神戶新交通三宮駅◇ポートライナー(PORT LINER)
神戶新交通貿易センター前(貿易中心前)駅◇ポートライナー(PORT LINER)
JR元町駅◇JR神戶線(東海道本線)
阪神 · 神戶高速鐵道元町駅◇阪神本線 · 東西線

出站便利通
◎神戶市地下鐵旧居留地 · 大丸前駅,由1號出口出站就可以看到洋味濃濃的神戶地標大丸百貨,往東南這一大塊區域就是西洋建築最集中的地區。
◎若要從元町駅到大丸,從南口出來最快。
◎從三宮要到旧居留地每條街道上都有精品商店可遊逛,不妨慢慢感受神戶的優雅貴婦生活。

👁 花時計

📍別冊P.4,E3 📍神戶市中央區加納町6-5-1 ⏱自由參觀 💲免費

位於神戶市公所北方的花時計是三宮地區的重要地標,更有車站以此命名,以**新鮮花卉與植物共同組成的時鐘直徑為6公尺,高2.25公尺**,為1957年就完成的**日本第一座花鐘**,每年會有8~10次更換季節性的花朵植栽,讓遊客們能夠感受神戶的清新。

🏛 神戶市立博物館

📍別冊P.4,D4 📞078-391-0035 📍神戶市中央區京町24 ⏱9:30~17:30(入館至17:00),特別展期間週五、六至20:00((入館至19:30) 🗓週一(遇假日順延翌日休)、年末年始、不定休(詳見官網) 💲2F展覽室成人¥300,大學生¥150,高中生以下免費(特展收費另計) 🌐www.city.kobe.lg.jp/culture/culture/institution/museum/main.html

由舊橫濱正金銀行的建築物改建而成,**長期展出神戶自古以來的轉變、日本與外國的交流、東南亞美術、基督教美術、日本、歐洲的古地圖等**,逛一圈就會更了解神戶的歷史脈絡。另外不定期會有企劃展或是世界巡迴大展等,也是許多神戶市民充電放鬆的人氣博物館。

> 大丸在神戶並非只是一間百貨公司，更是神戶的地標。

🛍 神戶大丸

🏤別冊P.5,C3　☎078-331-8121　📍神戶市中央區明石町40　🕐B2~2F10:00~20:00，3~9F10:00~19:00，9~10F餐廳11:00~21:00(L.O. 20:30)　🔁1/1　🌐www.daimaru.co.jp/kobe　❗出示護照至1樓服務台可換領取5%off的優惠券

大丸本館的建築物本身就是一件古蹟藝術品。**村野藤吾設計的大丸百貨神戶店完成於昭和2年(1927)，流線的外型説明這是一棟現代主義建築**。對於神戶人來説，這不僅是一座大型百貨公司的神戶分店，更是神 的地標。阪神大地震曾受到嚴重損害，卻在短時間內修復，讓神戶人充滿信心和希望。大丸占地很廣，**本館周邊的洋館建築所進駐的精品品牌**也都屬於大丸百貨，現在成為神戶人最愛的時尚購物指標。

🍴 旧居留地38番館

🏤別冊P.5,C4　☎078-333-2329　📍神戶市中央區明石町38　🕐購物10:00~20:00，餐飲11:00~20:00　🔁1/1

門上插著黑白格子旗，外觀有相當濃厚的懷舊氣氛的38番館同屬於大丸百貨，也是**旧居留地的代表性地標**。這裡的1樓是附設咖啡館HERMES，2樓是較高級的流行服飾品牌COMME des GARÇONS，3樓L'Appartement，4樓是神戶知名菓子舖TOOTH TOOTH。

☕ Cafféra 大丸神戶店

☎078-392-7227　📍神戶大丸本館1F　🕐9:45~21:00(L.O. 20:30)　💲カプチーノ(卡布奇諾附菓子)¥860　🌐www.ufs.co.jp/brand/cfr

> 迴廊下的咖啡座，盡享歐式街邊風情。

位在神戶大丸店1樓的Cafféra(咖啡館年代)是一間謹守**義大利傳統的米蘭風咖啡館**。店名是咖啡館(café)和年代(era)融合而成。咖啡調理師宮前美雪曾獲2007年世界咖啡調理師大賽第四名，每日充滿慕名而來的咖啡愛好者。而位在**拱廊下露天咖啡座是人氣度最高的地方**，鋪上桌巾的小圓桌充滿歐式風情，隨時都坐滿了想要悠閒品嘗咖啡及欣賞迷人街道景觀的人。

神戸市區 旧居留地 阪神間▶神戸近郊

👁 東遊園地

📖 別冊P.4,E4　🏠 神戶市中央區加納町6-4-1　👁 自由參觀
🌐 eastpark.jp/

　從三宮駅往南經過神戶市公所就會看到一大塊**綠意盎然的公園綠帶**，這裡便是以神戶光之祭典LUMINARIE聞名的東遊園地。在日文中「遊園地」所指的是遊樂園，設計者希望讓人們像是進入到遊樂園一樣享受公園因而命名，**開闊腹地內有水景、廣場**，是附近上班族戶外午餐的最佳場所。

> 在綠地裡有許多裝置藝術，走走逛逛十分悠閒。

RINA　MOZART

🍴 park kitchen WEEKEND

おすすめ 薦

☎ 078-945-8883　🏠 東遊園地內　👁
11:30～22:00　💲 PASTA LUNCH￥1600
起，MAIN LUNCH￥2000起　🌐 www.
instagram.com/park_kitchen_weekend/

> 充滿渡假氛圍的公園綠意餐廳。

　東遊園地裡的park kitchen WEEKEND是一處讓人在城市中享受自然療癒的公園餐廳。提供的義大利料理充分運用當季新鮮食材，包括精緻的自家製前菜和各式義大利麵。主菜方面，則有淡路雞和神戶牛等當地優質食材，搭配精釀啤酒和各式紅白酒，讓每一餐都充滿驚喜。

> 外帶咖啡窗口在10:00開放，提供多樣化的餐食選擇。

WEEKEND

> 館外的1.17 希望的灯り燈火來自10個受災城市及47個縣的種火，象徵「溫暖」與「生命的印記」。

👁 慰靈復興紀念館

慰霊と復興のモニュメント

🏠 東遊園地內　👁 9:00～17:00　🈚 無

　慰靈復興紀念館於2000年1月16日落成，**旨在紀念1995年阪神淡路大震災，傳承災後復興的精神，並向遇難者致敬**。在地下的「瞑想空間」牆上刻有震災遇難者的姓名，通道空間也展示了為建設募款的捐款者名字。希望透過這個空間鼓勵市民，呼籲全球對大災害的團結與復興意義。

👁 神戶 光之祭

KOBE LUMINARIE

🏠 東遊園地～舊居留地　👁 12/8～12/17(每年略有變)18:00～21:30，週五18:00～22:00，週六17:00～22:00，週日17:00～21:30　🌐 www.kobe-luminarie.jp

　發生於1995年1月17日清晨的阪神大地震，改變了神戶許多市區的樣貌、卻也帶來了新生，誕生於1995年底的LUMINARIE是其中最受矚目的項目之一。**LUMINARIE一語來自義大利文，原意是「燈飾」，在黑夜中，將近15萬盞燈火同時打亮，在隆冬裡幻化出莊嚴之光、藝術采輝**，寓含了為震災犧牲者鎮魂、也昭示著賜予倖存者對生命的感動與勇氣，更希望能為受損嚴重的神戶市街，帶來重生與復興的契機。

◉ こども本の森 神戸

安藤忠雄設計的小朋友圖書館

🅐 別冊P.4,E4　☎078-325-1125　🅖 神戸市中央區加納町6-1-1　🕒 9:30~17:00　🅗 週一（遇假日順延翌日休）

kodomohonnomori-kobe.jp/　❗部分日入館採預約制，需先上網預約

　　由著名建築師**安藤忠雄**設計及創建並贈送的孩子的書之森林，志在創造一個讓孩子們學習生命的重要性，並培養豐富的感性和創造力的地方。希望將來社會的孩子們能更盡可能多地接觸書籍並培養他們豐富的情感，將觸摸智能手機的時間減半，讓孩子可以自由接觸印刷文化。館內的**書架及椅凳採用的是神戸地標六甲山上生長的樹木等當地材料所製造而成**，希望在這裡讀書的孩子們，在觸摸由天然材料製成的優質家具的同時，也能有一個舒適的閱讀時光。

◉ 神戸郵船大樓

神戸郵船ビル

🅐 別冊P.5,C4　☎078-332-989　🅖 神戸市中央區海岸通1-1-1　🕒 11:00~20:00　🅗 不定休

　　位於海岸通上的神戸郵船大樓正對著神戸港口，這裏曾是美國領事館的所在地，1918年時由日本郵船公司建造完成這棟**近代設計風格的建築**，不過卻在戰爭時損毀。到了1994年重建的郵船大樓相當符合旧居留地的風情，**夜晚還會點燈**，傾聽著港口船隻的汽笛聲，更添海灣氣氛。

◉ 高砂大樓

高砂ビル

🅐 別冊P.4,D3　☎078-331-1725　🅖 神戸市中央區江戸町100　🕒 依店舗而異

www.100ban.jp

　　曾經在金城武主演的電影「死神的精準度」中登場的高砂大樓是由企業家李義招於第二次世界大戰時所建造，完工於1949年，**充滿了復古風情的大樓內如今進駐許多個人店舖與手作工房**，帽子、復古二手衣、個性服飾等，一樓還有間爵士吧。

神戶市區　旧居留地　阪神間‧神戶近郊

🍴 蛸の壺

薦 おすすめ

📖別冊P.5,C3　☎078-392-7256　🏠神戶市中央區三宮町3-3-3　🕐12:00～22:30　休週二　🍴玉子燒10個￥700　🌐www.instagram.com/takonotubo1953/

> 地道的名石燒，體驗最純正的神戶美食風情。

蛸の壺是當地人氣的海鮮料理居酒屋，店內裝潢融合古典與現代風格，中央設有檜木大桌，提供吧台座位、桌椅座位及榻榻米座位，能容納多組客人。這裡以「明石燒」聞名，另外還有加入蔥花、青菜的「五目燒」，風味獨特。此外，**店內也提供多種適合搭配飲品的料理，是居酒屋風味的絕佳小酌選擇**。店員親切且服務周到，營造出溫馨的用餐氛圍。由於人氣高，建議提前預約。

> 店內招牌明石燒以雞蛋與高湯調製，搭配新鮮章魚，口感鬆軟細緻。

🍴 TOOTH TOOTH maison 15th

薦 おすすめ

📖別冊P.4,D4　☎078-332-1515　🏠神戶市中央區浪花町15旧神戶居留地15番館　🕐11:00～20:00(L.O. FOOD19:00/DRINK19:30)　休不定休　🍴TEA SET￥4950(需預約)　🌐toothtooth.com/restaurant/maison-15th

> 在西洋老房舍中享用優雅時刻，經典蛋糕不容錯過。

建於1881年的15番館，以木骨結構和水泥磚牆造成，是**明治時代的美國領事館**，當時1樓是辦公室、2樓是居住空間。這是神戶市區內最古老的異人館，已經變成國家指定的重要文化財，阪神大地震後重建，幾年前改裝成咖啡館，由**神戶當紅的菓子店TOOTH TOOTH進駐**，提供美味餐點與蛋糕。舊居留地在建設之初即規劃好完整的下水道系統，現在15番館外有一小段從前的紅磚下水道供人參觀。

🍴 Grill十字屋

グリル十字屋

📖別冊P.4,D3　☎078-331-5455　🏠神戶市中央區江戶町96　🕐11:00～14:30、平日17:00～19:30、週六17:30～19:30　休週日　🍴ハイシライス(牛肉燴飯)￥1100　🌐www.grill-jujiya.com

隱身於神戶市政府後方的Grill十字屋是一家洋食老舖，創業於昭和8年(1933)，從門口就能夠感受一股懷念的復古風格。推開深色木質門扉，一走入店內，挑高的空間格局與一張張懷舊感十足的家具，甚至是桌面上簡單的不鏽鋼調味罐，都讓人有種時間彷彿靜止在昭和年代的錯覺。Grill十字屋的**招牌餐點正是洋食料理中最受歡迎的牛肉燴飯(ハイシライス)**，有別於其他餐點的濃重暗色，十字屋的牛肉燴飯秉持了創業以來的秘方及調理法，呈現燉煮的紅燒色澤，**大量的洋蔥增添了甜味**與口感，有著教人懷念的日本洋食好滋味，醬汁更是讓人回味再三。

> 利用馬賽克拼貼而成的磁磚招牌頗有歐風感。

Blue Bottle Coffee神戶

🅰別冊P.5,C4 🕐神戶市中央區前町1 🕑8:00~19:00

Blue Bottle引領世界咖啡第三波革命，**神戶首家分店便選在氣氛時尚的舊居留地**，氛圍與四周街景十分搭調。這裡的店員男帥女美，且外語能力皆不差，想要體驗世界級的咖啡，這裡絕對是不二首選。

NEW ROUGH RARE

🅰別冊P.5,C4 ☎078-333-0808 🕐神戶市中央區明石町18-2 大協ビル1~3F 🕑11:00~22:00 ⊗不定休 ⑤自家製燒きプリン(手工布丁)￥550 🌐www.roughrare.com

想體驗**神戶年輕人的夜間Lounge生活**，ROUGH RARE絕對是首選，還不到晚上7點，店內就擠滿了打扮有型的年輕人們，8點一到，DJ準時送上音樂，讓整個空間氣氛動了起來，**餐飲主要提供洋食**，包括漢堡肉、蛋包飯、咖哩、義大利麵等。

🅸 mont bell 神戶三宮店

🅰別冊P.4,D4 ☎078-327-5455 🕐神戶市中央區伊藤町109ルネ神戶旧居留地109番館 🕑11:00~20:00 🌐www.montbell.jp

佔據了旧居留地當中一角的mont bell是**大型的戶外休閒用品店**，品牌由日本原創，擁有與歐美並駕其驅的設計技術，加上日本獨有的高質感因而擁有大批支持者。神戶三宮店兩層樓的面積共有236坪，**還有7公尺高的攀岩壁**，以登山配備為主，其他戶外運動用品也不少。

> 4.5坪大小的玻璃瓶提拉米蘇外賣專門店。

🧁 神戶ティラミス

薦 おすすめ

🅰別冊P.5,C3 ☎078-335-6688 🕐神戶市三宮町3-1-10 🕑11:00~19:30 ⑤一瓶￥648 🌐www.instagram.com/kobetiramisu_motomachi/

網紅的提拉米蘇。

有著番茄、抹茶、玫瑰、橘子等各種神奇口味提拉米蘇，積極使用兵庫本地的食材，例如雞蛋使用兵庫加古川市連續三年獲得農林水產大臣賞的雞蛋，橘子及生薑玫瑰也是兵庫當地產的。神戶ティラミス的內田辰彥表示，他之所以會積極使用兵庫本地的食材，是因為他畢業於一所農業學校，他的許多同學、前輩、後輩都是農業從業者，他想盡可能地使用他們的食材來製作甜點。

◎ 市役所展望台

おすすめ 薦

🅰別冊P.4,E3　☎070-5651-0454　🏠神戸市中央區加納町6-5-1 神戸市役所1号館24F　🕐9:00~22:00，週末例假日10:00~22:00　🈺年末年始　💲免費　❶入口在市役所1號館正面的高樓層專用電梯

> 免費的高空觀景台，天晴時推薦上來一望山海美景。

　神戸市役所24樓的免費展望台，**約100公尺的高空視野，展望神戸往南的方向，可以俯瞰從六甲人工島到神戸港灣一帶的壯觀全景**，甚至在晴朗的日子裡能夠眺望對岸的紀伊半島，景色令人陶醉。展望台內還設置了數位看板，播放神戸的觀光景點及主要專案的宣傳影片，進一步展現神戸的魅力。

🅈 SALON

🅰別冊P.5,C4商船三井大樓　☎078-393-1187　🏠神戸市中央區海岸通5番地商船三井ビル203A号室　🕐11:00~18:00，週六日例假日10:00~17:00　🈺週二、三　💲比利時香皂￥2100　🌐salon-and-associates.com/

　已有17年歷史的SALON**專賣香皂、沐浴芳療用品、首飾與皮件等各種世界良品**。這是比利時唯一精品香皂品牌Savonneries Bruxelloises的日本代理商，運用從巧克力獲取靈感所製造的香皂完全天然，衍生出各種沐浴用品是比利時皇室，更是歐洲上流人士們的最愛。

🅈 Familiar本店

おすすめ 薦

🅰別冊P.5,C4　☎078-321-2468　🏠神戸市中央區西町33-2　🕐10:30~18:00，週五~日至19:00　🌐www.familiar.co.jp/kobe

> 神戸的發跡的童裝名牌。

　由於舊居留地是許多神戸貴婦們逛街區域，鎖定品味父母的童裝familiar當然也要在此佔一席之地，由四個女生從母親角度出發所創立的童裝品牌，故事曾被NHK翻拍成晨間劇「童裝小姐(べっぴんさん)」。除了琳瑯滿目的商品之外，還有頗受小朋友青睞的遊戲區。

元町
もとまち
Motomchi

元町擁有精華薈萃的元町商店街穿過，假日總是人潮洶湧，無論是洋菓子老舖或傳出陣陣香氣的炸可樂餅肉店，若想尋找美味，只要看準排隊人龍準沒錯。元町商店街裡可說是應有盡有，流行度雖然不如三宮商店街，但要找到滿滿的在地風情來這裡準沒錯。除了元町商店街，在商店街的南邊還有個唐人風情的南京町。每到了農曆新年，在這裡也會看到盛大的新年祭典，像是舞龍舞獅、古人遊行等，十分有趣。

交通路線&出站資訊

電車：
JR元町駅◇JR神戶線(東海道本線)
阪神・神戶高速鐵道元町駅◇
阪神本線・東西線
神戶市地下鐵旧居留地・大丸前駅◇
海岸線
神戶市地下鐵みなと元町駅◇海岸線

出站便利通
◎若是從三宮駅間逛過來元町地區可不需搭乘電車，若搭電車直接抵達元町，從元町駅的南側出口往南

徒步約1分便是最熱鬧的元町商店街與大丸百貨前。
◎從元町商店街再往南走過幾個店面就可以看到一個中華味濃濃的牌樓，這就是神戶中華街南京町的入口，往西徒步約2分即是最主要的南京町廣場。
◎沿著元町商店街一直向西邊逛邊走，就會到達神戶駅，但需要走約30分鐘才能到達，趕時間的人建議還是搭乘電車。

◎其實元町也可算是和舊居留地為同一區，南邊是以雜貨出名的榮町，大丸百貨的東南方向則是許多洋風建築最集中的地區。
◎從元町車站沿著主要道路的サンセット通(落日大道)往東徒步約3分就是年輕人聚集，最悠閒的TOR ROAD，主要的個性化小店就分布於TOR ROAD街道兩旁與TOR ROAD至鯉川筋中間的巷弄內。

◎ ⛩ 元町商店街

⚑別冊P.5,A3~B3 ⚐元町商店街連合会 078-391-0831 ⌂神戶市中央區元町通1~6丁目 ◷依店舖而異 ⊗依店舖而異 ⊕www.kobe-motomachi.or.jp

從鯉川筋至神戶高速鐵道東西線的西元町駅間、**東西向綿延長達2公里的商店街**正是深受當地人喜愛的元町商店街，從百貨公司、名牌服飾、餐廳、書局、糕餅老舖、甜點店、生活雜貨、土特產紀念品店、藥妝店等應有盡有，商店街上方還有拱頂罩著，不論外頭刮風下雨，都不會壞了逛街興致。如果有時間，沿著元町商店街一路向西南走去，便能連接神戶駅，來到HARBOR LAND。

神戶市區 元町

阪神間▶神戶近郊

🧁 神戶風月堂 元町本店

🅰別冊P.5,B3 ◎賣店078-321-5598•Salon de The 078-321-5527 ◎神戶市中央區元町通3-3-10 ◎賣店 10:00~18:00•Salon de The 11:00~18:00(L.O.17:30) ◎商品販售區1/1•Salon de The週一(遇假日順延翌日 休)、1/1 ◎ゴーフル(法蘭酥)8枚╱1080 ◎www.kobe-fugetsudo.co.jp/

有著典雅名字的風月堂創業於明治30年(1897)，最具代表性的名品是**法蘭酥，圓形煎餅中間夾著一層奶油**，有草莓、巧克力、香草三種傳統口味，近年來另外開發紅茶、抹茶、咖啡、水果等口味，**薄脆又口齒留香**，是來訪神戶時必逛的名店之一。

Salon de The

位在本店1樓內部的Salon de The是風月堂附設的洋菓子咖啡廳，優雅的空間中舒服的座椅，半開放式的甜點廚房看得到甜點主廚忙錄的身影。來到這裡可以品嚐主廚製作的甜點，享受悠閒午茶時光。

🍪 本高砂屋 元町本店

🅰別冊P.5,B3 ◎078-331-7367 ◎神戶市中央區元町通 3-2-11 ◎10:00~19:00 ◎第1、3個週三(遇假日照常營業) ◎高砂きんつば(金鍔餅)¥184 ◎www.hontaka.jp

創業於明治10年(1877)的本高砂屋是一家和菓子老舖，為了永續經營並開拓視野，開始創作洋風甜點，最出名的就是融合和洋元素的餅乾「高砂きんつば」，**外皮酥脆如同千層派的麵皮夾上三種組合的奶油內餡**，例如藍姆葡萄、焦糖巧克力或是和風味濃濃的抹茶、栗子等，美味讓人一吃難忘。另外洋菓子也是本高砂屋的強項，很合作為神戶伴手禮。

🧁 Juchheim 本店

🅰別冊P.5,B3 ◎078-333-6868 ◎神戶市中央區元町通1-4-13 ◎1F賣店10:00~20:00、2F Café10:00~20:00(L.O.19:30)、B1F餐廳11:00~15:30(L.O.14:30)、週六日例假日至18:00(L.O.17:00) ◎週三 ◎ユーハイムクランツセット(年輪蛋糕套餐)¥1300 ◎www.juchheim.co.jp

曾經受到文學家谷崎潤一郎讚揚為「細雪」的甜點就誕生於Juchheim，本店位在元町商店街內，主要以**德國甜點為主，最受歡迎的是年輪蛋糕**，將傳統的德意志風味傳達給神戶的人們，除了在1樓可買到之外，2樓也有能夠坐下品嚐的咖啡廳，肚子餓了地下室還供應輕食，全方位提供服務，讓人能將來自德國的美味一網打盡。

☕ Evian Coffee

おすすめ
薦

📖別冊P.5,B3 ☎078-325-3317 �🏠神戶市中央區元町通1-7-2 🕘9:00~18:30 🚫每月第1、3週的週三 💰咖啡￥450、生奶油蛋糕捲￥500 🌐www.evian-coffee.com/

至今風華不墜的70年老派咖啡館。

創立於1952年的Evian Coffee，**歷史雖久、卻歷久彌新**，至今仍是一家大受歡迎的咖啡老店，甚至連續數年獲得日本知名美食網站Tabelog，**票選為喫茶店百名店**。在戰後年代，以英文店名開店、並首開以賽風壺煮咖啡，甚至連咖啡豆都自烘，在當時可説是走在流行尖端。能夠至今仍大受歡迎，在於帶有老派卻不陳舊，咖啡滋味豐沛又帶餘韻的順口度，雖然當時年輕店主，現在一一蒙上白髮，但煮咖啡好手藝仍是顧客的回流原因，另外店內各式自製甜點、三明治，也很受歡迎，尤其**生奶油蛋糕捲更是人氣第一**。一杯現煮咖啡、一份美味甜點，簡單的老舖日常咖啡風情，不但是在地人，連年輕人都愛來。

門口的老照片，記錄下老舖的早年風華。

至今仍以酒精燈調控賽風壺煮咖啡的風景，是Evian標誌性精神。

🧁 観音屋 元町本店

📖別冊P.5,B3 ☎078-391-1710 🏠神戶市中央區元町通3-9-23 🕘10:30~20:30 💰デンマークチーズケーキ(起司蛋糕)￥408 🌐www.kannonya.co.jp

融化的起司蛋糕吃起來是什麼味道？ 音屋的起司蛋糕跟一般印象中的西式起司蛋糕很不一樣，**圓圓的海綿蛋糕上鋪著厚厚的起司**，吃的時候竟然是熱的，上頭的起司融化掉，鹹鹹甜甜十分美味。如果沒空坐在店內品嚐，這裡也有外帶專區，帶回家後只要用微波爐加熱一下，馬上就能享受到這熱呼呼的美味。

🎁 放香堂本店

Hokodo

📖別冊P.5,A3 ☎078-331-3117 🏠神戶市中央區元町通3-10-6 🕘9:00~19:00 🚫週三 🌐hokodostore.com/

放香堂是打造日本咖啡店發展的始祖，創立於天保年間(1830~1843)，**超過180年歷史的老茶舖，至今已經傳承至第六代**，以販售精挑的日本各地高級茶為主，在神戶開港時代將茶葉輸出到海外的同時，也從印度進口了咖啡豆，並開設了咖啡館。在本業的部份，除了由擁有十段高級茶師資格的六代目到處找來的好茶外，也在宇治擁有自營的茶園。踏進這家茶店，裡面裝飾了年代感滿滿的老木茶箱，讓人真切感受到這家老舖的年代感，當然重新裝修後的店內，可以進入輕鬆購茶外，也有綠茶、抹茶等即飲可外帶，渴了，隨時就能買到一杯好茶。

☕ 放香堂加琲

おすすめ
薦

Hokodo Coffee

☎078-321-5454 🏠放香堂本店旁 🕘9:00~18:00 🚫不定休 💰咖啡「麟太郎」￥500 🌐www.hokodocoffee.com/

喝進一口日本最古老咖啡館的風華。

號稱日本最早的咖啡館「放香堂加琲」，開設於1878年，由原本經營日本茶的放香堂所開設，而咖啡館當時的店舖風景，竟然在神戶市立博物館的館藏明治時代的畫作中出現身影，目前這幅畫作也被店家複製放大，裝點在店內牆壁上。**想嚐嚐日本第一杯咖啡滋味，建議可以點「麟太郎」，印度咖啡豆、以石臼磨碎豆子的沖泡法**，少見的印度咖啡豆滋味，相當特別。

最早在日本將咖啡寫成「加琲」，店招也特別復刻當時樣貌。

神戸市區 元町

阪神間→神戸近郊

🍴 Grill KISSHO

グリル吉祥

📖別冊P.5,B3 📞078-391-1377 📍神戸市中央區元町通1-4-8 2F ⏰11:30~15:00(L.O.14:30)、17:00~22:30(L.O.22:00) 🈳不定休

> 建議可以選在中午來品嚐它的午間套餐，只要¥1800起跳。

　這家位在元町小巷弄裡2樓的洋食店，專賣神戶牛的料理。不同於一般高不可攀的高檔牛排店，Grill KISSHO也**在優惠時段以優惠的價格提供超值的神戶牛套餐**。除了能品嚐到神戶牛排與其他用神戶牛製成的料理，如果預限足夠，也可以點了套餐後再加¥300，將白飯換成牛肉咖哩飯，一次品嚐神戶牛的多重魅力。

🍴 Ito Grill

おすすめ **薦**

伊藤グリル

📖別冊P.5,B3 📞078-331-2818 📍神戸市中央區元町通1-6-6 ⏰11:30~14:30（LO.14:00）、17:30~22:00（LO.20:00）🈳週二、三 💴本日の神戶牛ステーキランチ(神戶牛排午間套餐)100g¥6600 🌐www.itogrill.com

> 不易流行的洋食老舖，炭烤牛肉美味無限。

　這是一家**洋溢著老味道的牛排館**，創立於1923年，一股講究而不鋪張、堅持原味但不退流行的氣質，讓你知道是一家有著經驗老道料理人所開設的好店。第一代店主以曾在遠洋郵輪服務的好手藝起家，第二代開始了**炭烤的手法**，而傳到了曾遠赴法國進修的第三代，則設計精彩的**酒單搭配美食**，提供更優質的用餐服務。

🍴 森谷商店 元町本店

📖別冊P.5,B3 📞078-391-4129 📍神戸市中央區元町通1-7-2 ⏰肉鋪10:00~20:00，炸物10:30~19:30 💴ミンチカツ(炸肉餅)¥150，コロッケ(可樂餅)¥100 🌐moriya-kobe.co.jp

　創業於明治6年(1873)的森谷商店是神戶最自豪的**神戶牛肉老店**，美味無比的神戶牛肉雖然無法帶回國，但加入了正宗神戶牛肉製作的可樂餅或炸肉餅照樣讓這不起眼的肉店成為觀光客們的最愛，經常**大排長龍**的店門前當場新鮮現炸美味，即使燙手仍然建議立刻品嚐。

神戶的洋食發展，
來自開港時代船上廚師的手藝美味

神戶的洋食館百花齊放，當然首要是因為1868年的開港，外國人往來與西洋名廚進駐當時飯店，帶來枝開葉散發展，大批飯店體系弟子陸續各據山頭，成為神戶西餐的領導者。但在神戶更接地氣的洋食，其實是由一批自開港時代船上廚師們，陸續退役下船後帶來的影響，船上的廚師們融合不同國度美食之外，更無私分享手藝、菜單與醬汁，而很多下船的廚師們，也在神戶開起洋食館，但特別的是，他們的洋食風格卻是轉化成日式洋食，庶民的家庭風格，也讓美味更深入一般日常神戶人飲食中。

> 充滿家庭風格的悠閒店內，裝飾不少船輪照片，遙念首代店主的船上廚師年代。

> 傳承百年以上的醬汁，看似濃鹹，入口卻意外順口、略帶甜酸。

🍴 Grill Miyako

グリル ミヤコ

🏠別冊P.7,C1 ☎0817-8362-0168 🏠神戶市中央區元町通5-3-5 🕚11:30～13:30、17:30～19:30 ⊗週五 💲ハンバーグ (漢堡餐) ¥1,500

1965年開店的洋食老舖，以一款**持續百年的美味多蜜醬汁**，擄獲許多人的喜愛。**開店的第一代，原本是輪船上的廚師**，卜船後，也將這款船上傳承多年的老醬汁一起帶下船，並在元町開了洋食店，並以老醬汁為基底、持續融合新醬汁沿用至今，尤其用於肉類料理，滋味豐沛圓融又美味。多蜜醬汁(ドミグラスソース/demi-glace sauce)是一種法式料理中常用的濃厚醬汁，融合了蔬菜的甘甜、紅酒的濃醇和牛肉的美味，推薦可以肉類料理為點餐選項，不論漢堡排、燉牛肉、炸牛肉排或是燉牛舌，都能享受到多蜜醬汁融合肉料理的美味。

🍴 大眾居酒屋 TOKI

🏠別冊P.5,B3 ☎078-599-8199 🏠神戶市中央區元町通1-7-2 ニューもとビル2F 🕚11:30～14:00、16:00～22:00 ⊗不定休 🌐toki-tabearuki.com

這是一家讓人感受「美味、快樂、幸福」的全新風格大眾居酒屋，店主重視每一個與「食」相關的瞬間，希望透過餐點、服務與環境帶來愉悅感。**菜單包含唐揚炸雞、馬鈴薯沙拉等經典料理**，搭配啤酒和調酒，營造出溫馨的氛圍。來這裡，你能體驗到從食材選擇到料理方式的精心設計，享受特別的日常滋味。

🍴 餃子 瓢箪 元町本店

おすすめ 薦

🏠別冊P.5,B2　☎078-391-0364　🏠神戸市中央區元町通1-11-15　🕐週一到週三11:00~21:00(L.O.20:00)、週四到週日11:00~23:00(L.O.22:30)　🈺不定休　💲

餃子一人份7個￥400　❗用餐人潮多時老闆可能會拒絕再加點，點餐時記得把一次要吃的份量點齊

> 熱騰騰的庶民美味，肚子有點餓又不太餓時就會想到它！

　瓢箪在神戸地區擁有很大的名氣，幾乎是無人不知的**餃子名店**。狹窄的店門只容得下不到10人，吧台內煎餃子的是有數十載經驗的老奶奶。接過老奶奶送來的餃子，沾上**由味噌醬汁與大蒜醬油調和的獨門醬汁**，熱熱的一口咬下，酥脆的表皮在口中化開，肉汁留舌尖，這樣的美味與便宜的價錢，難怪小小的店面總是不時擠滿人潮。

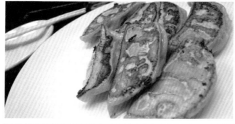

📖 Fabulous OLD BOOK

🏠別冊P.5,B2　☎078-327-7883　🏠神戸市中央區下山手通4-1-19西阪ビル4F　🕐13:00~19:00　🈺週三　🌐www.instagram.com/f.o.book/

　鯉川筋上，這間隱藏在四樓的Fabulous OLD BOO書店主要販賣1940~70年代，被稱為繪本黃金時代，從美國發行的繪本，**約有5000本繪本**是老闆夫妻踏遍全美國的土地，**從各地收集而來**，可算是一個繪本的大寶庫，更是只此一家的繪本舊書店。

👁 猫カフェNyanny

🏠別冊P.5,B3　☎078-391-5420　🏠神戸市中央區元町通2-6-11 德永ビル3F　🕐11:00~20:00(L.O.19:30)、週六日例假日10:00~20:00(L.O.19:00)　🈺第3週二　💴入場費(不含飲料)￥1100/1小時，週六日例假日￥1320/1小時；(含非酒類飲料)￥1430/1小時，週六日例假日￥1540/1小時；含酒類飲料￥1650/1小時，週六日例假日￥1760/1小時；延長時間每30分￥550　🌐nyanny.com

　Nyanny是一間隱身在元町德永大樓3樓的貓咖啡，每天都有**十多隻可愛的小貓**在這裡待命，希望能陪每個客人度過快樂的時光。如果跟店家買飼料，原本不理人的貓咪就會全部靠過來要吃的，讓人成為大明星般受到歡迎。想**體驗日本特別的貓咖啡文化**，就來到元町讓可愛的小貓咪治癒疲憊的心靈吧！

> 喵喵～快來找我玩。

◉ 相楽園

🅰別冊P.5,B1 ☎078-351-5155 ⨀神戶市中央區中山手通5-3-1 ⏰9:00~17:00(入園至16:30) ⓧ週四(遇假日順延翌日休)、12/29~1/3 💲15歲以上￥300,國中小學生￥150 ⓦwww.sorakuen.com

從元町駅再向北走,約10分鐘才到達的相楽園,雖然離元町的繁華中心稍遠,但這裡可是有**神戶都市公園中唯一的日本庭園**。相楽園除了日式庭園之外,境內還有旧小寺家厩舍、旧ハッサム住宅、船屋形這三座重要文化財。來到這裡不只能夠飽覽庭園風景與古蹟建築,每年**春夏之際會有杜鵑花展、秋天則有菊花展**,是神戶人休閒散步的庭園名所。

🧁 Motomachi Cake 元町本店

🅰別冊P.7,B1 ☎073-341-6983 ⨀神戶市中央區元町通5-5-1 ⏰賣店10:00~18:30 ⓧ週三、週四 💲ざくろ(石榴)￥330、いちごショート(草莓蛋糕)￥360 ⓦmotomachicake.com/

> 在地美味蛋糕,不只品嚐美味,也吃得到濃濃人情味。

Motomachi Cake以元町為名,賣的就是受當地人歡迎的各式洋菓子。ざくろ雖然名為石榴,但其實它是以純蛋黃與三種鮮奶油製成的海綿蛋糕,因為爆裂開的表皮上有顆大草莓,看起來很像爆開的石榴,因此而得名。就是因為便宜又好吃,Motomachi Cake雖然位在較偏離元町商店街的位置,但**每到假日也總是一位難求**。

> 最出名的ざくろ光一天就能賣出上千個。

> 隱藏在住宅區,外觀與周圍的民宅有著相當的差異,融合藝術於生活之中。

☕ ◉ CONCEPT STORE SEE ?

🅰別冊P.5,B1 ⨀神戶市中央區中山手通4-11-20 ⏰11:00~19:00 💲特調咖啡￥550 ⓦwww.instagram.com/concept_store_see/

> 神戶半山腰的密室藝廊咖啡廳。

要前往CONCEPT STORE SEE?需要爬一小段山路,藝廊入場免費。**店內的飲食點心非常巧妙地都封在罐頭裡面,無論是便當或是奶酪冷飲,全都是一個一個的罐頭**,非常可愛。而在整排碩大的書櫃後面,居然還藏有暗門,裡面是另一個特展空間,也提供當作包場包廂出租,如果沒人使用的時候,可以請負責人幫忙帶路進去一探究竟。

南京町

南京町就是神戶的中華街，就像是香港的縮影般，以紅金兩色為基調的建築物，加上醒目的牌樓長安門，還有寫滿中國字的菜單，讓來自華語地區的觀光客感到熟悉。來到南京町，不用去跟日本人一道去排長龍等著吃廣東料理，光是路邊擠得滿滿的港式小吃攤就夠熱鬧了！

www.nankinmachi.or.jp

🧁 Est Royal 南京町本店

別冊P.5,B3　078-391-5063　神戶市中央區元町通1-5-3　10:00~18:30　泡芙￥260起　www.estroyal.co.jp

在熱鬧的南京町街道上，看似不起眼的Est Royal可是擁有許多人氣第一的甜點店，最出名的就是創業當時就有的泡芙，**大方放入許多香草籽的卡士達蛋奶醬嚐來新鮮香醇**，讓人一口接一口，還有擠入大量各式口味冰淇淋泡芙，搭配有著杏仁香氣的外皮更加對味。

> 使用專利的擠壓器，綿密的栗子化成金黃色的絲線撲滿盤中，疊起小小的栗香高山。

🧁 和栗蒙布朗專門店 栗松 神戶本店

薦 おすすめ

和栗モンブラン專門店 くり松　神戶本店

丹波栗子甜點專門店。

別冊P.5,B3　078-945-7710　神戶市中央區元町通2-2-8　11:00~19:00(L.O.18:30)　不定休　栗子蒙布朗霜淇淋￥850　www.kurimatsu.jp/kurimatsu/

兵庫縣秋季特產中，丹波的栗子是裡面非常出名的一項，獨特的香氣還有碩大的個頭是市場上非常醒目的存在。而栗松便是**選用了丹波栗子當作原料的蒙布朗甜點專門店**。提供內用的是一客兩千日圓起跳的高檔蒙布朗甜品，另外也提供外帶栗子蛋糕當作伴手禮，還有價格較為親民可以邊走邊吃的栗子霜淇淋選項，讓沒有時間驅車前往丹波的旅人們，在神戶這邊也能夠享用到在地農產製作的美食。

YUN YUN

🏠別冊P.5,B3 ☎078-392-2200 📍神戸市中央區栄町通1-3-17 🕙11:00～18:00 🈺不定休 💰燒小籠包（生煎包）3個￥400，福建燒ビーフン￥400 🌐www.k-yunyun.jp

　　YUN YUN 屬於健民食品的直營店，台灣出身的高村健民先生在1950年以製作米粉起家，到了第二代手上開啟中華料理的快餐模式，並發展成健民食品株式會社。1985年時於神戶南京町推出了YUN YUN，但為了讓大家品嚐到更為道地的中華街美食，2017年重新整頓再出發，**以主打米粉與燒小籠包的專賣店訴求，提供台灣美食與中華點心，成功打響名號**，成為連Z世代年輕人都爭相品嚐的名店。

麗上蔥花、芝麻再倒掉鐵鍋內多餘的油水，香噴噴熱呼呼的燒小籠包就等著被人大快朵頤了。

🍴 老祥記

🏠別冊P.5,B3 ☎078-331-7714 📍神戶市中央區元町通2-1-14 🕙10:00～18:30(售完為止) 🈺週一（遇假日順延翌日休）💰豚まん(肉包)6個￥600 🌐www.roushouki.com

　　來到南京町，很難不去注意到老祥記，因為店門口永遠大排長龍，等著一嚐肉包的美味，平均至少得等上30分鐘才吃得到。1915年開幕的老祥記已經傳到第三代，最受到好評的就是**家傳的麵皮搭配鮮美多汁的肉館**，尤其是沾上肉汁的皮更是美味地讓人念念不忘，不只是日本人吃得津津有味，許多華人觀光客也是讚譽有加。

不到拇指高的熊貓不倒翁，可愛到可以直接包對買起來！

🎁 ミズ倶楽部センター

🏠別冊P.5,B3 ☎078-391-1050 📍神戶市中央區栄町通2-8-12 🕙10:00～20:00 💰モケケ神戶牛(吊飾)￥880 🌐www.msclub-center.com/shop/

　　來到神戶的熱鬧中華街，雖然主打中華美食、中式風格的伴手禮小物也都會出現，但不要先入為主覺得可以路過就好，其實已經轉化成日本風格，跟你想的已經不一樣，連雜貨屋裡的禮品店，也是常常令人超意外。位在中華街的這家**禮品店，商品其實五花八門，可以找到阪神棒球限定物，也有代表神戶的各式小物**，當然融合中式風格、日本設計的各式熊貓，就是完全走一個可愛風，也很值得入手。

神戸市區 栄町

阪神間·神戸近郊

栄町
さかえまち
Sakaemachi

鄰 近海岸的栄町往北是元町,往東為旧居留地,南邊正是神戸港口,這裏昔日為神戸港的繁盛區域,許多貿易公司紛紛進駐,小小的公寓內就擠入幾十家辦公室,如今,雖然栄町仍然保有這些存在著繁盛景象痕跡的公寓,濃濃的懷舊感又帶點流行復古時尚,昔日的辦公室紛紛成了雜貨、服裝、藝廊等個性小舖,每一間都有著迷人的故事風景,穿梭在期間尋找個性小物、服飾因而成為神戸品味人士的最愛,充分展現了與港町融合的神戸STYLE。

交通路線 & 出站資訊

港鐵:
JR元町駅⇨JR神戸線(東海道本線)
阪神·神戸高速鐵道元町駅⇨阪神本線·東西線
神戸市地下鐵 居留地·大丸前駅⇨海岸線
神戸市地下鐵みなと元町駅⇨海岸線

出站便利通
◎從神戸市地下鐵みなと元町駅出站往南(港區方向)徒步約3分就可看到一個小小的綠帶,這一區正是神戸品味一族喜愛的栄町。沿著栄町通往東一路上就有許多懷舊公寓,公寓內正隱藏了許許多多可愛小店。
◎由元町向南走就是栄町,若從栄町往港區方向徒步約5分即可抵達神戸港塔所在的メリケンパーク(美利堅公園),往東徒步約5分即是舊居留地,皆不需再搭乘交通工具,安排行程時可一並規劃。

乙仲陽光大樓
乙仲サンシャインビル

⊕別冊P.7,D1 ⊕神戸市中央區海岸通3-2-19 ⊗約12:00～17:00,各店營時不一 ⊕各店休日不一

乙仲陽光大樓這棟老建築就位在clueto的正對面,若不是大樓的入口一樓,擺設了一些服飾商品,大概也是很容易路過就錯過。以往一樣是一棟以各式貿易商社、洋行商社為主的五層樓辦公室,在商社撤離後,改名為乙仲陽光大樓,目前有**一家餐廳及5家店舖進駐。店舖主要以服飾、飾品為主**,其中2樓的二手服飾古著店,男女都有,可享受滿滿挖寶的趣味;3樓則有一家歐風骨董飾品店,店舖面積雖不大,但飾品的品質、樣式跟現今穿搭都能充分契合,若喜歡雅致老派歐風飾品,值得來逛逛。

榮町中心街道,為何叫做乙仲通?
不同於三宮、元町一代的繁華街道,榮町顯得低調安靜許多,乍看乾淨又似乎商業痕跡不多的這裏,其實店鋪恐怕多到超乎想像。想逛榮町當然就是鎖定海岸通及乙仲通這2條約800公尺的直長街道,老建築大樓沿街而立,很多小店、小舖,就進駐在這些一棟一棟的老貿易商辦建築內,不踏進大樓內,不一定看得到招牌。海岸通名字很容易理解,而為何和會有「乙仲」這樣的名稱,來源其實也是來自於這帶的早期商業狀況,以往對於處理海運貿易、通商往來的業者,一般就稱為「乙仲さん」,因此在平成20年的時候,這裏開始賦予這條街道乙仲通的名稱,也為這曾經的貿易商業聚集之街,留下歷史印記。

◎ 海岸大樓

海岸ビルヂング

🅐別冊P.7,D1 🅙神戶市中央區海岸通
3-1-5

> 最能代表榮町港濱風情的建築之一，進駐的店家各有千秋，可以慢慢逛一下午。

這裡**最初是貿易公司兼松商店本店所在地**，完工時1樓是兼松商店辦公室，2樓以上由其他事務所租賃使用。目前1樓店舖的室內空間還是可以約略看到兼松商店所在時期的樣貌。從海岸通上的建築正面走進大樓裡，**通向2樓和3樓的長階梯不轉彎地一路直上，天井裝設著大型彩色玻璃**，天氣晴好時，投射的光線讓室內空間籠罩在繽紛氣氛裡，晚上的戶外照明也讓海岸大樓像是一場華麗夢境般，令人沉浸在其建築之美中。

> 厚重的洋風建築，展現神戶港的過往風華。

☕ ALLIANCE GRAPHIQUE

☎078-333-0910 🅙海岸大樓1F ⏰11:30~0:00，週五六例假日前至翌1:00

位在海岸大樓東北角位置的ALLIANCE GRAPHIQUE有獨立入口，**一整面「牆」是厚重的鐵門**，和其他共用這座大樓的店家隔開，這麼特別的隔間來自原有的建築格局，不愧是歷史悠久的海岸大樓。在**1992年之前，這裡是倉庫**，店主用了一年的時間將咖啡館改裝成現今的農舍風樣貌。挑高約6公尺，座位不多的用餐空間在來客坐滿時也不會有窄仄感；店名來自法文的「設計協會」，室內陳設不少1900至1930年代的法國骨董，靠近入口的牆上的玻璃箱裡堆滿舊鎖和舊鑰匙，另一個則是日本和歐洲的舊鐵罐，舊的器物和咖啡館裡暖色調的氣氛甚是合襯。

🎁 草灯舍

☎078-331-9187 🅙海岸大樓2F 206 ⏰13:00~18:00，週日預約制 ⏰週日~二 🌐
www.soutousya.com

由14位藝術家合作的草灯舍是一間生活器物用品店，店主每年會企劃幾次展覽，請藝術家按照主題創作(例如：碗、茶杯)，每個藝術家都有自己習慣的材質和品味，店長對風格並不干涉。在展覽作品外，店主也選擇自己願意使用的古董器物放在店內販售。**店裡最多的舊式陶瓷器，也有木製的餐具。**為了符合器物氣氛，店裡用來陳列商品的「家具」都是看得出年紀和使用痕跡的桌、櫃甚至長凳，只有經過時間才有的斑斕氣氛也令人要對這些家具多看上幾眼。

🎁 mature ha. Atelier

☎078-333-5060 🅙海岸大樓2F 211 ⏰11:00~18:00 ⏰週三、週日(不定休、詳見官網) 🌐www.mature-hat.com

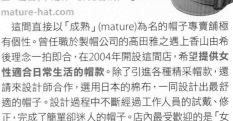

這間直接以「成熟」(mature)為名的帽子專賣舖極有個性。曾任職於製帽公司的高田雅之遇上香山由希後理念一拍即合，在2004年開設這間店，希望**提供女性適合日常生活的帽款**。除了引進各種精采帽款，還請來設計師合作，選用日本的棉布，一同設計出最舒適的帽子。設計過程中不斷經過工作人員的試戴、修正，完成了簡單卻迷人的帽子。店內最受歡迎的是「女優帽」，就像是女演員一般地戴上後能隱藏身分，還能夠依自己的喜好調整配戴角度，展現不同風情。

👁 榮町大樓

栄町ビルディング

🏠別冊P.7,D1 ⊙神戶市中央區海岸通3-1-5

薦 おすすめ

> 豪不起眼的外觀中竟隱藏多家好店，鼓起勇氣推開那每一閃門，意想不到的收穫就在眼前。

建於1940年代中期的榮町大樓是鋼筋混凝土建築，外觀完全

沒有多餘的裝飾，這樣無機質、個性並不特別強烈的感覺反倒讓不少店家來到此地；最初這裡的設計是船業相關的事務所使用，大樓裡也隔成數個房間，共用洗手間和廚房。**目前已不再有任何事務所，全部都是服飾店、家居用品店、咖啡館、藝廊和生活雜貨店。**

🏪 Spacemoth / fripier ZOETROPE

☎078-391-6288 ⊙榮町大樓3F ●13:00~19:00 ⏰週二、三 🌐www.spacemoth.org

店主豐田香純在英國留學時，聽到後搖滾樂團立體聲實驗室(Stereolab)的音樂就愛上了他們，2001年開設古著商店時就用了樂團第二張專輯中的歌曲名稱「宇宙娥」(Spacemoth)為名。目前**店內古著和新品維持著60%和40%的比例**，除了服飾和一般配件，也有電影和音樂相關的雜誌和書籍選購。從歐洲和美國尋覓而來的品項**每週都會更替**，大約有上千件的存量，店面可看到的僅其中一部分，有任何需求都可以直接提出。

🏪 gallery MARUNI 神戶店

☎080-3835-4076、078-332-0056 ⊙榮町大樓4F 402号 ●12:00~19:00 ⏰不定休 🌐www.instagram.com/gallery_maruni/

和栄町其他懷舊建築相較，榮町大樓並不是那麼特別，相對地也不是那麼高不可攀，為了開店，店主將原有的裝飾都拆掉，親手將四壁都漆成白色，甚至地毯也拆除，留下的焦油痕跡沒有另外處理。**表面佈滿鐵鏽的大小鐵器，是很多人會直接丟掉的物品，在店主橋本女士的選擇和整理下，透露出再生的契機。**這些物品沒有自我意識，不說太多、也不炫耀，卻有值得細看的美感。

> 店內陳設的家具和生活用品都帶有著「鏽」的氣息。

🏪 ga lilea

☎090-1677-8277 ⊙榮町大樓4F 406 ●12:00~18:30 ⏰週三

ga lilea小小的店舖完全由店主自己一個人主導，歷經了12年的上班族生涯，終於決定開設自己的店舖，雖然沒有學過金工設計，但從一點一滴的自學經驗與本身所擁有的品味，**創作出一件件獨特風格的手工飾品**，此外也有部分從法國搜羅而來的古董首飾，每件都是獨一無二。

◎ 海鷗大樓
カモメビル

📖 別冊P.7,D1 📍神戶市中央區栄町通2-2-8

重新翻修後的海鷗大樓，主要希望藉由建物的重整將市街、人們的記憶重新喚醒，於是**經由整修，招來多家雜貨小舖入駐，重新活化這一區域**。建於1983年的海鷗大樓不算老舊，重新設計的室內空間簡單，且外觀加入藍色的海洋意象，給人清新的活力感。

小小一室空間中收藏約2000項商品。

🍴 Logis

☎ 090-1150-6543 📍海鷗大樓 4F 404 ⏰約13:30~18:00（預約制）休週二、三（週假日照常營業）🌐www.instagram.com/logis_antiques/?ref=badge

Logis的名稱來自日文中的「路地」，指的是小巷通道，便是希望客人能偶爾路過來找尋心中的夢幻商品；從世界各國精選來的古老雜貨與家俱，飄洋過海，最後在神戶港濱的大樓中，融成一股融合的氛圍。商品全都是店主精心挑選；**不論大小、新舊，每一樣雜貨家具都充滿特色與獨到氣息**，想讓家中氣氛煥然一新，來這裡看看準沒錯。

☕ 六甲牧場café 乙仲店

📖 別冊P.7,D1 ☎ 050-5461-3192 📍神戶市中央區海岸通3-1-22 ⏰ 11:30~18:00 休不定休 💰牛奶霜淇淋￥550，咖啡￥400起 🌐www.rokkobokujyo.com/

「吃起來就像喝牛奶一樣的滋味」，敢這樣自信打包票，可見店家對自製的冰品美味，絕對經得起考驗。以往就是六甲山牧場一帶專門與牧場配合製作冰淇淋的專門製造商，後來拓展營業範圍也開起冰品咖啡店鋪，讓顧客可以在店中慢慢品嚐冰淇淋美味外，也有起士、甜甜圈、抹醬等。目前在神戶市區就有4家店舖，每家都有著不同店裝風格與氣氛。乙仲店的復古悠閒，很符合栄町的街區氣氛，**最推薦當然一定要點一份牛奶霜淇淋，不論是原味或是土耳其高級開心果口味，都好吃**，也有淋上紅豆、莓果等霜淇淋選項。

霜淇淋採用來自神戶產的牛奶，入口滿滿牛奶濃香，但口味卻是清爽不黏膩。

◎ 謝大樓

謝ビル

🔺別冊P.7,C1 🏠神戶市中央區栄町通3-2-6

這座精巧的樓房建於20世紀初期，業主沒有因為追求容積率拆除掉舊大樓，而是長久維持現狀，在懷舊建築裡反而是不那麼常見的。謝大樓**略有裝飾藝術風格，在通往2樓的階梯還可看到原先住戶的名字**，十分特別。

🎁 ROOM

☎078-327-5048 🏠謝大樓2F ◷11:00~19:00 ㊡週二、三 🌐room-accessory.shop-pro.jp

直接以閃爍著光芒的戒指為mark的ROOM是一家**專賣首飾的精品店**，提供日常生活中可以隨意配戴搭配的飾品，商品**大多是日本作家的創作**，每年會隨著季節變換舉辦各種活動。曾任職珍珠批發公司經驗的店長夫妻認為，大多數人選購首飾都是前往百貨公司，既然服裝、生活雜貨有特選的精品小店，首飾也應有不同選擇因而開店。

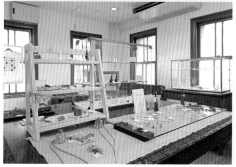

◎ 清和大樓

清和ビル

🔺別冊P.7,C1 🏠神戶市中央區海岸通4-3-17

這座大樓是建於1950年代的建築，外觀看起來十分機能性，是當時的建築思維，然而因雜貨店聚集，是**栄町十分具有代表性的「雜貨大店樓」**。走到大樓入口似乎就能嗅到「昭和」的味道，室內的郵箱、樓梯都透露出古老氛圍，共3層樓的小店各有特色，吸引著來自各地喜歡雜貨的買家到臨。

🎁 lotta

🔺別冊P.7,D1 ☎078-599-5355 🏠神戶市中央區栄町通3-1-11乙仲アパートメン1F ◷11:00~18:00 ㊡週三、不定休 🌐www.web-lotta.com/?mode=f1

原本在網路起家，**專賣由北歐、東歐購入的名家杯盤雜貨**，lotta悄悄在神戶栄町紮根，透明的玻璃窗引入滿室溫暖日光，灑在精美的杯盤上，讓人不禁想像起使用的光景。除此之外，店主人**也選入日本的職人作品**，像是丹波燒、大鹿田燒等，雖然價格不斐，但秉持只賣「能用一輩子的好物」的精神，lotta選的作品皆有水準，適合對生活品味有堅持的人前來選購。

zig zag

📖別冊P.7,D1和栄ビル3号館　🏠神戶市中央區栄町通3-2-2和栄ビル3号館1F　🕐12:00~19:00　❌週二

　　zig zag隱藏在栄町的小巷弄裡，**賣的是來自美國的休閒二手衣物**。雖然都是曾經使用過的服飾，店內卻聞不到舊衣的氣味，小巧的空間內整齊地擺放豐富的商品，從T恤、帽T到學生風格，大部分以男性為主要對象，經濟合理的價格吸引廣泛客群。

clueto

クルート

📖別冊P.7,D1和栄ビル3号館　☎078-381-7442　🏠神戶市中央區栄町通3-2-2和栄ビル3号館1F　🕐11:00~18:00　❌週二(遇假日營業)　🛍shop.clueto.jp

薦 おすすめ

優雅的帆布包手作店鋪。

　　以「自己親手做的包、也透過自己的手親自交到顧客手上」為主軸，是一家店內也**附設有製作工房的質感手做帆布包、皮件飾品店**。店內以販售帆布包為主，清爽的各式色系外，部分也帶有雅致的海洋風格妝點，除了帆布包，也有一些皮件製品的小物，像是小鑰匙圈皮件等。**採用來自日本國產的高島帆布、靜岡製的亞麻、義大利皮革等**，一針一線細心製作，將帆布包與皮革搭配出實用、低調又簡約的風格，喜歡帆布包的人，可以來尋找屬於自己的風格包。

POLETOKO

📖別冊P.7,D1　☎078-393-1877　🏠神戶市中央區栄町通1-1-10　🕐11:00~18:30　❌週三　🛍www.poletoko.com

　　POLETOKO是間專賣動物木雕玩偶(ぽれぽれ動物)的小店，一個個圓潤、表情可愛的動物雕刻，由職人一個一個手作，將木頭表面磨至光滑，**不刻意漆上彩色紋樣**，而是利用木頭的質地與紋路，加上一點黑色，活靈活現地將最可愛的一面表現出來。超級療癒動作表情，有數不完的動物總類，是喜歡ぽれぽれ動物的人一定要來朝聖的小店！

vivo,va

📖別冊P.7,D1日東ビル　☎078-334-7225　📍神戸市中央區栄町通2-2-14日栄ビル南館　🕐11:00~19:30(週三至16:30)、不定休(詳見官網)　🌐www.vivova.jp

一走進vivo,va，看似雜亂的擺設卻清楚說明了老闆的隨意性格。vivo,va是間以古董設計師椅子為主的生活雜貨店，另外還特別為日本地方產業關了一個專屬區域，無論是職人傳統手工製作的掃帚、餐具器皿或文具用品，通通可以發現創意日本美學。

宮本大樓
宮本ビル

📖別冊P.7,C1　📍神戸市中央區海岸通4-1-11

外觀有著大大I♥KOBE的宮本大樓，是栄町地區的指標性建築。雖然宮本大樓並不是歷史悠久的懷舊建築，但由於外牆上I♥KOBE的圖樣太過醒目，目前也是到栄町都一定要來朝聖一番的人氣景點。

SCHOOL BUS COFFEE STOP MOTOMACHI

📍別冊P.7,C1　☎078-599-6173　📍神戸市中央區海岸通4-5-16　🕐10:00~18:00　⊗不定休　🅢FLAT WHITE（小白咖啡）¥680，冷萃咖啡¥650　🌐www.schoolbus.coffee

SCHOOL BUS COFFEE店面位於公寓一角，外觀時尚且寬敞。內部設計舒適，有可供單人享用的吧台座位、寬敞的四人沙發座以及兩人用的桌椅，店內播放著輕快的西洋音樂，充滿時尚感，整體配置寬鬆，營造出輕鬆愜意的氛圍。這裡的**小白咖啡極具特色，濃郁的濃縮咖啡融合綿密的奶泡，滑順細膩，搭配優雅的各種拉花藝術，帶來溫暖人心的療癒時光。**店主推薦的「自家製焦糖堅果塔」則滿載著杏仁、胡桃、腰果等多種堅果，香甜不膩，適合喜愛堅果的饕客品嚐。

yellow 神戸元町店

📖別冊P.7,D1　☎078-599-7950　📍神戸市中央區栄町通2-2-1　🕐9:00~17:00、週末9:00~18:00　⊗不定休　🅢義式冰淇淋 單份¥450，雙份¥550　🌐www.instagram.com/yellow_kobemotomachi/

yellow是一家由蛋品專賣店所經營的義式冰淇淋專門店，以細膩的口感和滑順的風味聞名。位於元町乙仲通，店面設計融合懷舊與現代元素，木質內裝讓整體氛圍溫暖而舒適。店內採光充足、明亮寬敞，非常適合在悠閒的午後享受一杯咖啡或招牌冰淇淋，讓人徹底放鬆，享受片刻寧靜的美好時光。

濃厚的雞蛋布丁口味，吃下去充滿濃濃的幸福感～

AMPLOP 薦 おすすめ

別冊P.7,D1 ☎078-331-5666 ⊙神戶市中央區海岸通3-1-14(大島大樓1F) ⊙12:00~18:00 ⊕www.amplop.net

> 滿滿亞洲職人手做工藝雜貨,可享尋寶樂趣。

在榮町一帶已超過20年的AMPLOP,**販售日本、亞洲、峇厘島等當地材料製作的各式生活雜貨外,也有與一些工藝藝術家合作**,將手做工藝品、耳環、手環等飾品,收納成為店內的亮眼商品。一提到東南亞的亞洲系雜貨商品,也許印象中是風格獨特、色澤又鮮豔,但店內所挑選或特別製作的商品,都經過精選,可以符合各式家居需求的擺飾外,也有各種五金小零件,可以買回家DIY成自己的風格。而來自**不同國度的布料,則以日本設計被重新製做成符合日常使用的流行包款**等,當然也能找到一些日本職人陶藝商品,是一家滿滿質感的居家生活選物店。

> 有新、有舊、也有仿舊的設計製作,滿滿生活感雜貨屋。

mont plus 本店 薦 おすすめ

別冊P.7,D1 ☎078-321-1048 ⊙神戶市中央區海岸通3-1-17 ⊙10:00~18:00(L.O.16:00) ⊗週二、週三(不定休,詳見官網) ⊙ヴァランシア(杏仁柳橙) ¥529 ⊕www.montplus.com

> 被女孩們擠爆的大人氣甜點店,如珠寶般散發光澤的甜點每個都想吃看看。

推開厚重玻璃門,幾張桌椅擺在蛋糕櫃前就成了茶室,門口仍有排隊人潮等候入席,mont plus的美味甜點魅力吸引人即使排隊也要吃到。這裡的**甜點每一個都很精緻美麗,光挑選就有可能猶豫好一陣子。如果不想排隊可以外帶蛋糕至港邊一邊欣賞風景一邊品嚐**,也十分愜意。

ヴァランシア

mont plus人氣最高的甜點是ヴァランシア(Valencia),取名瓦倫西亞,是主廚林周平在法國Jean MILLET學藝時難忘的一品;將杏仁與柳橙慕思包入蛋白霜中,驚奇的口感讓人一吃難忘。

🧁 Rond sucré cafe

薦 おすすめ

ロンシュクレカフェ

🏠別冊P.7,D1　📍神戸市中央区海岸通2-4-15　⏰8:00~18:00　休週二　💰美式咖啡￥550，季節冰茶￥600起，ロンシュクレ アフォガート(Rond sucré 阿法奇朵)￥780　🌐rondsucre.com/

走巴黎風格的小小甜點咖啡店內，飲料單也非常豐富。

Rond sucré 有巧克力及肉桂兩種口味，搭配阿法奇朵吃法，都美味。

巴黎街頭風格的街角人氣甜點店。

Rond sucré在法語裡，是圓形的甜點的意思，而這家店的**招牌甜點就是Rond sucré這款圓滾滾又可愛的燒烤甜點**。口感類似外表烤的酥鬆的小蛋糕，點了之後會再回烤加熱一下，**推薦搭配阿法奇朵的吃法，可說是最多人的選項**。在回烤的熱熱的Rond sucré上擺上一球冰淇淋，享用前再淋上一杯濃縮咖啡，於是甜香、巧克力香、冰感、熱感、咖啡的苦甘與香氣，通通融在一起，美味又特別，而且視覺上就引人味蕾，才一端上桌，光是相機就讓人拍不停，難怪小小店內總是滿滿人潮，連平日排隊也是常態。

各式部件豐富，可以自由組裝。

現成品也提供現場改造服務，絕對成為獨一無二的專屬飾品。

🧁 Voyageur 4號店

薦 おすすめ

🏠別冊P.7,D1　☎078-391-0251　📍神戸市中央区海岸通2-4-14 1F　⏰11:30~19:30　🌐viitrine.com/

店內總是滿滿女孩們，驚喜搜尋專屬自己的特色飾品。

這家**專門販售女孩們的飾品、DIY的手作店**，光在乙仲通這帶街區，就有4家分店，可見其受歡迎程度，其中又以4號店的店舖最寬廣，飾品種類、DIY配件選項最豐富。一走進店舖，即使平日也人潮不少，常常角落會忽然發出小小驚呼聲，可能是可愛的飾品太擄獲人心、抑或是品項太多令人難以選擇，總讓結伴同來的女孩們煩惱不已。這裏最吸引人的當然不僅如此，若找不到喜歡的，豐富的大量配件，都能現場由工作人員協助自由組合。**即使對DIY沒頭緒，找到一個心中90%喜歡的飾品後，再請工作人員幫你們當場小改變，立即升級成愛品**，這麼棒的服務，怎不令女生們在此不敗不歸呢！

👕 h orejon

薦 おすすめ

🏠別冊P.7,D1　☎078-321-2048　📍神戸市中央区海岸通2-4-14　2F　⏰12:00~19:00　休週三　🌐buff-inc.co.jp/

給講究生活風格者的生活提案選物店。

就位在飾品店Voyageur的2F，爬上一旁直上的樓梯來到h orejon，從入口稍微探望到店內，一定會感覺這家店非常不同。現代感中又帶有淡淡古董老派店裝的店內，是**一家給有品味大人的質感選物店，這裡有著男女服飾、包包、鞋子、帽子外，各式生活中需要的品味雜貨**，也都細緻地陳列在優雅的櫃子內。2樓的通透玻璃帶來明亮的光線外，也以綠色植物適度地在店內帶來自然舒適風景，也都呼應著這家選物店，對於自然素材、質感、機能、品質的要求。

不講求時下流行，這裡以耐看經典、可長久使用，為選物主軸。

神戶港
こうべこう
Kobe Port

從地圖上可以很容易看出，神戶屬於東西向地形的長型都市，山與海之間相當接近，為了爭取更多土地，不斷填海增地，如今已完成六甲アイランド與機場建設的ポートアイランド等人工島。而最受神戶人喜愛的就屬ハーバーランド(Harbor land)，也就是神戶港區。從購物商場、美食餐廳、遊樂園、飯店、博物館、地標塔等玩樂遊憩設施一應俱全，碧海藍天的優雅風景中只見船隻點點，港邊的建築物也配合海洋意象，充分展現海港城市的開放感與自由氣息。

交通路線&出站資訊

電車：
JR神戶駅◇JR神戶線
神戶市地下鐵ハーバーランド駅◇海岸線
神戶市地下鐵みなと元町駅◇海岸線
神戶高速鐵道高速神戶駅◇東西線
出站便利通
◎JR神戶駅、地下鐵ハーバーランド駅有地下街直接相連，而神戶高速鐵道的高速神戶駅則距離較遠，但同樣有通道相連。
◎地下街DUO Kobe就位於車站連接的通道上。

◎從JR神戶駅南口出站沿著綠意盎然的大街道往港灣方向走，沿途左側就是由多家購物商城組成umie，右側的公園則是Harbor land廣場，煉瓦倉庫餐廳即位於此。
◎從車站往海灣徒步約5~8分鐘盡頭就是最著名的海港主題商城umie MOSAIC，若是遇上上下雨天或大熱天，建議可穿越umie，同樣可抵達。
◎想要搭乘神戶港灣遊覽船，位於中央突堤中央ターミナル(碼頭)前有三家船隻屬於短程，可自行依登船時間或價格比較，若想搭乘可品嚐美

食的長程遊覽船，停靠於神戶umie MOSAIC前的是CONCERTO，而更大型的ルミナス神戶2則要穿越碼頭，在中突堤旅客ターミナル搭船。
◎神戶港灣最重要的景點美利堅公園與Umie MOSIC相對，如果想拍出美麗的神戶夜景，從umie MOSIC往神戶塔方向拍是頗適合的角度，可一並將神戶港塔與白色的海洋博物館納入鏡頭內。
◎從元町向榮町方向走，再南邊就是美利堅公園，離神戶港塔很近，走路約10分鐘能到。

◉ 美利堅公園

Meriken Park
🅐別冊P.7.E2 🅖神戶市中央區波止場町 🅒自由參觀 🅢免費

メリケンパーク名稱指的是美利堅，也就是美國，公園裡有兩座主要建築物，分別是神戶海洋博物館和神戶港塔。東側特別闢了一塊角落，**成立一座紀念阪神大地震的紀念公園**，展示災害與復興的資料，並保存當時受災的遺跡，讓人記取教訓。

BE KOBE

位在美利堅公園內的星巴克旁，大大的純白BE KOBE是遊客來到神戶的拍照地標。經歷過阪神地震，神戶人重新站起來後更以神戶這塊土地為傲，為了傳達這份精神，於是有了BE KOBE的口號出現，立在港濱的標語也成為拍照熱點！

神戸市區　神戸港
阪神間↓神戸近郊

◎ 神戸港塔

神戸ポートタワー
Kobe Port Tower

🏠別冊P.7,D2　☎078-335-6580　🏠神戸市中央區波止場町5-5　🕐展望樓層9:00~23:00(入館至22:30)、商店9:00~18:00、低樓層10:00~20:00、餐廳11:00~21:00　💴高中生以上￥1200，國中小學生￥500，未就學兒童免費。(不包含頂樓展望層為￥1000／￥400)　🌐www.kobe-port-tower.com/

> 美麗優雅的港灣女神鐵塔，居高視野驚艷壯闊。

展望5F
展望4F
展望3F
展望2F
展望1F

低層4F
低層3F
低層2F
低層1F

108公尺高的紅色神戶港塔，不但是神戶港灣最耀眼的地標，也是代表神戶觀光景致的指標地。始建完成於1963年的這座高塔，以上下寬闊、中央細窄的造型，**整體外觀佈滿仿和鼓紅繩的紅色格子裝飾，其外觀造型靈感便是來自於日本傳統的「鼓」**，是一座充分展現優雅和風美學的高塔，在完成之時，可說在世界高塔造型中，也佔有非常獨特的設計風格之美，還被稱為「鐵塔美女」。

2024年春天，神戶港塔在封塔長達2年的整修後，以更嶄新、優雅、多元的姿態對外開放，讓這座紅色的港灣優雅身影，歷久也持續彌新。有更多精彩設施，旋轉餐廳、360美術館、互動光影藝術美術館、商店、話題商品等，開放時間更一口氣拉長至晚上23:00，吸引各地遊客紛紛到訪，現在，就趕快來看看整座港塔的新風貌吧。

> 以紅色、粉桃紅為主色調，整裝後的港塔，既是觀景台、也是美術館，也是享受景觀餐廳美食與購物處。

> 俯視壯闊美景，港灣最美景致一覽無遺。

低樓層(免費區域)

整個神戶港塔以最細的腰身，分成上部的展望樓層，需要購買門票進入，而腰身以下的4個低樓層部分，則是免費的，任何人都可以進入，**有餐廳、咖啡、賣店及冰淇淋店**，讓人可以隨時隨地在這座優雅的紅色高塔裡，享受港灣風景與休閒，尤其各式賣店商品特殊又講究質感，光來這裡遊逛購物，都值得特地前來。

展望樓層(門票收費區域)

整個港塔分為高樓層及低樓層，**高樓層部分，不論在哪個樓層都能360度逛一圈，展望整個神戶港灣、市街、六甲山脈**等，而且依不同樓層以不同功能主題設計，讓高賞景風貌，不同以往。在1樓購票後，可搭乘電梯直達5樓，先走樓梯上到頂樓戶外展望台，然後一層一層逛到展望1樓，再從這裡搭乘電梯到低樓層繼續逛。

頂樓戶外展望台
2024年的整修新設置了戶外展望台，以透明玻璃環繞360度一圈，讓港灣滂沱景致和著微風、陽光一起加成，讓賞景感動「最高！」

低層3F、4F
PORT TERRACE，以西式餐飲及咖啡午茶提供，4樓還有一處戶外座位區，可欣賞整個美利堅公園及港灣景致。

低層2F
設有3家商店，ICORI 是在地特產好物的質感選品店；ポートアレイボトローー有各式在地好物精選外，「灘」所生產知名清酒這裡也能買到。而首次進軍神戶的BEAMS，則是將神戶魅力重新創作設計的商品店，也特別推出以「灘」的清酒做成潤澤肥皂，絕對特別。

低層1F
除了售票處外，冰淇淋店Ready go round mini，呼應港塔的紅色塔身，除了各式飲料，連冰淇淋也是紅色的喔。

展望5F
室內展望台，不受天候影響，360度將神戶最美景色一一收入眼下，室內也設置多處打卡拍照處，讓到此一遊紀念照隨便拍都美。

展望3F
旋轉飲料輕食咖啡廳，全部座位面對著對外玻璃，並以緩慢的速度30分鐘繞一圈，免走動，坐著喝飲料就能將神戶360度環景全部錄。

展望1F
以Gallery 360美術館，定期更換的策展，邊看展覽還能將外面美景一起攬入眼下，絕對特別。

展望4F
以光之美術館主題，宛如teamLab迷你版，各式精采互動光影變化，可邊玩、邊拍、邊欣賞，大人小孩都會覺得好玩。

展望2F
這裡是塔身較瘦的地方，以商店為主，想買各式神戶港塔限定商品，只有這裡才有，可別錯過。

☕ 星巴克 美利堅公園店

⊕別冊P.7,D2 ☎078-335-0557 ⊕神戶市中央區波止場町2-4 ⏰7:30~22:00 ㉭不定休 🌐www.starbucks.co.jp/store/search/detail.php?id=1432

位在神戶港濱的美利堅公園，一直是當地人與觀光客遊憩的好去處。作為神戶開港150年紀念事業的一環，星巴克美利堅公園店在2017年4月開幕，**規模為關西最大**，總面積360平方公尺，也是第一處設立在公園內的星巴克。**建築本體以船為意像**，登2樓彷彿像搭上郵輪上，能眺遠城市街景與開闊海港，更能欣賞港濱璀璨夜景，開幕至今始終人氣不墜。

浪漫港灣同場加映，
白日、傍晚、夜晚都迷人！

若要列出日本知名浪漫夜景地，神戶絕對是名列前茅的美景地之一，搭乘纜車居高從山上觀景台雖然視野最棒，但不想跑太遠，推薦鎖定港灣區夜景浪漫中心點。宛如港邊的閃耀寶石般，以神戶港塔、MOSAIC商場為中心點的港區，從白天的藍天青光、傍晚的夕照晚霞、夜晚的閃耀光影，都擁有不同浪漫風貌外，吃喝玩買更是一應具全，還有不時從眼前緩緩泊港、出發的大型郵輪與遊船，夏季時這裡更是各式祭典活動、夏季煙火施放地。如果你只有白天來訪過，推薦傍晚、夜晚一定要再回來，享受這飄散滿滿浪漫情調、有著「百萬夜景」的港灣風情。

🍴☕ TOOTH TOOTH FISH IN THE FOREST

⊕別冊P.7,E1 ☎078-334-1820 ⊕神戶市中央區波止場町2-8 ⏰11:00~20:30(L.O.19:30)，週六日例假日10:30~20:30(L.O.19:30 ㉭不定休 🍵抹茶オーレ(抹茶歐蕾)¥605 🌐toothtooth.com/restaurant/fish-in-the-forest

由神戶名店TOOTHTOOTH與西畠清順聯手，以山、海、森林為意象，在神戶港濱的大魚旁，開設了美味的輕食咖啡廳。光影、植物與美食，將空間點綴成有如室內森林一般多采多姿。新鮮果物配上繽紛色澤，讓FISH IN THE FOREST的產品都成為社群網站上備受關注名物。

神戶海洋博物館

おすすめ 薦

Kobe Maritime Museum

⚐別冊P.7,D2　☎078-327-8983　♨神戶市中央區波止場町2-2　◷10:00~18:00（入館至17:30）　⚇週一（遇假日順延翌日休）、年末年始　💰（神戶海洋博物館‧カワサキワールド）成人¥900，小學~高中生¥400　🌐www.kobe-maritime-museum.com/

感受神戶與港灣魅力的起始點。

　　海洋博物館白色網狀外觀，在藍天白雲下有如帆船般，一到了夜晚，藉由投射燈映照出淡藍色光芒的照明，變成另一種絢麗的色彩景觀，可說是**港區除神戶港塔外，另一個標誌性代表建築**。這裡是為慶祝神戶開港120周年，於1987年正式開館，2020年再度整修後，可看度更加精采。

　　一踏進館內，挑高達3、4層樓的大廳內，就擺設著一艘複製百年前英國特別製造、**慶祝當時神戶開港用的21響禮炮船，迎接著每個訪客**，而隨著帆船周邊的影像與海流光影，慢慢一路走進航海時代的老時光內，百年多來神戶的發展、各式精美到令人目不轉睛的不同年代帆船模型、及至現代的郵輪、貨輪風貌，都很精采，還有一處館中館的「川崎世界」，一樣精彩到令人驚嘆，可預留至少2小時，不論大人小孩都會覺得不虛此行。

以21響禮炮船為中心，變成神戶港開百餘年的影音劇場，推薦可從2樓往下觀賞。

博物館shop雖小，但能找到獨特商品。

從15世紀到現代郵輪、貨輪，各式精緻模型，令人看到入迷。

與其用圖文展示，不如整台飛機搬進來，超吸睛。

新幹線車頭、輪船縮小比例通通都在館內重現。

川崎世界

カワサキワールド

♨神戶海洋博物館1樓

　　走進神戶海洋博物館，豐富的各式展示、參觀動線，主要在館內右側。大廳左側進入則是**「川崎世界」，宛如館中館般的存在，展示著與神戶港的發展歷史密不可分的川崎重工業集團的發展史**，豐富又廣闊的館內展示區，以不同時代、不斷突破的機械發展製品，讓人在每個展區都忍不住有驚豔感來。各式川崎不同時代的機車、汽車製品外，**連飛機、輪船、鐵道、新幹線等，都是川崎的產物**，更驚人的是，還把實體大小的部分交通運具搬進館內重現，你可以走進去最早年代的新幹線列車長操作室，或是看著神戶市街模型裡的迷你鐵道列車，不斷穿梭往返，也提供許多親子互動體驗區，難怪這裡不論大人、小孩非常喜歡。

神戸市區　神戸港　→阪神間→神戸近郊

Ｈ 神戸大倉酒店

ホテルオークラ神戸

📖別冊P.7,D2　☎078-333-0111　🏠神戶市中央區波止場町2-1　🕐Check In 15:00～、Check Out ～12:00　🌐www.kobe.hotelokura.co.jp/　🚌有接駁巴士至三宮駅、新神戶駅(限週末例假日)，詳洽官網

神戶港濱優值住宿，不論服務或房間都讓人滿意。

位於神戶港濱地區的大倉酒店坐落於美利堅公園，緊鄰神戶地標港灣塔，距離神戶市中心的三宮車站僅約10分鐘車程，交通便利，適合想要享受優質住宿體驗的旅客。**飯店以「簡約與優雅」為設計主題，將日本傳統美學與西洋機能美感完美結合，加上周圍環境優美，被定位在高級都市度假酒店。**館內設施一應俱全，共有8間餐廳，包括和洋中料理及咖啡廳、酒吧等，滿足不同口味的需求。另還設有健康俱樂部、美容沙龍以及專屬的健康檢查診所。從高樓層房間就可俯瞰壯麗的六甲山景或是神戶港灣風光，是觀光與放鬆身心的理想下榻之地。

享用主廚精心打造的各式甜品，搭配特製的水果茶，讓您度過愉悅而滿足的午後時光。

面向神戶港灣的海景房，讓人盡享城市與海港的迷人景色。

🍴 鐵板燒 SAZANKA

鉄板焼 さざんか

☎078-333-3528　🏠神戶大倉酒店 35F　🕐11:30～15:00、17:30～21:30　🈚無　💰午餐￥6500起、神戶牛肉￥24000

SAZANKA位於飯店最上層，**以精選的神戶牛肉和新鮮海鮮為主打，採用現代風格的鐵板燒料理方式，讓食材在高溫鐵板上展現最原始的美味。**特別之處在於，料理過程中融入了法式烹調技巧，以精心調製的醬汁提升整體風味，帶來視覺與味覺雙重饗宴。

大倉酒店傳統的法式吐司必吃！

🍴 Ariake -有明-

☎078-333-4225　🏠神戶大倉酒店 3F　🕐早餐7:00～10:00　🈚無　💰早餐￥3500

想要享用大倉酒店傳統的法式吐司、現場烹製的蛋料理，以及剛出爐的麵包與當地特色美食，就不能錯過早餐自助餐廳「有明」，**不論是鬆軟香甜的法式吐司，還是現點現做的美味佳餚，都為賓客提供了豐富多樣的選擇，**以豐盛的早餐和貼心的服務展開一天，帶來充滿能量的早晨體驗。

各式麵包超人商品店鋪，連包裝造型桶都好可愛。

麵包超人博物館 薦 おすすめ

アンパンマンこどもミュージアム＆モール

別冊P.7,C3 ☎078-341-8855 神戶市中央區東川崎町1-6-2 博物館、購物中心10:00~18:00(入館至17:00) 1/1、維護日、不定休 博物館依入館日期而異￥2000~2500，購物中心免費入場 www.kobe-anpanman.jp

神戶港邊的兒童歡樂城，大人小孩都沉浸在色彩繽紛的氣氛之中。

2013年4月開幕的麵包超人博物館就位在Umie MOSAIC一旁，分為博物館與購物中心兩區域。在整個園區內可以看到**以麵包超人家族為主題的遊樂區域**，除了許多人偶塑像，還有帶動唱的兒童區、動手體驗的工作教室等，不只玩樂，更兼顧了兒童教育。購物商場內的店舖內的商品也結合各個人物角色，絕對能讓喜歡麵包超人的朋友驚喜連連。

© アンパンマンこどもミュージアム＆モール

麵包超人shopping Mall 薦 おすすめ

麵包超人博物館 1F 10:00~18:00 免費進入

麵包超人角色商品補貨、吃貨別錯過。

麵包超人博物館的2樓是屬於購票進入的參觀區，幾乎是小小孩跟爸爸媽媽的天下，如果你也是麵包超人迷的大人，卻因為尷尬癌發作，怎麼都踏不進去2樓博物館內，跟小小孩們一起玩，那麼1樓的麵包超人shopping Mall絕對別錯過。**含括9家商店、3處兒童專屬沙龍&遊戲區，更有6個提供不同麵包超人主題的美食區及餐廳**，再加上寬闊的公共座位區，也有設立幾個可以拍照的區域，光是逛這裡也能大滿足，好買也好吃。當然逛完2樓博物館的親子們來到這裡，更是興奮熱度一路停不了，這個也好看、那個也好吃，讓人荷包幾乎被掏光光。

也有提供麵包超人造型雞蛋糕、包子，當點心剛剛好。

H 神戶美利堅公園 東方酒店

KOBE MERIKEN PARK ORIENTAL HOTEL.

別冊P.7,D3 ☎078-325-8111 神戶市中央區波止場町5-6 check in 15:00、check out11:00 www.kobe-orientalhotel.co.jp

特殊的船形外觀坐擁港濱美景，是最能代表神戶的地標景點。寬敞的大廳與專業又貼心的接送服務已經夠收服人心了，同價格帶比其它飯店大了三分之一的房內空間，住起來更從容、更有度假氣息。

每個房間都能看到無敵港景。

umie

別冊P.7,C3 078-382-7100 神戶市中央區東川崎町1-7-4 購物 10:00~20:00，餐廳11:00~22:00 umie.jp/

神戶港濱最大百貨商場，不管逛街購物或想品嚐美食，種類選擇很多。

　2013年開幕的umie，以一條挑高5樓的寬敞中庭步道，串聯起兩側的南、北館商場，頂樓的透光屋頂將溫旬光線帶入，讓**整個商場明亮又舒適，尤其廣闊的商場內，進駐的商店幾乎都是以最大尺規**，打造出舒適又商品齊全的大型店購物空間，而且從美食、兒童遊戲區、電器屋、流行服飾、戶外用品、運動用品、雜貨生活用品等，一應具全，

難怪假日一到，這裡不但年輕人不少，更多都是攜家帶着全家出動。加上隔鄰的**MOSAIC購物中心、摩天輪等都陸續納入umie旗下**，一旁還有**麵包超人博物館、神戶港等**，以2F空中廊道一路串接，無關天氣，四季都好玩。

Franc franc

umie 北館2F 03-4216-4021 10:00~20:00 francfranc.com/

　以**時尚流行為設計風格的家居生活用品Francfranc**，融合了日式簡約和歐式優雅，早就是許多人的心頭好，種類豐富的商品，包括了家居裝飾、家具、餐具、廚房用品、寢具、香氛以及各式生活雜貨等，而且會依季節、節慶不斷有新商品上市，商品物件從小到大都有，簡約設計感加上豐富的色彩，光一個小物件，也有點亮空間的大效果，**長銷商品推薦家居香氛產品，種類繁多、包裝精美**，自用送禮都很受歡迎，總之，走過路過，都一定要進來逛逛看看就對了！

當季流行色、元素等，都被轉換成優雅的居家雜貨品。

SUPER SPORTS XEBIO

umie 北館3F 078-366-6333 10:00~20:00 store.supersports.com/10375

各式支援戶外興趣用品一次購足。

　賣場面積幾乎占了北館3樓的2/3，是一家以**運動、戶外活動型態，分類提供專門用品的專門店**，不同於一般運動用品店，這裡除了滿足一般休閒運動穿搭需求用品外，棒球、足球、網球等特殊運動需求用品這裡都有。由於賣場面積夠大，因此也將SUPER SPORTS旗下針對高爾夫、露營等戶外用品、極限運動用品3個主題店鋪，也一起進駐在這裡，**集結將近100個品牌，幾乎各大知名品牌通通齊聚**，不用東奔西跑，這裡一次就能好好比較、找到最適合自己的想要的物件。

喜歡CHUMS品牌的話，這裡也有一個迷你店中店，衣服、包包、戶外周邊商品都有。

MUJI

🏠umie 北館1F ☎078-341-5566 ⏰10:00~20:00 🌐www.muji.com/

MUJI台灣雖然也很多店鋪，但來到日本，許多人都還是會進去巡一巡。主要是是日本**商品更齊全，也會有一些商品是台灣沒有的**。佔據北館一樓的1/3面積，也是一家超大型的MUJI店，各式男裝、女裝、童裝、家飾、生活用品、保養及食品等都是大面積的陳列、品項超充實，想要的品項幾乎沒有買不到，只有賣完而已。

最近超夯的福貓珊迪，可愛的絨毛炸蝦造型，太可愛。

R.O.U

🏠umie 南館3F ☎078-381-2011 ⏰10:00~20:00 🌐www.rou-web.jp/

各式流行話題雜貨，連食品都有賣。

位在南館3F的這家販售流行生活雜貨的R.O.U，**主打「玩心」，只要是能讓人感到開心有趣、有話題的日常雜貨商品、食品、文具、美妝品，通通都齊聚一堂**，乍看也許覺得好難歸類這家店，但有什麼關係呢，光是隨意逛著、都覺得常常被某樣商品瞬間吸引目光，或是覺得有趣而不自覺感到開心，來找找有趣商品或是買來送人，都能發現到很多超乎意外的好東西。

熱門圖貼的衍伸商品，每樣都能擊中笑點。

THE SUNS

🏠umie 南館3F ☎078-335-6331 ⏰10:00~20:00 🌐www.murasaki.co.jp/label/the-suns

光看店名就知道，這是一家**以陽光下的濱海活動需要的各式服飾、用品為主打的專賣店**，而且這裡只

有滿滿大人味的型男商品，想帥帥在海邊展現運動陽光男之姿，一定要來這裡逛逛。有服飾、鞋子、帽子、各式豐富衝浪板等，不論是前往濱海的休憩之旅穿搭，或是海濱沙灘的各式運動，都能在這裡找到質感又符合機能的穿搭。

即使不是要去海邊，也能找到日常休閒穿搭商品。

ABC-MART GRAND STAGE

🏠umie 南館4F ☎078-366-5830 ⏰10:00~20:00 🌐www.abc-mart.net/shop/

ABC-MART好逛好買無庸置疑，想買最新或是聯名款、限定款運動用品，也是只有這裡才有，但ABC-MART除了鞋類，就是少了點上衣類。umie裡除了有ABC-MART，還有一家**ABC-MART GRAND STAGE，可說是ABC-MART的精品版店鋪，有鞋類外，還有運動服飾**，而且都是品牌中較高單價的精品等級商品，讓喜歡在ABC-MART尋找精緻特殊款商品的人，能夠體驗到新型態的購物體驗。

薦 おすすめ

ⓘ ◉ Umie MOSAIC

Ⓐ別冊P.7,C3　☎078-382-7100　Ⓖ神戶市中央區東川崎町1-6-1　Ⓢ購物　10:00～20:00，餐廳11:00～22:00　umie.jp/

> 神戶經典商場，臨港風景與眾多店舖怎麼逛都不累。

> 在這裡也吃得到鼎鼎大名的「觀音屋起司蛋糕」！

　隸屬於umie這個大型購物中心的MOSAIC，由於緊鄰港邊，與神戶港塔對望，成為一處超受歡迎的熱門美食、購物娛樂處。跟一般百貨的建築結構不同，這裡**以美食餐飲休憩為主，再搭配一條建築內的戶外購物街區，構築出屬於MOSAIC特有的南歐風格悠閒氛圍**，你可以挑選面對港灣側的咖啡或餐廳，享受美食與日夜美景。2樓的戶外公共露台座位區，任何人都可以隨時自由入座，是入夜後享受港邊夜景的特等座位席。

> 面海側的寬廣公共露台，晚上可觀賞港灣夜景，夏天則是欣賞煙火秀的最佳角度。

> 2F的購物區，宛如戶外歐風街道，有各式可愛店鋪。

🍴 Real Dining Cafe

☎078-360-1358　Ⓖumie MOSAIC 2F　🕙11:00～22:00　Ⓢ觀音屋起司蛋糕＋飲料￥800　Ⓤwww.instagram.com/realdiningcafekobe

　Real Dining Cafe以濃郁香滑的起司料理為主打，價格相較於其他咖啡廳親民許多，適合想要品嚐美食、感受美景的遊客。座位設計多元，可依不同場合選擇最適合的座位，無論是白天的陽光灑落，還是夜晚的燈火通明，都能在這裡擁有難忘的用餐體驗。**特別推薦坐在露台區，微風拂面、景色宜人，在此享用美食更添愉悅。**

🧁 À la campagne

☎078-341-8570　Ⓖumie MOSAIC 2F　🕙11:00～22:00　Ⓢ莓果塔￥1012，義大利麵￥1518起　Ⓤwww.alacampagne.jp/　❶在三宮、

　À la campagne**以職人手作的經典水果塔聞名；每一道甜點從塔皮製作、卡士達醬調製到最後的烘烤，都依賴職人細膩的雙手與敏銳的感官。**塔皮選用來自德國與北海道的頂級原料，製作過程講究每個細節，每日依氣溫、濕度調整比例，確保塔皮達到最佳口感。卡士達醬則使用濃厚的雞蛋與香醇的香草莢，慢火細炊，帶出獨特的滑順口感與適度甜味。這些手工打造的水果塔，不僅呈現出每款水果的最佳風味，更是À la campagne對完美甜點的執著與熱情。

> 細緻的塔皮、滑順的卡士達，搭配酸甜的水果，三者完美結合。

 Eggs 'n Things

☎078-351-2661 ♠umie MOSAIC 2F ◷9:00~21:00(L.O. 20:00) ♨不定休 ⊕ストロベリー、ホイップクリームとマカダミアナッツ(草莓奶油鬆餅)￥1529 ⊕www.eggsnthingsjapan.com

進軍關西的第二間店，Eggs 'n Things選擇在與其氛圍相似的神戶港濱。位在MOSAIC 2樓，面臨著海港，開放的空間與神戶港的船泊營造出異國氣氛。來到這**必吃的就是擠上高高奶油的草莓鬆餅**，厚實麵皮加上輕柔奶油，微酸的果醬讓人食慾大開。除了甜品也有鹹食選擇，適合來這裡享用早午餐。

 Kobe Brand

☎078-360-1810 ♠umie MOSAIC 2F ◷10:00~20:00 ⊕神戶プリン(神戶布丁)￥270 ⊕www.kobebrand.co.jp

Kobe Brand是**神戶最大的土特產專賣店**，舉凡神戶出品的各種特色美味如神戶布丁、神戶派等和洋菓子到名酒、葡萄酒，或是中華料理、神戶牛肉等應有盡有，店家還特別列出最受歡迎的排行榜，跟著買準沒錯。

貨架上推高高又爆滿的各式歐洲雜貨，讓人難忍購物慾望。

 歐州航路

☎078-977-8190 ♠umie MOSAIC 2F ◷10:00~20:00 ⊕www.cayhane.jp/shop/c/c03

以神戶港灣打開了通往世界的航道為概念，「歐州航路」這家店鋪內，便是以各式歐洲生活雜貨、飾品、清潔香氛等，讓人感受到通商年代各式進口舶來品購買的樂趣。**小小店內滿滿塞滿顏色繽紛多彩的歐洲雜貨，不論陶瓷器、木偶、香皂、圍裙、糖果、絲巾、包包等都有**，琳瑯滿目、目不暇給，光逛逛看看也充滿樂趣。

各式實用和風商品，也很適合當伴手禮。

おすすめ 薦

倭物やカヤ

ワモノヤカヤ

満滿日本DNA血統的新和風雜貨、飾品。

⊙umie MOSAIC 2F ☎078-599-9315
🕐10:00~20:00 🌐www.amina-co.jp/
service/wa-kaya

喜歡買些帶有日本元素風格、卻又不愛太走日式傳統風格物品的人，這家店絕對適合你。**以日本元素再設計**，整家店一樣從天花板開始，塞滿滿各式各樣你想得到、想不到的商品，從**筷子、陶瓷器、布巾、改良式和風服飾、飾品、包包、手機套、復刻版包裝商品…**，寬闊的店內，商品多到很難選擇，幾乎只要一踏進來，就很難全身而退。

車廂內有冷氣，即使夏天搭乘也很舒適。

おすすめ 薦

MOSAIC摩天輪

モザイク大観覧車

神戸港邊夜間的美麗七彩光輪。

⊙umie MOSAIC 2F 🕐10:00~22:00 💲1人(3歲以上)¥800

如果面對神戸遊船港灣左側的代表建築是神戸港塔跟海洋博物館，那麼右側便是MOSAIC商場跟MOSAIC摩天輪了，雖然這座摩天輪已設立超過20年，但其**入夜後閃耀著七彩霓虹的燈光秀**，至今依舊是港邊名物。可坐上摩天輪隨著輪轉不斷上升，從制高點觀覽廣闊的內外港灣、神戸大橋、神戸港塔、神戸市區建築、六甲山等，**制高的美景，不論白天、夜晚**，都有著完全不同的風景，雖然環繞一圈僅10分鐘就結束，但相當值得。

🍴 Café Pinokio

喫茶店　ピノキオ

⊙umie MOSAIC 3F ☎078-381-6620 ⊙
10:00~22:00(L.O.21:30) 💲手沖咖啡¥500、特製布丁¥400 🌐cafe-pinokio.com/

3F的這間咖啡洋食餐廳，光看招牌，就讓人感覺有著時光的回溯感。在全日本有許多店舖的Pinokio，**以重現昭和年代的各式豐富美味洋食、甜點、咖啡滋味為主打**，不但店內飄散一股復古悠閒的裝飾風格，連餐食的內容、擺盤、甚至連餐具選用等，都**讓人彷彿回到那個令人懷舊的食代**，很受女生及家庭客喜愛。而且店內從早餐、中餐到晚餐，沒有限制供餐時間，幾乎不論何時來，想用餐或是甜點、咖啡、聖代，都沒問題。

摩天輪燈光圖騰藏密，
入夜一一驚喜現身！
夜間搭乘摩天輪居高欣賞神戸市區與神戸港塔、港灣區一同入鏡的迷人夜景外，也別錯過繞到神戸港塔這側，回頭看看摩天輪的燈光秀喔。MOSAIC摩天輪夜間的燈光變化可不是只單純的色彩變化而已，12萬個LED燈，還能細致變化出神戸代表景致的風見雞、帆船、海豚等，都會一一出現並轉動，邊欣賞時可以注意看看你能收集到多少圖案喔。

🎯 煉瓦倉庫

🔺別冊P.7,C3 🕐依店舖而異 🏠神戶市中央區東川崎町1-5-5
🔽依店舖而異 🌐www.kobe-renga.jp/

　一長排紅磚屋，保留百年前的外觀，十幾年前還像廢墟一樣，現在則成為每晚人聲沸騰的各式餐廳與啤酒屋，一群好友在頗復古的舊倉庫裡乾啤酒，特別溫暖熱鬧。廣場旁的橋到了晚上會點燈裝飾，是夏夜吹海風的好地方。

🏨 NAGASAWA 神戶煉瓦倉庫店

📞078-371-8130 🏠神戶煉瓦倉庫內 🔽
11:00~19:00 🌀週三 🌐kobe-
nagasawa.co.jp/

薦

文具控來到神戶必訪景點。

　發源於神戶的NAGASAWA文具始於明治15年(1882)，百餘年歷史版圖擴及關西區域，多種鋼筆是文具迷必朝聖之地。而在煉瓦倉庫店則有多樣神戶限定商品，共有69原創色的Kobe INK物語，以神戶特色主題命名，深受鋼筆迷喜愛。

🎯 旧神戶港信号所

🔺別冊P.7,C3 🏠MOSAIC摩天輪前方的港邊廣場上 🔽自由參觀 🌐harborland.co.jp/area_gulde/

　走在MOSAIC前方的港邊廣場上，若沿著廣場往MOSAIC摩天輪方向走，就會在摩天輪前方，看到這座有著優雅淡藍色的鐵塔，鐵塔底端為磚砌建築、頂部宛如船輪雷達造型，其實是一座**建於大正10年，用於管理船帆航行往來海上的信號所**，高度達46.3公尺的塔身內，**在當時還設有先進的電梯系統，可說是當時的東洋第一信號所**。但隨著無線電的普及，這座信號所也失去了功能，後來便移築於此保存，以歷史建築之姿，成為持續著航海安全的祈願之塔。

🍴👁 DUO Kobe

🏠別冊P.7,A3 ☎神戸地下街株式会社078-391-4024 🕐
神戸市中央區東川崎町1-2-3 🛍購物10:00~20:00(餐廳
L.O.21:00) ❌不定休(詳見官網) 🌐www.duokobe.com

　一走出JR神戸車站看到的商店街就是DUO Kobe，
不僅有服飾、雜貨、餐廳等各種商店，還有通勤一族
最需要的書店、便利商店與各種服務設施，JR車站出
口的廣場不定期舉辦各種特賣活動，另一端則作為藝
廊，成了港區的藝文訊息中心。

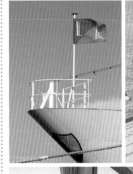

🍴 とんかつKYK デュオ神戸店

☎078-360-2774 🏠DUO Kobe 浜の手B1F 🕐
10:30~21:30(L.O.21:00) 💰国産ロースとんかつ膳(炸里
肌肉豬排餐)140g¥1480 🌐www.tonkatu-kyk.co.jp/
tonkatu

　在關西，說到炸豬排許多人都人會推薦KYK這間
連鎖店。位在DUO Kobe的
KYK，店內裝潢有著日式町家
風格，在微黃的燈光下用餐
特別有情調。KYK的豬排、
麵包粉、醬汁等等素材都是
經過總部嚴格挑選，品質有
保障。而且最好的是白飯、味
噌湯、高麗菜絲全部都是吃
到飽，肚子餓又預算有限，來
KYK保證能夠吃得飽飽飽。

👁 Luminous Kobe 2

ルミナス神戸2

おすすめ
薦

搭上豪華郵
輪巡弋神戸
海灣、享用
美食。

🏠別冊P.7,D3 ☎078-333-8414 🕐神戸市中
央區波止場町5-6中突堤旅客ターミナル2F
🕐ランチクルーズ(午餐航班)11:30~14:00；ナ
イトクルーズ(夜晚航班)17:00~21:30(依日期而變) 💰依航
班、餐點而異(詳見官網) 🌐hekobecruise.com/
luminous/ ❗須在乘船前30分鐘完成報到

　名為Luminous就是希望這艘船像是耀眼光芒一
樣，Luminous神戸2是Luminous神戸的第二代，是
以1930年代法國的豪華郵輪諾曼地號為概念，並提
供多種航程選擇。船隻會在靠近明石海峽大橋或通
過明石大橋之後進行迴轉，可一覽魄力十足的壯觀
橋樑。

神戸市區　神戸港　▼阪神間▼神戸近郊

> 在船上享受悠閒的時光、欣賞海上港口的壯麗全景，絕對是一次難忘的體驗。

◉ boh boh KOBE RESORT CRUISE

🅐別冊P.7,C2　📞0120-370-764　🏠神戶市中央區波止場町7-1中突堤中央TERMINAL「かもめりあ」前5號乘船處　🕚11:00、13:00、15:00、17:00、18:30　🈺不定休，詳洽官網　💰60分航程￥1800，90分航程￥2200　🌐www.kobe-seabus.com/　❗購票時出示「Umie」百貨APP，享7折優惠。

搭乘boh boh KOBE號，**可以從海上欣賞美麗的神戶市景、壯觀的六甲山以及壯闊的大阪灣，如果運氣好，還能目睹飛機的起降**。boh boh KOBE號的1樓提供獨特的商品和咖啡，2樓則設有可以欣賞到壯觀全景的特別區域，3樓則是開放式甲板，讓人在海風中感受舒適的度假氛圍。

◉ 御船座 安宅丸

🅐別冊P.7,C2　📞078-360-0039　🏠神戶市中央區波止場町7-1中突堤中央TERMINAL「かもめりあ」前3號乘船處　🕙10:15、11:15、12:15、14:15、15:15、16:15發船　🈺不定休，詳洽官網　💰乘船￥1600　🌐kobebayc.co.jp

神戶港裡有許多各式不同遊船行程，現在又多了一台造型不同以往的江戶時代和風遊船，在這個洋風優雅的港灣裡巡遊，真的相當吸睛又特別。在設計大師水戶岡銳治的監修下，**仿建德川家光時代建造的軍事船艦「安宅丸」，紅通通的船身加上唐風的屋頂，融合了古今、西方、日式風格**，不論只在港邊欣賞他的身影，或是實際搭一趟港灣遊船之旅，視角及感覺又更特別不同。

◉ 🍴 CONCERTO

🅐別冊P.7,C3　📞078-360-5600　🏠神戶市中央區東川崎町1-6-1 神戸ハーバーランド umie モザイク 1F　🕐ランチクルーズ(午餐航班)12:00~14:00；ティークルーズ(午茶航班)14:30~16:00；トワイライトクルーズ(夕陽航班)4~9月17:15~19:00，10~3月16:30~18:15；ナイトクルーズ(夜晚航班) 4~9月19:30~21:15，10~3月19:15~21:00　💰依航班、餐點而異(詳見官網)　🌐thekobecruise.com　❗須在乘船前30分鐘完成報到

神戶港灣遊覽船「CONCERTO」，每日從午到晚帶旅客巡遊神戶港。**船內提供各式套餐及吃到飽形式**，更有鐵板燒美食可以選擇。午茶食段登船也不用怕肚子餓，有蛋糕、輕食可以選擇；最推薦在夜晚登船享用餐點，耀眼的岸邊燈火自眼前流轉，旁邊還有音樂樂悠揚流洩，氣氛十分浪漫。

位在3F的三宮市立圖書館書藏豐富，喜歡閱讀的人別錯過。

◉ KIITO

推動「設計之都神戶」的核心設施。

📍別冊P.7,F1 ☎078-325-2201 🏠神戶市中央區小野浜町1-4 🕐9:00〜21:00 🚫週一 💲免費入館 🌐kiito.jp

　KIITO的建築始建於1927年，最初作為神戶市立生絲檢查所，是近代日本輸出生絲品質管理的重要據點，在大正至昭和初期神戶港的生絲貿易達到鼎盛。然而隨著時代變遷，檢查所逐漸退出歷史舞台，最終成為見證城市變遷與文化傳承的象徵。**2008年，神戶市被聯合國教科文組織認定為創意設計之都，KIITO隨後於2012年正式啟用，並成為推動城市創意的中心**。如今，透過展覽、講座、活動及各種創意項目，持續推動神戶市及全球範圍內的設計交流，成為連結當地與世界的重要創意平台。這座四層樓的建築內**設有多功能展廳、會議室、租賃空間及創意辦公室**，提供藝術家與設計師進行交流與創作的最佳場所。

◉ 生絲檢查所展覽廳

生糸検査所ギャラリー

🏠KIITO 2F 🕐9:00~21:00 🚫週一 💲免費

　KIITO原為神戶港出口的生絲檢查所，現已轉型為文化創意的展示與交流空間。**在二樓的生絲檢查所展覽廳中可以一覽其過往歷史，並近距離觀賞當時實際使用的生絲檢查機器**。展覽透過實物、照片與影像介紹生絲品質檢查的過程，讓訪客在了解神戶紡織產業發展的同時，體驗這座建築與城市共同成長的故事。

☕ KIITO CAFE

🏠KIITO 2F 🕐11:30〜16:00，週六11:30〜15:00 🚫週日、一 💲日替午餐¥950，咖啡¥450 🌐www.instagram.com/kiito_cafe/

　KIITO CAFE為訪客提供健康美味的午餐與舒適放鬆的用餐環境，不僅重視食材品質，更將歷史文化融入設計

中，**由舊生絲檢查所時期保留下來的檢查設備，巧妙改造成用餐桌台**，復古風格營造出的獨特氛圍，讓訪客可以在此放慢腳步，享受片刻寧靜。推薦品嚐每日限定的午間套餐，主要**使用兵庫縣產的蔬菜精心烹調**，口味清爽而富有營養。而多種飲品、點甜，更為餐點增添豐富風味。

巧克力博物館

Felissimo Chocolate Museum

🗺別冊P.7,F2 📞0120-055-820 🏠神戶市中央區新港町7-1 🕐11:00～18:00 🈺春秋展覽替換期 💲入館￥1000,國中～大學￥800,國小￥300,小學以下免費。2人同行「友割」￥1600（內含￥500購物金）🌐www.felissimo.co.jp/chocolatemuseum

擁有150年歷史的神戶港自開港以來便是西洋文化的交流窗口,其中巧克力文化便是其一。神戶巧克力博物館致力於向世界傳遞巧克力的歷史與文化,**展示了來自世界各地的巧克力與可可豆的相關資訊,涵蓋其起源、製作工藝及與藝術、時尚的連結**等。此外,館內還收藏並展示世界各國巧克力包裝,藉由包裝設計展現巧克力製作人的創意與熱情。

> 原創商品上的博物館LOGO,將「CHOCOLATE」折解,每個方格中的字樣象徵著珍貴的巧克力,宛如寶石般閃耀。

> 每年2次的展覽替換,不定期的企劃展示,讓人更了解巧克力的大小事。

深入導覽

博物館每日於平日16:00舉辦一次導覽活動,由館內稱為「ミュージエンヌ」的專業人員為訪客簡介博物館與展覽內容(約20分鐘,免費參加)。若有興趣參加,直接向館內櫃台報名即可。不過,請注意在黃金周、盂蘭盆節等人潮眾多的期間,可能會取消舉辦,以博物館公告為主。

🛍 博物館商店

🏠巧克力博物館 1F 🕐11:00～18:00 🈺春秋展覽替換期

博物館商店提供多樣的原創商品,專為喜愛博物館紀念品的遊客設計。**除了展覽限定的周邊商品與圖錄外,還有與巧克力及可可相關的獨家商品可供選購**。即使不購買博物館門票,也可以自由進入商店選購喜愛的商品與巧克力,將獨特的紀念品與美味佳品帶回與朋友分享。

◎ átoa

アトア

🏠別冊P.7,F2　☎078-771-9393　🏠神戶市中央區新港町7-2　🕙10:00~19:00　🚫不定休(詳見官網)　💲國中生以上¥2600，國小生¥1500，3歲以上¥500，未滿3歲免費　📶atoa-kobe.jp　❶入場價格為浮動制，遇連假可能會變貴。

> 神戶網美水族館景點，打卡必來！

　　átoa水族館名字的由來是Aquarium to Art的簡寫。從名字就能發現這是一家強調將藝術和水族館結合的新型態水族館。裡面真的非常的漂亮，幾乎都不會覺得是一個水族館，而且**裡面不只有魚類，還有無脊椎動物、兩生爬蟲類、鳥類、哺乳類等生物，很適合小孩**。順帶一提這裡的裝置藝術非常的用心，如果有來此一定要去體驗一下！

2F最初的洞穴｜CAVE
多面鏡面結構和水族箱營造出彷彿深入洞穴的氛圍，燈光在鏡中折射出魚群的身影，營造出光線流淌進洞穴深處的錯覺。

2F生命的波動｜MARINE NOTE
海洋生物在波浪間展現出優雅的姿態、獨特的形態和行為，就像沉浸在海底的奇妙世界中一樣，盡情觀賞。

2F精靈森林｜ELEMENTS
進入森林，在陽光透過樹葉灑落的空中邂逅棲息於溪流與水邊的淡水魚類及兩棲生物，展開全新的探索旅程。

3F奇蹟星球｜PLANETS
日本最大的球體水槽「AQUA TERRA」360°從太空到深海的意象，搭配雷射光線的聲光表演「AQUA UNIVERSE」。

3F光與影閣｜MIYABI
用四季光影變化呈現日本「侘び寂び(WABI-SABI)」美學，神秘氛圍讓人沉醉不已。

4F空中花園｜SKYSHORE
在通往天際的開闊空間中，小水瀨、水豚君正靜靜等待，迎面而來的清涼海風輕拂臉龐，帶來舒適愉悅的感受。

神戸市區 神戸港

阪神間→神戸近郊

☕ átoa cafe

📍átoa 4F ⏰10:00~19:00 ⌛館休日

atoa內設有一間獨特的咖啡廳，位於屋頂，讓人在享受美食的同時也能眺望美麗景色。這裡的**甜點以水族館的明星生物為靈感**，最受歡迎的甜點是可愛的「**小水獺饅頭**」，不只造型可愛，還可以選擇是哭泣還是微笑的表情，內餡是香濃的巧克力奶油，十分美味。另外像是熱狗堡、泡芙等也是人氣極高，點杯飲料，坐下來慢慢享用吧！

人氣小水瀨餐點

吸管餅乾
（ストロークッキー）
￥330

熱狗堡
（カワウソドッグ）
￥900

脆皮泡芙
（カワウソエクレア）
￥660

饅頭
（手のりカワウソマン）
￥660

🎁 MUSEUM SHOP

📍átoa 1F ⏰10:00~19:00 ⌛館休日 💰ⓢハダカデバネズミのスイートポテト（裸鼴鼠甜薯）￥1750，紅魚巾蒢￥1650

位在水族館1樓的MUSEUM SHOP，提供大大小小的水族玩偶，與各種原創商品。其中還有不少與**其它品牌聯名的限定商品，像是神戶INK物語的墨水、The Garden自由之丘的餐具、健康食品等**。也有不少甜點伴手禮，很適合旅途中到這裡買些東西帶回家與親友分享。

> 以裸鼴鼠形狀製作的甜薯，精緻展現了其獨特的外型和皺紋，內餡全是濃郁的地瓜，口感滑順且飽滿，因造型獵奇而大受歡迎。

> 吧台上方巨大水族箱，讓人能一邊觀賞絢麗水族景觀，一邊品味精緻餐點。

🍴 TOOTH TOOTH MART FOOD HALL&NIGHT

🏢別冊P.7,F2 📞078-777-4091 📍神戶市中央區新港町1-2 ⏰11:00~22:00 ⌛不定休 🌐toothtooth.com/toothmart-foodhall

這座全新世代的美食空間以「TOO SMART LIFESTYLE」為主題，精選神戶品牌TOOTH TOOTH遇見的各式美味佳餚，包括神戶牛、洋食、甜點，以及**神戶精釀啤酒與灘地區的日本酒**，經由創意料理手法重新演繹，打造出融合創意與日常的愉悅用餐體驗。夜晚時分，整個美食廣場更被璀璨燈光點亮，戶外露台可俯瞰神戶迷人的夜景。

北野異人館

きたのいじんかん

Kitano Ijinkan

對於第一次到神戶的外地人來說，坐落於北野那一棟棟不同於日本建築的歐式房舍「異人館」，便是神戶的面貌，也是到神戶絕對要造訪的景點。「異人」指的是外國人之意，而充滿西洋外國風情的房舍，就稱為「異人館」。明治時代神戶開港後，歐洲人在北野山坡的領事館或居住的家，多建造成接近故鄉風格的洋館，保留至今開放供大眾參觀。除了遊覽異人館外，還可坐神戶布引纜車上山，前往布引香草花園賞花，感受北野多樣的風情魅力。

交通路線&出站資訊

電車
JR三ノ宮駅◇JR神戶線
神戶市地下鐵三宮駅◇西神線、山手線
神戶市地下鐵三宮・花時計前駅◇海岸線
阪急三宮駅◇阪急神戶線
阪神道三宮駅◇阪神本線
神戶高速鐵道三宮駅◇東西線
神戶新交通三宮駅◇ポートライナー(PORT LINER)

JR新幹線新神戶駅◇新幹線
神戶市地下鐵新神戶駅◇山手線
巴士
從三宮站前搭乘City Loop觀光巴士(北行)在「北野異人館」巴士站下車即達。
出站便利通
◎從三宮車站北側出站之後沿著北野坂往北走(山的方向)，約20分鐘即可到達北野異人館地區，沿途街景

宜人，走起來非常舒服。途中跨越主要的大馬路山手通後，便已經進入北野地區。
◎除了從三宮到北野異人館之外，若搭乘新幹線來到神戶，從新神戶駅徒步至異人館更是方便。徒步約10分即可達北野美術館一帶，且一路下坡路不難走。
◎異人館區都是坡道與階梯，建議挑選一雙好走的鞋子前往。

遊逛北野一帶，搭配CITY LOOP更輕鬆！

北野坂一帶若從三宮駅徒步出發，幾乎是一路上坡的狀況，坡道多、小路也多，腳力好、天氣舒適的情況下，其實散策這一帶相當舒適又恣意，因此一雙好走的鞋絕對重要。但對於攜家帶眷的家族旅遊，可不是每個人都有辦法這樣走，想要省點力，可以從新神戶駅往下坡走，用3～4小時，一一解鎖北野坂各景點，再慢慢走回到三宮駅。時間不多的人，也可以搭乘CITY LOOP到北野異人館站下車，這裡的周邊就是北野坂最重要的觀光區域，最後再從這裡搭CITY LOOP回到市中心，是最省力省時的方式。

異人館共通券

異人館共通券可有多種組合，請視自己時間與需求選擇。如果時間不多，建議可以挑選重點館參觀，其他館則看看外觀即可。
7館共通券￥3000：うろこ美術館(魚鱗美術館)・うろこの家(魚鱗之家)、山手八番館、北野外国人倶楽部、坂の上の異人館(旧中国領事館)、英国館、洋館長屋(蘭西館)、ベンの家(班之家)。
3館共通券￥1400：香りの家オランダ館(香之家荷蘭館)、ウィーン オーストリアの家(維也納・奧地利之家)、デンマーク館(丹麥館)。
2館共通券￥650：風見鶏の館、萌黄の館。
🌐www.ijinkan.net/ticket
異人館巡りプレミアムバス(異人館7館+展望ギャラリー)
國中生以上￥3000，小學生以下￥800：うろこの家(魚鱗之家)&展望ギャラリー(展望Gallery)、山手八番館、北野外国人倶楽部、坂の上の異人館(中国領事館)、英国館、洋館長屋(仏蘭西館)、ベンの家(班之家)。
山の手4館パス(異人館4館+展望ギャラリー) 國中生以上￥2100，小學生以下￥500：うろこの家(魚鱗之家)&展望ギャラリー(展望Gallery)、山手八番館、北野外国人倶楽部、坂の上の異人館(中国領事館)。
北野通り3館パス 國中生以上￥1400，小學生以下￥300：英国館、洋館長屋(蘭西館)、ベンの家(班之家)。
🌐kobe-ijinkan.net/ticket/

風見鶏の館

🚇別冊P.6,D2 ☎078-242-3223 🏠神戶市中央區北野町
3-13-3 🕐9:00~18:00(入館至17:45) ❌2、6月第1個週二
(遇假日順延翌日休) 💰￥500，高中生以下免費；2館券
(風見鶏の館・萌黃の館)￥650 🌐www.kobe-
kazamidori.com ❗因耐震工程整修中，目前不開放。

這棟紅磚建築是1909年德國的貿易商湯瑪斯建造
的家，除了**尖尖屋頂上的風見雞**之外，2樓一間有著
龍椅與八角窗的書房，都是很
值得注意的設計，而**客廳、臥
室、餐廳或兒童房，都有著濃
濃19世紀的風味**。值得一提
的是，當年住在兒童房的湯瑪
斯先生的女兒，在風見鶏の館
開放參觀後還曾由德國前來一
遊，她當時的留影紀念照片展
示在兒童房內，喜歡西洋古典
的人可以進館參觀。

風見鶏の館屋頂上的
風向雞幾乎已成了北
野異人館的標誌。

萌黃の館

🚇別冊P.6,D2 ☎078-222-3310 🏠神戶市中央區北野町
3-10-11 🕐9:00~18:00(入館至17:45) ❌2月第3個週三、
四 💰￥400，高中以下免費；2館券(萌黃の館・風見鶏の
館)￥650 🌐www.feel-kobe.jp/facilities/
0000000042/

位於風見鶏の館旁的萌黃の館，是一棟淺綠色的房
子，1903年建造時是當時美國總領事的官邸，1944
年之後成為當時神戶電鐵社長小林秀雄的自宅。這棟
屋子本來其實是白色的，一直到1987年修復時將外
牆漆為淡雅的蘋果綠才改稱「萌黃の館」。屋內可以
看到雕琢精緻的壁爐以及牆壁上紋飾，總是**輕灑著
陽光綠意的二樓陽台**，有著特別設計的多格型窗花，
不但視野極佳，在遊人不多的時刻，還有一份獨特的
靜謐，讓人更能領受老屋魅力。

英国館

🚇別冊P.6,E2 ☎0120-888-581 🏠神戶市中央區北野町
2-3-16 🕐9:30~18:00(10~3月至17:00) 💰國中生以上
￥880，小學生以下￥220 🌐kobe-ijinkan.net/

1907年由英國設計師建造的英国館，最初還曾作為
醫院，館內擺設**維多利亞時代的家具和裝飾**，昔日英
國人的生活可以從中略知一二。英国館還有免費的英
格蘭騎警服裝免費租借的服務，別忘了穿著帥氣的斗
蓬，在庭園一隅的倫敦復古計程車前照張紀念照喔！

香之家荷蘭館

香りの家オランダ館

別冊P.6,E2 078-261-3330 神戶市中央區北野町2-15-10 10:00~17:00 成人￥700，國高中生￥500，小學生￥300 www.orandakan.shop-site.jp

穿著鮮麗荷蘭衣裙的姑娘在向遊客打招呼。租借一人￥2750。

還沒踏進香之家荷蘭館，就看到院子裡還擺放著大大小小的荷蘭木屐，模樣十分俏皮。香之家荷蘭館的**前身是荷蘭的領事邸**，館內還留有一台**有200年歷史的腳踏風琴**，以及古典的餐桌、掛燈、床舖等家飾。館內除了販賣工藝品外，還有個人專屬香水調製體驗。此外還有荷蘭姑娘變身體驗，穿戴全套荷蘭民族衣裳，足蹬荷蘭木屐在院子裡拍照！

香水製作體驗

荷蘭館以「香之家」為名，就是十分注重香味這件事。館內常駐調香師會根據你的年齡、星座、喜好的音樂、花卉與水果等多項資訊，為你量身設計專屬香氛。甚至連你的聲音、動作與個性，都會被巧妙地融入到香氣之中。這不僅僅是一款香水，而是一個獨屬於你的故事。所有調製過的香氛配方將被妥善保存三年，喜歡的話可隨時重複訂購。

9ml￥3960

魚鱗之家&展望 Gallery

うろこの家&展望ギャラリー

別冊P.6,E2 0120-888-581 神戶市中央區北野町2-20-4 10:00~17:00 國中生以上￥1100，小學生以下￥220 kobe-ijinkan.net/

閃耀著淺綠色光澤的鱗狀外壁，夏天時翠綠的藤蔓如一張綠網纏繞其上，門前的中庭裡還蹲座著一隻像貌極富藝術感的山豬，這就是為人津津樂道的魚鱗之家。魚鱗之家是舊居留地的外國人租屋，在明治後期才搬移到北野的高台上，除了特殊的外觀，館內**保存著精緻華美感的西洋古董家具**，以及名家瓷器。魚鱗之家旁還有一間小小的美術館，裡頭**收藏了許多名畫**，歡迎參觀魚鱗之家的民眾也一起來品鑑這些畫作。

維也納·奧地利之家

ウィーン·オーストリアの家

別冊P.6,E2 078-261-3466 神戶市中央區北野町2-15-18 10:00~17:00 成人￥500，小學生￥300 www.orandakan.shop-site.jp

奧地利是音樂神童莫札特的故鄉，奧地利之家就**展示有寄贈自莫札特博物館的樂譜、肖像畫、鋼琴，以其許多與莫札特相關的用品**，可以感受到奧地利優雅又華麗的風情。除了音樂，香濃的奧地利咖啡與蛋糕也是舉世知名，不妨在露天咖啡座享受一下異國咖啡香吧！

👁 丹麥館

デンマーク館

🏛別冊P.6,E2　📞078-261-3591　📍神戶市中央區北野町2-15-12　🕐10:00~17:00　💰成人￥500，小學生￥300　🌐www.orandakan.shop-site.jp

　　丹麥位在北緯55度的遙遠北歐，是處被童話包圍的神秘王國，丹麥館的**一樓擺放著一般實寸的1/2大小的維京海盜船**，將丹麥氛圍帶到千萬里之遠的日本神戶。由於丹麥是童話之父安徒生的故鄉，如人魚公主、醜小鴨、賣火柴的小女孩、國王的新衣等童話，館裡有間安徒生的書房，讓人一窺安徒生的創作世界。

👁 山手八番館

🏛別冊P.6,E2　📞0120-888-581　📍神戶市中央區北野町2-20-7　🕐10:00~17:00　💰國中生以上￥550，小學生以下￥110　🌐kobe-ijinkan.net/

　　從外觀就和北野其他異人館相當不同，位於魚鱗之家旁的山手八番館採用**都鐸樣式設計**，空間可見的彩繪玻璃與塔狀為最大特徵。館內展示了近代雕刻之父羅丹、**Bourdell**等人的作品，還有非洲馬孔德等藝術品，此外尚可欣賞巴洛克時代的畫家、義大利版畫，可稱上是歐洲藝術寶庫。

撒旦之椅

山手八番館內有一張神奇的椅子，據說坐上去許的願望都會實現，人們叫那把椅子為「撒旦之椅」。在一般西洋宗教認知裡，與撒旦交易必需出賣靈魂，但其實這裡的撒旦只是SATURN的音譯，指的是希臘羅馬神話中的農耕之神，藉由其豐收的能力來讓人心想事成。

👁 萊茵館

ラインの館

🏛別冊P.6,E2　📞078-222-3403　📍神戶市中央區北野町2-10-24　🕐9:00~18:00(入館至17:45)　🚫2、6月第3個週四(遇假日順延翌日休)　💰自由參觀　🌐www.kobe-kazamidori.com　⚠因耐震工程整修中，暫不開放。

　　建造於1915年的萊茵館是一棟**溫暖黃色系的木造建築**，為明治時代最受歡迎的樣式，還有一個小庭園，如今1樓為休息室並販賣神戶特產，2樓則為展示室，**展出阪神大地震的相關資料**，免費開放給遊客們參觀昔日的異人生活。

👁 柏拉圖裝飾美術館(義大利館)

プラトン裝飾美術館(イタリア館)

🏛別冊P.6,E2　📞078-271-3346　📍神戶市中央區北野町1-6-15　🕐09:30~17:00　🚫週二、年末年始　💰大人￥700、國、高中生￥500、小學生以下￥200

　　柏拉圖裝飾美術館又名為義大利館，琳瑯滿目的收藏多數是由主人夫婦在歐洲旅行時所帶回來的藝術作品，其中又以義大利作品為主，包括餐廳、寢室、化妝室等，全都**洋溢濃厚的義大利風**，而女主人本身十分好客，感覺就像去拜訪朋友家一樣自在。

神戶市區 北野異人館 ▶阪神間▶神戶近郊

🏮 北野天滿神社

🅰別冊P.6,D2 ☎078-221-2139 🏠神戶市中央區北野町
3-12 🕖7:30~17:00 ❺自由參拜 🌐www.kobe-kitano.
net

異人館這一塊區域之所以會被稱為「北野」，就是因為這位在風見鶏の館右邊的北野天滿神社。北野天滿神社祭祀學問之神菅原道真，**對於合格、必勝祈願十分靈驗**。登上高高的階梯，莊嚴的神社氛圍與異人館的西洋風情大不相同。

> 從神社向下望可以遠眺神戶港與風見鶏的經典畫面！

👁 中華民國神戶華僑總會

🅰別冊P.6,D2 🏠神戶市中央區北野町4-2-1 ❗內部不開放參觀

大家遊逛異人館時，往往醉心於優美的西洋建築風情之中，鮮少有人會注意到，在北野的左側還有一棟中華民國神戶華僑總會的舊址。建於明治42年(1909)的中華民國神戶華僑總會，**大大的白木牆與綠色窗框是最大特色**，但沒有商業氣息的異人館更是與街景融合，顯得自然不作做。

> 雖然內部不開放參觀，喜歡歷史巡禮的人也是能來朝聖。

☕ 神戶北野美術館

🅰別冊P.6,E2 ☎78-251-0581 🏠神戶市中央區北野町2-9-6 🕘9:30~17:30(入館至17:00) 🈺第3個週二、不定休(詳見官網) 💴國中生以上¥500，小學生¥300 🌐www.kitano-museum.com

建於明治31年(1898)，原址為White House(舊美國領事館)的北野美術館，有「白色異人館」之美稱。從面對北野通的石階梯走上去，映入眼中的北野美術館綠陰扶疏，美得像樹林中的小屋；**館內的展出皆與神戶、北野相關**，而且關於展覽的周邊產品，例如明信片等也都只有在這裡才買得到。

☕ 星巴克 神戶北野異人館店

🅰別冊P.6,E2 ☎078-230-6302 🏠神戶市中央區北野町3-1-31北野物語館 🕗8:00~22:00 🈺不定休 🌐www.starbucks.co.jp/

星巴克到處都有，但在北野坂上的這家星巴克，最特別的就是能夠坐在異人館中品嚐好咖啡。**屋內的挑高建築與英式擺設，在在都透露出北野異人館的西洋風情**。館內分為兩層樓，比較推薦坐在2樓，比起1樓的人來人往，更有時光倒流至明治初年的洋風懷舊感。

北野坂 西村咖啡 薦

北野坂にしむら珈琲店

別冊P.6,E2　078-242-2467　神戶市中央區山本通2-1-20　1F Café 10:00~22:00、2F餐廳11:00~14:30(L.O.)、17:00~20:30(L.O.)　冰磚容器咖啡(7、8月限定)¥2300、午餐套餐¥3800起　www.kobe-nishimura.jp

> 夏季限定冰磚容器咖啡，只有北野坂店才有。

西村咖啡各店都有不同風情，北野坂店以創店首代的川瀨喜代子、於戰時在上海所居住的英國風格洋館為原型建蓋，初採會員制沙龍，有高級餐廳也有咖啡館，宛如一處私人招待所般風格優雅。如今的北野坂店，會員制早已經取消，任何人都能來。一樣維持2樓餐廳、1樓咖啡館的營運型態，特別的是，每年夏天，**北野坂店會推出一款以大型冰磚、在中央挖出凹槽注入咖啡，變成一杯絕對吸睛、絕無僅有的冰磚咖啡**，隨著冰磚的極冷溫度，熱咖啡逐漸冰凍，以湯匙慢慢攪拌，還會變成咖啡冰沙喔，推薦點有加糖的咖啡，也可以倒入一些牛奶調味，會更美味喔。

> 炎熱的夏天來一杯，心涼脾透開，PO上網，絕對打敗天下無敵手，按讚暴增！

> 被藤蔓爬滿的紅瓦洋房，飄散著英式風情。

六甲牧場 北野本店

別冊P.6,E2　078-252-0440　神戶市中央區北野町3-11-4　10:00~18:00　牛乳ソフトクリーム(霜淇淋)¥500　rokkobokujyo.com/

使用六甲山上乳牛的純正牛乳，絕不放入一絲人工添加物，是六甲牧場的霜淇淋好吃的唯一秘訣。與一般霜淇淋不同，這裡的**霜淇淋吃起來口感軟潤滑順**，奶香濃厚，只見每個來到北野的觀光客人手一支，即使是寒冷的冬天也有人排隊只為了吃一口這純正的香濃美味。

> 在巴黎學習烘焙的甜點主廚寄砂愛麗，將甜點製作化為一場甜美的展演。

CAKE STAND

別冊P.6,E2　078-862-3139　神戶市中央區山本通2-14-28　10:30~18:00，週六例假日12.00~18.00(L.O.17:00)　週四　cakestand.jimdo.com

和一般甜點舖以玻璃櫃展售糕點的作法不同，CAKE STAND以「現點現做」為概念，強調手作的新鮮感和溫度，將甜點最美味的時刻呈獻給客人。風格簡單，**注重視覺呈現和美味**，糖煮桃的清甜、奶酪的溫醇和玫瑰茶的香氣，拿捏得恰到好處的味覺層次，口味亦不太甜，搭配一壺斯里蘭卡的熱紅茶，是屬於成人的優雅甜點。

🍴 中華料理 東天閣

📖別冊P.6,D3 📞078-231-1351 🏠神戶市中央區山本通3-14-18 🕐11:30～14:30，17:00～21:00 📅年末年始 💰午間套餐¥6600起，晚間套餐¥13200起

totenkaku.com/ ❗套餐需要2人以上才可以點

神戶老字號名店，品嚐特殊的日式中華風味。

昭和20年(1945)東天閣開幕。保留了異人館原有的西洋壁爐裝飾，純中式桌椅搭配著大紅色地毯，踏進古色古香的非日常空間裡，享受一頓不平常的中華料理大餐。**創業到現在80多年，無論是口味還是技術都日日不斷砥礪精進。「其味無窮」四字也正是餐廳唯一追求的宗旨**，尤其是料理最重要的靈魂所在——「頂湯」，使用雞骨、豬骨、干貝、香菇、金華火腿長時間細火慢燉，喝起來口感溫潤又具備無限層次深度，不僅是創店以來獨一無二的鎮店之味，亦是東天閣料理的源頭。

油亮酥脆的鴨皮，厚實帶咬勁的鴨肉，正宗北京烤鴨（2片¥2860）。

紅燒魚翅堪稱東天閣的鎮店大菜，一人享用的話，不妨可以點份頂湯魚翅麵（¥6600）。

中華料理店是異人館！？

東天閣所在的建築建於明治27年（1894），是神戶現存歷史最古老的一座異人館。當初做為與家人一同居住的宅邸，德國人 F·Bichoff 委託英國建築家 Gulliver 設計建造而成的地上雙層木造瓦葺異人館，整體建築採取古典手法而擁有著經典優美的殖民式風格，同時施以洋樓慣用的凸窗、多間擁有壁爐的房間、挑高的天花板以及無處不在的細緻雕刻，從大型裝飾國家具到精巧的擺設，處處皆有名家公館的典雅與大氣，莊重的西洋氛圍中還兼具著東洋美，更於2009被指定為「兵庫近代住宅100選」，屬於受兵庫縣保護的重要建築物之一。

Ⓗ 神戶北野飯店

Kōbe Kitano Hotel

📖別冊P.6,D3 📞078-271-3711 🏠神戶市中央區山本通3-3-20 ⏰Check In 15:00～，Check Out ～11:00 💰兩人一室，含早餐，每人¥22000起 🌐www.kobe-kitanohotel.co.jp

入住典雅飯店，品嚐世界第一的美味早餐。

神戶北野飯店是一家都市型的歐式奢華旅館，旨在為每位訪客提供品味美食、放鬆心靈的愉悅時光。從抵達飯店的那一刻起，便能感受到精緻且充滿感動的服務。館內以典雅的英倫風格裝潢，每個角落都是絕佳的拍照背景，如華麗的紅地毯樓梯等，更營造出濃厚的古典氛圍。酒店擁有30間設計獨特的客房，全部採用特製英國家具，營造出高雅而舒適的住宿體驗。

💡 世界第一的早餐

神戶北野飯店以「世界第一的早餐」而聞名，這份早餐由名廚山口浩在其師父法國名廚貝爾納 盧瓦索（Bernard Loiseau）的指導下重現。早餐採用特選食材，保留其酵素與營養，並推出如「喝得到的沙拉」般的精選果汁以及鎖住果香與鮮嫩口感的手工果醬。酒店秉持著盧瓦索早餐的精髓，融合創新元素，提供獨特而無可取代的美食體驗。

H PEANUTS Hotel

別冊P.6,E3 ☎078-200-5848 神戶市中央區中山手通1-22-26 4～6F Check In 15:00～，Check Out ～11:00 一室¥30000起 www.peanutshotel.jp

PEANUTS HOTEL以漫畫中的一句話為概念：「擁有一個讓賓客感到舒適的家真好」，並設計出充滿溫馨氛圍的住宿環境。**飯店分為三個樓層，分別以「IMAGINE」、「HAPPY」和「LOVE」為主題，每間客房都以不同的史努比漫畫為靈感**，充滿著對友情、愛情與人生哲學的探討，無論大人或小孩都能產生共鳴，在這充滿創意且友善的設計中，找到專屬於自己的美好回憶，並感受到心靈的溫暖與連結。

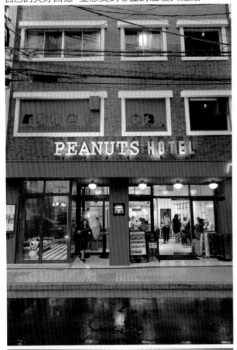

🍴 PEANUTS DINER

☎078-862-3912 PEANUTS Hotel 3F 11:00～23:00 批薩¥1680起，啤酒¥800

PEANUTS DINER以神戶當地食材為基礎，提供多樣化的精緻料理。**餐點靈感來自史努比系列角色的經典故事和趣味情節，創意十足又充滿童趣。**結合美食與故事，無論是享用入住附贈的早餐，還是品味特別設計的餐點，這裡都能帶來難忘的用餐體驗。

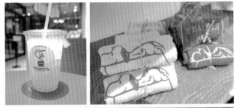

☕ 🍴 PEANUTS Cafe

☎078-200-5848 PEANUTS Hotel 1F 10:00～22:00 熱狗堡¥590，花生奶油冰沙¥860

PEANUTS Cafe位於飯店一樓，**販售各式各樣的PEANUTS HOTEL 原創商品**，店內氛圍輕鬆愉悅，無論是想品嚐美味咖啡、簡餐，還是購買可愛的PEANUTS 相關商品，都能滿足您對史努比世界的喜愛，為旅程增添更多樂趣。

☕ Triton café

🗺 別冊P.6,E3 ☎078-251-1886 🏠神戸市中央區中山手通1-23-16 2F ⏰Café 11:30~20:00(L.O.19:00)，午餐11:30~17:00(L.O.)，晚餐18:00~20:00(L.O.19:00) 休不定休 💰焦がしバター & 生クリーム(焦香奶油&生奶油鬆餅)¥1000 🌐www.triton-cafe.jp

位在2樓的Triton café若不仔細找，還挺容易漏掉。但不需要醒目招牌與宣傳，除了優美的用餐環境之外，店內還陳列許多店主在法國、北歐等帶帶回來的雜貨，自然成為**當地女生口耳相傳的人氣咖啡廳**。

厚實的鹹派作為午餐輕食十分有飽足感。

幾乎僅有半坪大的可愛小屋內，塞滿各式可愛手作品。

🎁 小さなあとりえ＊蕾 おすすめ 薦

🗺 別冊P.6,E2 ☎078-261-0156 🏠神戸市中央區北野町2-12-11 ⏰11:00~16:00 休週日~二 🌐tsubomino.exblog.jp/

山丘上童話般的無敵迷你可愛小店。

沿著北野坂一路往高處走，再轉往天神坂，在一處停車場邊可以看到一個可愛的小屋，因為太過迷你，一般人大概不會想像到這裡其實是一家**塞滿可愛手作創藝作品的小舖**。真的僅容2人入內的小店舖，其實東西還真的不少，真要仔細一個一個看，也很有看頭，不論是飾品、小錢包、小畫作框、別針、毛絨娃作品，重點是充滿創意、或是可愛到讓人很難移開目光，而且**每月幾乎都會更新品項，來自不同創作者的迷你微展售**，讓無論何時來，都有新鮮感。

🎁🍴 FARMSTAND おすすめ 薦

🗺 別冊P.6,E2 ☎080-2570-8194 🏠神戸市中央區山本通 1‧7‧15 ⏰10:00~18:30(Café餐飲L.O.17:30) 休日 💰替わりランチ(當日午餐)¥1,350起 🌐eatlocalkobe.org/farmstand/

有機、在地食材的健康品嚐採買處。

Eat Local KOBE Farmers Market從不定期的晴空市集、後來變成每週六固定開市的神戸在地農產市集，2018年再**從市集額外衍伸出一處每天都能購買、品嚐在地特產美味的店舖**。舒服又光線通透的店舖就位在北野坂 西村咖啡斜對面的坡道上，店內提供每天新鮮現摘的神戸、兵庫在地生產的蔬菜、漁獲以及熟食、糕點、小菜、咖啡，還有許多調味料，除了強調地產更有著有機的健康取向。**可以買，也能在店鋪內的咖啡區直接品嚐這些有機健康食材烹調的料理**，這裡沒有用餐時間限制，隨時都能點份當日午餐來享用。

每日午餐僅一種選項，依當日食材決定，讓在地美味直接上桌。

蔬果外，也有不少調味料、飲品、糕點、熟食，意外地也很好逛。

🍴 SONE

📖別冊P.6,E3　☎078-221-2055　🕐
神戶市中央區中山手通1-24-10
17:00~23:00(爵士樂表演18:30開始)
🚫1/1~1/3　🍽ソネセット(SONE套餐)¥3080　🔗kobe-
sone.com

SONE是**神戶爵士樂現場演唱的開創者**,從外觀到內部空間都頗為懷舊。每天晚上這裡都會邀請活躍於關西地區的音樂人來此現場表演,風格屬於更為輕鬆的Swing Jazz,**一個晚上有四組音樂人輪番上陣**,點上一杯飲料慢慢啜飲,將自己浸浴在悠揚美好的樂聲中,聽覺饗宴盡在這裡。

🏛 竹中大工道具館

📖別冊P.6,F1　☎078-242-0216　📍神戶市中央區熊內町7-5-1　🕐9:30~16:30　🚫週一、年末年始　💴入館¥700,高中大學 65歲以上¥500,國中生以下免費　🔗www.dougukan.jp

薦 熱愛建築的人千萬不可錯過!

　由於精良的工匠工具常在使用中逐漸消耗並最終消失,**竹中大工道具館旨在收集、保存並傳承這些珍貴的工藝品,讓後人能夠了解大工道具的歷史與文化,亦是日本唯一專門展示大工道具的博物館**。館內收藏了超過30,500件與大工工具相關的文物,包括古代的工具、模型及視聽資料等,呈現出日本匠人的技術及工藝智慧。

博物館建築

竹中大工道具館的建築本身就如同一件工藝品,巧妙融合了傳統技術與現代建築風格。牆面採用京都聚樂土混合的漆喰,屋頂則使用淡路的燻瓦製作而成,展現了日本工藝的細緻與美感。館內也特別設計了透明的玻璃大廳與自然光充沛的中庭,使人即使身處都市,也彷彿置身於綠意盎然的森林之中。

布引香草園

布引ハーブ園

⚲別冊P.6,E1　☎078-271-1160　♠神戶市中央區北野町1-4-3　◷香草園10:00~17:00，7/20~8/31至20:30；神戶布引纜車9:30~16:45(上行末班車)，17:15(下行末班車)，7/20~8/31 9:30~20:15(上行末班車)，21:00(下行末班車)　❽冬季2週，天候不佳、纜車檢修日　❺神戶布引纜車來回票成人￥2000(單程￥1400)，國中小學生￥1000(單程￥700)，未就學兒童免費；17:00後來回票成人￥1500，國中小學生￥950　🌐www.kobeherb.com

　這片美麗的香草花園，擁有**150種、75000株西洋香草**遍植在山坡上或溫室內。雖然距離北野有一小段距離，但從新神戶駅**搭乘神戶布引纜車**(神戶布引ロープウェイ)只要10分鐘，就可以呼吸爽涼的空氣、聞聞花草香、眺望山下的神戶與海呢，不妨放慢腳步，花園的散步道散散心、吃頓富有天然香草清香美食。

☕ The Veranda

ザ・ヴェランダ

☎078-271-1160　♠布引香草花園內　◷10:30~16:30　❺蛋糕￥820起，紅茶￥1020　🌐www.kobeherb.com/tips/veranda/

　位於標高400公尺的The Veranda**結合了古典神戶洋館的優雅與現代咖啡廳的時尚，周圍還環繞著豐富的綠意與海洋，可眺望壯麗的神戶城市景觀。**在1樓的露台座位擁有開放的視野，可以在微風中輕鬆享用自家製作的漢堡、甜點及冰淇淋。2樓的咖啡休息室則透過大窗戶讓陽光灑入，並提供12種香草茶及以季節水果製作的華麗甜品盤，讓人在這裡盡情享受美好的午後時光。

布引瀑布

⚲別冊P.6,E1　♠神戶市中央區葺合町　◷自由參觀　❺免費

　布引瀑布位於新神戶車站山側，橫跨生田川中游，自然景觀壯麗，是造訪神戶市的遊客想欣賞大自然美景的理想場所。**瀑布群包含雄滝、雌滝、夫婦滝及鼓ヶ滝四個主要瀑布，其中雄滝以43公尺的高度聞名，為日本百選瀑布之一。**

ろっこうさん
Rokko Mountain

神戶是個美麗的港町，港町後方背倚著一圈青山翠巒，迎著潮風、灑滿耀眼陽光，猶如一道翠屏般包圍著神戶港灣，這就是六甲山。海拔931尺高的山上平均氣溫約10度，跟北海道南部相當，山間清爽的空氣加上柔綠的植披，使六甲山成為神戶和大阪近郊的休閒勝地，也是盛夏時避暑踏青的好地方。登六甲山可搭乘六甲有馬纜車，從山腳的六甲山上駅到六甲山頂，一路上可由高俯瞰神戶市與神戶港的大好風光，風景亮麗宜人。如果想要與大自然親近，建議可以來六甲山進行一趟半日小旅行。至六甲牧場體驗農牧生活，接著在傍晚時分到六甲山花園露台等待黑夜降臨，欣賞日本三大夜景之一的神戶港美景。想泡溫泉的話這裡還有三大古泉之一的六馬溫泉，冬天還有滑雪場，十分適合全家大小的外出活動。

園區必CHECK！

神戶起士餐廳

在牧場內的起士館除了能夠認識各種起士知識，也可以看到製作過程，最吸引人的莫過於嚐嚐以神戶葡萄酒與三種起士調和出的起士火鍋，利用各種新鮮蔬菜沾取，感受最香醇的起士風味。

綿羊舍

天氣晴朗的日子，綿羊們可以自由地在牧場內走動，也會有人員在綿羊舍教導遊客們認識牧民族與綿羊、羊的性質與習性等各種與羊群有關的知識。

交通路線&出站資訊

電車
六甲有馬ロープウェー六甲山頂駅◇六甲有馬ロープウェー
六甲ケーブル六甲山上駅◇六甲ケーブル
出站便利通
◎六甲有馬ロープウェー六甲山頂駅徒步約3分即達六甲ガーデンテラス(六甲花園露台)。
◎前往六甲山的各景點可搭乘山上循環巴士。
◎前往六甲山的公共交通系統頗為複雜，若從三宮駅出發，搭乘阪急神戶線在六甲駅下轉乘16號市巴士，從「六甲ケーブル下駅」轉乘纜車至六甲山上駅下車再轉乘六甲山上循環巴士。
◎從有馬溫泉前往較為方便。只要搭乘六甲有馬ロープウェー在六甲山頂駅下即達。
◎www.rokkosan.com/top/?lang=ja

◎六甲山牧場

⬆別冊P.6,A2 ☎078-891-0280 ⌖神戶市灘區六甲山町中一里山1-1 ⏰9:00~17:00(入園至16:30) ⊗週二(7/21~8/31無休)、年末年始、冬季、不定休(詳見官網) ⑤3~11月高中生以上¥600，小學生以上¥200，未就學兒童免費；12~2月高中生以上¥400，小學生以上¥200，未就學兒童免費 ⊕www.rokkosan.net ❶由於日本政府將台灣列為口蹄疫區，故限制赴日旅遊需7天後才能與動物接觸，請務必遵守規定

　丘陵起伏的綠草地上散落著一群群如棉花糖般蓬鬆的綿羊，黑白化的乳牛低頭吃草，迷你馬和矮驢子則是一副天塌下來也不管的悠閒狀，如此**宛若瑞士高原的場景**，就是六甲山牧場最具代表性的典型美景。**六甲山牧場非常適合親子同遊**，除了可以和溫馴的綿羊、兔寶寶、馬兒做親密接觸外，還有擠奶、陶藝、做起士、冰淇淋、香腸的體驗教室。肚子餓了買根香濃的霜淇淋，或是到神戶起士館一嚐美味的瑞士起士鍋，或來一客入口即化的燉神戶牛肉，度過輕鬆愉快的親子假期。

六甲山冒險公園GREENIA

六甲山アスレチックパーク GREENIA

おすすめ薦

戶外挑戰、全天放電，大人小孩都好玩！

別冊P.6,B1　078-891-0366　神戶市灘區六甲山町北六甲4512-98　10:00～17:00　週四　大人¥3000，學生2500，小學生2000，幼童1500，3歲以下免費　www.rokkosan.com/greenia

　日本最大的冒險運動設施六甲山冒險公園GREENIA的「wonder yamambo」區域於2022年3月19日全新開幕！整個場地長約1公里，擁有豐富的自然環境，並設置以**「秘密的森林」為主題的40個木製遊具，為遊客提供多樣化的挑戰**。另外還有水上遊具區wonder amembo、森林遊具mecya forest、極限體能區de kairiki、空中飛索zip slide等，豐富設施讓人享受精彩的戶外冒險。

與情人一起來這裡看夜景格外浪漫。

六甲枝垂れ

別冊P.6,B1　078-894-2281　神戶市灘區六甲山町五介山1877-9　10:00～21:00(入場至20:30)　國中生以上¥1000，4歲～小學生¥500　www.rokkosan.com/gt/shidare/

　被命名為自然體感展望台六甲枝垂れ，正如其名，**特殊的外型就如同立在山頂的一棵大樹**般，由枝葉包覆的展望台則可以360度展望山海美景。在展望台中間如同樹幹的部份可是大有來頭，圓管狀的設計可以讓空氣對流，宛如這棵大樹在呼吸般，讓人再次體認到萬物皆是自然的道理。

六甲山SNOW PARK

六甲山スノーパーク

別冊P.6,B1　078-891-0366　神戶市灘區六甲山町北六甲4512-98　約12月～隔年3月的9:00～17:00　入園¥2500，一日纜車券¥1600，雪板衣服全套租借¥5000，划雪教室¥2100　www.rokkosan.com/ski/

　六甲山冒險公園GREENIA到冬季化身為滑雪場，擁有緩坡雪道，適合初學者練習滑雪技巧，中、高級滑雪者也可用來熱身。此外，**樂園提供完善的裝備租賃及滑雪課程服務**，即使是第一次接觸滑雪的遊客也能輕鬆上手。園區內的「雪樂園」設有專門的雪橇及雪地遊戲區，總面積達約10,000平方米，是關西地區數一數二的寬廣設施。**無論大人或小孩，都能在這裡安心愉快地體驗雪中樂趣。**

◉ 六甲花園露台

六甲ガーデンテラス

🚇別冊P.6,B1 ☎078-894-2281 🏠神戶市灘區六甲山町五介山1877-9 🕐依店舖而異（詳見官網）🚃www.rokkosan.com/gt

六甲山花園露台是**六甲山上的觀光景點**，由許多棟半露天咖啡廳，以及六甲山紀念品店、觀景餐廳、生活雜貨屋、工藝品店與一座展望台所構成，六甲山花園露台於是乎成為年輕情侶們最愛約會的地方，無論是白天在這兒喝杯咖啡、一覽港灣風光，或是**夜幕低垂時來此欣賞神戶夜景**都十分適合。

見晴之塔

顧名思義這座見晴之塔就是能夠在晴天觀賞風景的塔。其實這裡是六甲花園露台最高的地方，來這裡就能夠盡情眺望整個神戶港的明媚風景。

🍴 Granite Cafe

グラニットカフェ

☎078-894-2112 🏠六甲山Garden Terrace內 🕐11:00～20:30 ⊗週三 💲手作漢堡排￥2200

餐廳坐擁開闊視景，可俯瞰大阪市景，遠眺明石海峽與大阪平原，是欣賞壯麗風景、放鬆心情的理想場所。店名「Granite」源自花崗岩，象徵著六甲山的自然力量與簡約氛圍。咖啡館**提供使用當季食材的精緻料理和手作甜點**，包括丹波黑豆製作的提拉米蘇、五種水果組成的水果焗烤，以及加古川和牛的濃郁燉牛肉等，令人垂涎。

千萬夜景

世界三大夜景之一的六甲山夜景一直是神戶人的驕傲。從六甲花園露台這裡看到的是從明石海峽一直延伸至大阪平原、關西國際機場的海灣景色，所以每當夜晚點起萬家燈火，從這裡就能夠看到最美的風景。而維娜斯橋與摩耶山看到的景色角度也各不相同，有空不妨全都排入行程。

六甲花園露台
位在纜車站旁的天覽台，因為天皇來過而聞名。可以一覽大阪至和歌山方向的廣闊景色，視野遼闊、景致迷人。

摩耶山掬星台
可俯瞰神戶市區、港口與遠方大阪的璀璨景色。日落後天空染成藍色，港口的燈光開始閃爍，令人感動。交通方式為接連搭乘纜索列車與纜車。

維那斯橋
維娜斯橋是1971年完工，可以觀賞夜景的螺旋橋樑，由於旁邊廣場有許多象徵戀人永恆的戀人鎖，因此以希臘愛神維納斯命名。

神戸市區 六甲山 ←阪神間←神戸近郊

◎ 六甲高山植物園

⚑別冊P.6,B1 ☎078-891-1247 ⚑神戸市灘區六甲山町北六甲4512-150 ◷10:00～17:00 ◷3、4月的週四，6月底～7月初的週四，冬季11月底～3月初 ⑤入園￥900，4歲～小學￥450 ⓤwww.rokkosan.com/hana/

六甲高山植物園位於海拔865公尺的六甲山頂附近，擁有涼爽氣候，園內栽培約1,500種來自世界各地的高山植物及六甲山原生植物，模擬野生狀態進行養護。**四季風景各異，春季可欣賞破雪而出的花朵，夏季新綠盎然，秋季則是滿園紅葉繽紛。**植物園內設有雜貨店與咖啡館，可輕鬆漫遊於自然美景中。

園區特色

包括模擬高山岩場景觀的「岩石花園」、適合森林浴的「樹林區」以及展示濕地珍稀植物的「濕生植物區」，每年5月下旬，園內的「九輪草」群落吸引大量遊客。此外，「高莖草原」區則以斜坡上的五彩花海著稱，盛夏至秋季期間，更可觀賞「山百合」及瀕危植物「肥後蘆」等。植物園不僅呈現豐富的自然景觀，還為訪客提供多樣性植物的生態知識，是放鬆身心與探索植物奧秘的理想去處。

🏛 六甲森之音博物館

ROKKO森の音ミュージアム

⚑別冊P.6,B1 ☎078-891-1284 ⚑神戸市灘區六甲山町北六甲4512-145 ◷10:00～17:00 ◷週四 ⑤入園￥1500，4歲～小學￥750 ⓤwww.rokkosan.com/museum/

六甲音樂盒博物館於1994年成立，目前則是**結合六甲山的自然景觀**，更名為「森之音」，成為**以音樂和自然為核心的療癒空間**。博物館內設有「森之音大廳」展出19至20世紀初歐洲及美國流行的自動演奏樂器，並於二樓舉辦定時演奏會，讓訪客親身體驗這些珍貴樂器的音色。「音之散策路」是融合自然與音樂的步道，沿途可見鐘聲、音樂盒及手風琴等互動設施。訪客還可參加手工音樂盒及樂器製作體驗，親手打造專屬作品。咖啡廳則提供注重當地食材及永續理念的輕食，並有戶外座位讓人在鳥鳴與流水聲中享用美食。最後可在「時音」紀念品店挑選特別設計的音樂盒作為旅遊紀念，將這份獨特的音樂體驗帶回家。

◎ 六甲纜車

六甲ケーブル

⚑別冊P.6,B2 ☎078-861-5288 ⚑神戸市灘區高羽字西山8-2 ◷7:10～21:10 ⑤單程12歲以上￥1030，6歲～小學生￥520；來回12歲以上￥1850，6歲～小學生￥930 ⓤwww.rokkosan.com/cable/rc/

六甲纜車下駅至六甲纜車上駅距離約1.7km，高低相差493cm，運行的時間大約是10分鐘左右。不同於一般印象中的纜車，**六甲纜車是從山坡上爬上去的列車，行進途中還能欣賞神戸港灣的風景**，是一項有趣的體驗。

有馬溫泉
ありまおんせん
Arima Onsen

如果要在阪神地區中挑選一個溫泉鄉造訪，當然非有馬溫泉莫屬，從神戶市區出發，只要短短30分鐘就可抵達，有馬溫泉是《日本書紀》中記載的日本最古老溫泉鄉之一，最早的記錄出現在西元631年。除了史書上的記載外，有馬溫泉也曾出現在日本神話中，在神話裡傳說有馬溫泉是由兩位日本遠古大神「大己貴命」及「少彥名命」，在山峽有馬之里處所發現的，與四國的道後溫泉、和歌山的白浜溫泉並稱日本三大古泉。擁有豐富歷史和自然景觀的魅力更是吸引人的因素，也難怪，無關乎平時或假日，總擠滿了泡湯遊客。

交通路線&出站資訊

電車
神戶電鐵有馬溫泉駅◇有馬線
◎若從三宮出發搭乘北神急行線在谷上駅下車，轉乘神戶電鐵有馬線在有馬溫泉駅下車，車程加上轉車約40分鐘，票價￥680。

巴士
◎三宮駅的三宮巴士中心(三宮バスターミナル)「三宮駅前町」4號搭車處搭乘阪急巴士‧神姬巴士連運的路線巴士「阪急巴士6系統」至「有馬溫泉駅」下車，約50分鐘，單程國中生以上￥710，小學生￥360。若搭乘JR西日本營運的大阪高速巴士「有馬エクスプレス号」至「有馬溫泉駅」，約30~40分鐘，單程成人￥780，兒童￥390。
◎阪急高速巴士大阪梅田ターミナル(阪急三番街)、阪急高速巴士新大阪ターミナル搭乘阪急觀光バス營運的高速巴士至「有馬溫泉駅」，大阪發約60分鐘，單程國中生以上￥1400，小學生￥700；新大阪發約50分鐘，單程國中生以上￥1250，小學生￥630。若乘JR西日本營運的大阪高速巴士「有馬エクスプレス号」至「有馬溫泉駅」，約65分鐘，單程成人￥1400，兒童￥700。

出站便利通
◎一出有馬溫泉駅往右手邊走去即達湯煙廣場與太閤橋，而眼前架在有馬川上的紅色橋樑正是寧寧橋。
◎欲前往有馬溫泉最主要的古風老街，從寧寧橋前的道路走去，經過有馬溫泉案內所會看到一條小徑，沿著坡道往上走即是，許多重要景點與老舖商店都位於老街上。

有馬溫泉綜合案內所
☎078-904-0708　⊙神戶市北區有馬町790-3
⊙9:30~17:00　⊙www.arima-onsen.com
有馬溫泉觀光綜合案內所就位在有馬溫泉街上，提供有溫泉街的地圖，以及住宿情報導引等服務。
◎有馬溫泉泉質
金泉：鐵鈉塩化物泉，呈金黃色。對神經痛、關節炎、皮膚濕疹過敏、手術外傷等都很有療效。
銀泉：炭酸泉，無色透明。對高血壓、血液循環不良等有療效、還能恢復疲勞、促進食慾。

◉ 太閤像
⊙別冊P.8,B2　⊙神戶市北區有馬町　⊙自由參觀

說到有馬溫泉，第一個想到的歷史人物當然就屬戰國時代的豐臣秀吉。當時**被尊稱為「太閤」的**秀吉對有馬的溫泉情有獨鍾，相傳自他一統天下後，總**共到過有馬溫泉15次**，因此人們感念秀吉，而在湯煙廣場旁造了太閤像以茲紀念。

◉ 寧寧橋
ねね橋
⊙別冊P.8,B2　⊙神戶市北區有馬町(有馬溫泉觀光綜合案內所前)　⊙自由參觀

日本戰國時，一代霸主豐臣秀吉經常從大阪城到有馬溫泉進行溫泉療養的活動，而他的妻子寧寧常跟他一起來這裡。世人羨慕他們的堅貞愛情，於是在和**湯煙廣場上的太閤像對面**造了寧寧像與其相望，而寧寧像旁火紅的橋就是寧寧橋。站在橋上可欣賞河道風景，每到秋天更有繁華似錦的紅葉，是有馬溫泉的著名景點。

湯煙廣場

ゆけむり広場

📍別冊P.8,B2 📍有馬溫泉駅旁 📍自由參觀

擁有美麗水景的湯煙廣場旁有個立像，原來是和有馬溫泉頗有淵源的豐臣秀吉，在此守護著溫泉鄉，旁邊還有通道，居然**能夠走到清涼的水簾之後**，讓人好像隱藏在瀑布裡面，這水幕原來就是湯煙。

有馬川親水公園

📍別冊P.8,B2 📍有馬溫泉觀光協会078-904-0708 📍神戸市北區有馬町 📍自由參觀

有著**金の湯的葫蘆圖案的親水公園**，有馬川流經其中，每到夏天就是**人們戲水玩樂的場所**。除了能夠戲水，這裡春天有櫻花祭，夏天晚上不定期還會有藝妓表演，坐在川旁的座席邊享用晚餐邊觀賞藝妓的舞蹈，日本風情躍然而上。

銀の湯

📍別冊P.8,B4 📞078-904-0256 📍神戸市北區有馬町1039-1 🕐9:00~21:00(入館至20:30) 📅第1、3個週二(遇假日順延翌日休)、1/1 💰高中生以上平日￥550例假日￥700，小學生以上￥300，未就學兒童免費；2館券(金の湯、銀の湯)￥1200 🌐arimaspa-kingin.jp

銀の湯2001年9月重新裝修，與金の湯同樣屬於公營的泡湯設施。而銀の湯的泉源來自銀泉，除了含鐵質之外，**含有大量的碳酸成分，入湯之後皮膚會浮現碳酸泡沫**非常有趣。外型採鐘樓設計的銀之湯，整體的和風造型，無論是岩風呂大浴槽或是個人用的拍打湯，都讓人可以輕鬆入浴。

おすすめ 薦

金の湯

📍別冊P.8,B3 📞078-904-0680 📍神戸市北區有馬町833 🕐8:00~22:00(入館至21:30) 📅第2、4個週二(遇假日順延翌日休)、1/1 💰高中生以上平日￥650例假日￥800，小學生以上￥350，未就學兒童免費；2館券(金の湯、銀の湯)￥1200 🌐arimaspa-kingin.jp

富含豐富鐵質的金泉，染上一抹紅褐色，十分特殊。

享受有馬溫泉最受歡迎的方式就是來金の湯純泡湯，呈濃濃的鐵鏽色被稱為「金泉」的溫泉，原本在地下時為透明無色，但由於**含有很重的鐵質，當泉水與空氣接觸後會因氧化作用而成為赤茶色**，連浴池都被染成一層紅褐色非常特殊。金之湯經過多次整修，重新開幕之後，煥然一新也吸引許多絡繹不絕的泡湯客。

太閣泉

太閣泉於昭和41年枯竭而廢止，但是阪神大地震之後又湧出泉水，這個設置於金之湯旁，葫蘆狀的水龍頭流出的便是可以飲用的太閣泉，含有豐富的鈉鹽化合物，流出的泉水也是銀之湯的溫泉，喝一口據說就能夠養生。

可愛的小沙彌籤詩，可以守護各種願望成真！

卍 溫泉寺

📖別冊P.8,B3　📞078-904-0650　📍神戶市北區有馬町1643　🕐自由參拜，寺務所9:00～16:00

位於有馬溫泉的溫泉寺**始建於神龜元年（724年），由行基奉藥師如來之引導而創立，是有馬最古老的寺院之一**。寺內供奉著行基與仁西兩位高僧的木像，每年1月2日的「入初式」上會舉行木像初湯沐浴儀式，祈求溫泉恩惠延續。本堂收藏著許多珍貴的寺寶，其中包含重要文化財「波夷羅大將立像」。經歷1995年阪神淡路大地震後，寺院在2003年重建，再現莊嚴風貌，是感受有馬歷史與文化的絕佳場所。

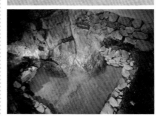

🛕 湯泉神社

📖別冊P.8,B4　📞078-904-0418　📍神戶市北區有馬町1908　🕐自由參拜　🌐tousen.or.jp

湯泉神社位於有馬溫泉的中心地帶，自古以來便被奉為「溫泉守護神」，深受人們崇敬。這座歷史悠久的神社，特別以子寶祈願而聞名，被稱為「子寶神社」，吸引了來自全國各地的參拜者。據說，只要**在有馬溫泉沐浴後於此祈願，便能獲得子嗣，家庭幸福美滿**。神社周圍環繞著濃厚的歷史與文化氛圍，是每位造訪有馬溫泉的旅客不可錯過的靈驗祈福之地。

👁 瑞宝寺公園

📖別冊P.8,C3　📞有馬溫泉観光協会078-904-0708　📍神戶市北區有馬町　🕐自由參觀

稍稍遠離車站的瑞宝寺公園是有馬溫泉甚至是**兵庫縣屈指可數的紅葉名所**，此地為明治時代所廢除寺院瑞宝寺的遺跡，於1951年整理成為開放給民眾的公園。每年到了11月初就會因應秋天的來臨舉行**有馬大茶會，重現豐臣秀吉時代的景象**，將歷史、傳統文化與史跡融為一體。

👁 太閤の湯殿館

📖別冊P.8,B4　📞078-904-4304　📍神戶市北區有馬町1642　🕐9:00～17:00(入館至16:30)　🚫第2個週三、不定休　💴成人￥200、兒童、學生￥100　🌐arimaspa-kingin.jp

有馬溫泉與豐臣秀吉的關係頗深，這兒不但有豐臣正室「北政所——寧寧」的別邸(現為念佛寺)，當年豐臣所舉行的秋季大茶會，現在仍於每年秋天在有馬舉行，而太閤湯殿館則是**阪神大地震後所發現的當年豐臣秀吉的泡湯遺址**。這座被稱為「湯山御殿」的遺構當中，共**有熱蒸氣風呂與岩風呂**，還有許多當年的用具出土，重現了當年叱吒風雲的豐臣秀吉的豪華泡湯陣勢。

神戸市區 有馬溫泉

→阪神間→神戸近郊

👁 天神泉源

🅐 別冊P.8,B3 🏠 神戸市北區有馬町1402 ⊙ 自由參觀

天神泉源是有馬溫泉裡七個溫泉的其中一個源頭，是祭祀菅原道真的天神社境內的湧泉。咕嚕咕嚕地冒著煙，**溫度高達攝氏98.2度的泉源，成分有鐵、塩化物質等，被稱為金泉**，也是有馬最有代表性的泉源之一。

薦 おすすめ

🎁 三津森本舗 本店

🅐 別冊P.8,B3 ☎ 078-903-0101 🏠 神戶市北區有馬町290-1 ⊙ 9:00~18:00 手焼き炭酸煎餅(碳酸仙貝)16枚入￥550 🌐 www.tansan.co.jp

> 有馬溫泉名物現烤碳酸仙貝，獨特香脆的好滋味。

碳酸仙貝是**利用有馬的碳酸溫泉而誕生的名產**，薄薄酥脆，有點兒像法蘭酥的外皮，但碳酸仙貝並沒有包餡而是一種天然的、淡淡的鹽味。另外也有芝麻、海苔等口味，職人現烤煎餅是每個來到有馬的旅客的必買名物。

🎁 灰吹屋 西田筆店

🅐 別冊P.8,B3 ☎ 050-7125-1393 🏠 神戶市北區有馬町1160 ⊙ 10:00~16:00 🈺 週三、四(遇黃金週、年末年始、盂蘭盆節照常營業) 💲 人形筆￥3300 🌐 www.arimahude.com/

包裹著華麗織線、筆頭還藏著個小娃娃頭的毛筆，長得十分可愛，這就是有馬名物之一的「有馬人形筆」。灰吹屋的老奶奶西田光子製作人形筆已超過50年的歷史，老奶奶做的人形筆上筆頭的小娃娃還會靈活的彈出呢。

🎁 有馬籠 本店

🅐 別冊P.8,C3 ☎ 078-904-0364 🏠 神戶市北區有馬町1049 ⊙ 10:00~17:00 🈺 週三 💲 有馬籠花器￥5250起 🌐 www.arimakago.jp

「有馬籠」是有馬溫泉的**傳統竹藝**，織細精巧的編織法十分受到尊崇，還曾獲得萬國博覽會的優秀賞。有馬籠的歷史非常久遠，**可追溯到十五世紀**，就連豐臣秀吉也曾送有馬籠當作土產給夫人寧寧喔！位於有馬溫泉老街上的有馬籠可以看到職人現場製作有馬籠，還有多種商品可以選購，是認識這項工藝的首選地。

川上商店 本店

🅰別冊P.8,B3　📞078-904-0153
🏠神戶市北區有馬町1193
9:00~17:30　週三、不定休　🅢松茸昆布
¥864　🌐www.kawakami-shouten.co.jp

　　川上商店是創業於永祿2年(1559)的**佃煮老舖**，佃煮就是以糖、醬油燉煮的山珍海味，至今川上仍花費時間燒柴，以傳統手工方法製作，因此保有豐富美味，每一樣商品都可以試吃，**松茸昆布、山椒昆布都很美味**，還用小小化妝箱包裝，最適合買來送人。

有馬玩具博物館

🅰別冊P.8,B3　📞078-903-6971　🏠
神戶市北區有馬町797　🕙10:00~
17:00　週四、不定休(詳見官網)
🅢成人¥800，3歲~小學生¥500
🌐www.arima-toys.jp

　　充滿童趣的有馬玩具博物館，**展示有蒐集自世界各國四千種以上的玩具**，有造型逗趣的木偶、精靈古怪的機器人，也有溫暖可愛的填充布偶，當然除了看以外，一旁的賣店裡都可以買來帶回家，非常適合親子同遊。

吉高屋

🅰別冊P.8,B1　📞078-904-0154　🏠
神戶市北區有馬町259
9:30~19:00　週三(遇假日照常營業)
yoshitakaya.com

> 溫泉水做的肥皂讓肌膚更保濕。

　　吉高屋是神戶電鐵有馬駅前的一家**和風雜貨店**，其有許多竹編手工藝品、用金泉染的麻布等各式各樣**充滿日本情懷的小東西**。最近其更研發出由有馬溫泉水製作而成的美肌產品，大受女性歡迎。另外用溫泉水製作的碳酸水也很特別，經過時不妨買一瓶試試看，喝起來可是清涼無比呢！

和服きらくや

🅰別冊P.8,B1　📞07-8904-2818　🏠
神戶市北區有馬町266-4
9:00~22:00　週四　🅢和服散步2小時¥5000起
www.arima-kirakuya.net/

> 換上和服漫步有馬溫泉街，隨處可以發現可愛的小角落。

　　如果沒有入住有馬溫泉的日式旅館，又想要換上和服融入古老氛圍，十分推薦可以來這裡租借。就在有馬車站附近，一到便能換裝前往溫泉街。**這裡的和服、浴衣選擇不算多，但品質比一般觀光區更細緻，女主人也會幫忙搭配**、推薦，記得要先預約以免撲空哦！

Coffee Princess 有馬溫泉店

別冊P.8,B1　078-380-7936　神戶市北區有馬町228-2　11:00～17:00　週二　咖啡
¥550，季節水果盛代＋飲料¥1950
princess-eyelash.info/　店內採用QR-Code點餐。此為分店，本店位在寶塚。

　自寶塚的知名甜點店Coffee Princess在有馬溫泉開設分店，**一開幕便造成話題，以浮誇的水果聖代吸引萬千少女前來品嚐**；其中最具人氣的「草莓ジェンヌ」曾榮獲SARAH JAPAN MENU AWARD 2018的三顆星殊榮。店址位於有馬川畔的木屋內，四周被綠樹環繞，春季可欣賞櫻花、秋季則能觀賞紅葉美景，是享受甜點、三明治和精選茶飲的理想場所。

夏初的水蜜桃聖代，中心包著香濃馬司卡彭起司，層次豐富迷人。

有馬珈琲焙煎所

別冊P.8,B3　神戶市北區有馬町872-3　週五～一10:00～16:45　週二～四　美式¥500，拿鐵¥600　www.instagram.com/nerocoffee.arima/

　由Nero Coffee Roasters在有馬溫泉，以古民家改建而成的咖啡空間，店內散發著木質調的溫暖氛圍，讓人感受到一種靜謐悠閒的氣息。入口旁擺放著一台大型烘焙機，展示了店家對咖啡的講究與專業。**店內提供的美式咖啡使用雙倍濃縮咖啡，口感濃郁而不失平衡，微酸中帶著淡淡的黑巧克力風味，餘韻中透著濃厚的苦味，非常適合餐後或甜點搭配享用。**此外，這裡還有使用自家烘焙咖啡豆製作的濃厚霜淇淋，與六甲山鮮奶完美結合，口感細緻滑順，是夏季消暑的必點甜品。

豆清 有馬店

薦 おすすめ

まめ清有馬店

別冊P.8,B3　078-903-3225　神戶市北區有馬町869-3　10:00～17:00　週四　豆清豆乳霜淇淋¥400，豆奶霜淇淋¥400

人手一杯的豆乳霜淇淋，加上燒菓子更對味。

　豆清是一家結合豆腐和洋菓子的創新甜點店。以自家製豆乳製作的豆乳甜點深受遊客喜愛，其**中豆清豆乳霜淇淋最為人氣；選用濃郁豆乳製成，擁有清爽不膩的口感，並搭配迷你豆乳甜甜圈與杯底的有馬炭酸煎餅增添風味和口感。**不僅讓人享受創意甜點，更能體驗有馬溫泉特有的風味。

濃郁卻清爽的豆乳霜淇淋上加一個豆乳甜甜圈，可愛顏值爆表。

Arima Bouten Bécassine

有馬茅店 Bécassine

ⓐ別冊P.8,C3 ⓝ神戶市北區有馬町1068 ⓒ10:00～17:00 ⓗ不定休 ⓢ抹茶拿鐵￥650 ⓦwww.instagram.com/arima_bouten_becassine/

有馬溫泉街走到底，會在一處停車場旁看到這間充滿現代風格的「峠茶屋」。使用寺廟石垣為背景的露天座席，席位設置於傳統的「床几」上，讓人彷彿置身於古老的日式庭院中。特別引人注目的是店旁一座高達兩米以上的茅草裝飾，與周圍自然景致完美融合。茶屋主人南勝巳先生表示：「神戶市北區仍保有茅草屋頂的古民家，我希望來訪有馬的客人能感受到這片土地的文化底蘊，因此特別邀請茅草屋頂職人製作了這座裝置。」悠閒的氛圍與周遭石垣景緻相得益彰，營造出讓人放鬆身心的愜意環境。**無論是在露天座位享用美味抹茶與日式點心，還是拍照留念、靜心觀賞季節變化，來這裡的旅客都能體驗到最具有馬風情的茶屋時光**，感受當地文化的獨特魅力。

> 濃綠色的抹茶，現點後直接在眼前倒入牛奶中，超級誘人。

鹽與胡椒罐博物館

塩と胡椒入れのミュージアム

薦 おすすめ

ⓐ別冊P.8,C3 ☎090-2091-8661 ⓝ神戶市北區有馬町1059 ⓒ10:00～17:00 ⓗ不定休 ⓢ入場￥300 ⓦwww.moai.co.jp/spmuseum/

> 可愛的收藏品，讓人大開眼界。

鹽與胡椒罐是餐桌上的經典調味容器，最早可追溯到中世紀歐洲，當時鹽是稀有而昂貴的調味品，被盛放於精美的銀器中以彰顯主人的地位。到了19世紀，隨著工藝技術的發展，鹽胡椒罐逐漸成為普及的家庭用品，**設計風格變得多樣，從自然景色到抽象的裝飾藝術，鹽胡椒罐的造型充滿創意**。早期的罐子多以玻璃和陶瓷製作，隨著塑料的發明，材質選擇變得更加廣泛。鹽胡椒罐的歷史和設計風格見證了時代的演變，成為藝術與實用相結合的象徵。

> 各式各樣的胡椒鹽罐，都是館主從世界各地收集而來。

> 用餐空間放置3座經典機台，只要￥100就能玩一局。

茶房TcHIC TAC

茶房 チックタク

薦 おすすめ

ⓐ別冊P.8,B3 ☎078-904-0512 ⓝ神戶市北區有馬町820 ⓒ10:30～16:00 ⓗ週二 ⓢ蛋包飯￥1485，咖啡￥638 ⓦtchictac.jp

> 不只咖啡美味，午餐時段來享用洋食更是超值。

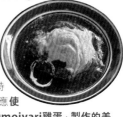

茶房TcHIC TAC是一家充滿懷舊氣息的咖啡館。秉持復古精神，店內擺設著象徵性的古董時鐘，搭配懷舊氛圍，令人彷彿穿越時光回到昭和時期。這裡供應**使用兵庫縣認證「三田高原Omoiyari雞蛋」製作的美味歐姆蛋包飯，搭配自家調製的濃郁醬汁，令人一試成主顧**。此外，還有以炭火烘焙而成的萩原咖啡、自製薑汁汽水等，風味獨特。來到「茶房チックタク」，不僅能品味傳統美食，更能感受這座懷舊茶屋獨特的風情與悠閒氛圍，是暢遊有馬溫泉時不可錯過的隱藏版景點。

藝妓咖啡 一糸

芸妓カフェ 一糸

薦 おすすめ

🅐別冊P.8,B3　☎078-904-0197　🅗神戸市北區有馬町821　🕐週六、日11:00～15:00，晚上為預約制　🅧週一～五　💲入席費￥1000，無酒精飲料￥800　🌐arima-geiko.com/cafe/　❗入席除了要付入席費外，還要點至少一杯飲料。

週末限定！用少少錢，就能一睹藝妓的現場表演。

一糸位於有馬溫泉的檢番一樓，是結合傳統與現代的藝妓文化體驗咖啡廳。這裡設有舞台，**每週六、日的中午時段遊客可以用親民的價格一邊享用咖啡，一邊近距離欣賞現役藝妓優雅的舞姿，並參與傳統的座敷遊戲**。這裡打破了過去藝妓文化的高門檻形象，無需預約，隨時歡迎光臨，亦成為當地觀光客體驗藝妓表演的熱門景點。

這裡曾經是有馬藝伎檢番的聚集地，現在重現以往風華，打造得十分可愛。

有馬溫泉的藝妓

有馬溫泉作為日本最古老的溫泉之一，擁有獨特的湯女文化歷史。

湯女原是古時負責照顧溫泉客人的女性，最早在室町時代史料中出現，但其歷史可能更為久遠，甚至可以追溯至平安時代。湯女在江戶中期更是成為了浮世繪中的明星角色，吸引眾多旅人來訪。1596年，慶長伏見地震摧毀了有馬溫泉，豐臣秀吉在復興過程中賜予湯女俸祿，這項制度一直延續至德川三代，顯示了湯女文化的重要地位。在明治16年（1883年）溫泉浴場改建為洋館時，湯女的稱謂被廢除，轉而成為藝妓。湯女文化不僅僅是有馬溫泉的象徵，也被視為全國溫泉地藝妓文化的起源。

有馬溫泉

堂加亭的御手洗團子使用丹波產的越光米製成。

茶房 堂加亭

🅐別冊P.8,B3　☎078-904-0105　🅗神戸市北區有馬町1176　🕐11:00～17:00，週末11:00～17:30　🅧週四、五　💲堂加亭のみたらし焼き団子￥430，咖啡￥660　🌐arima-sengen.wixsite.com/douka-tei-jp

堂加亭位於有馬溫泉中心的湯本坂，是一家**古民家改建的咖啡館，內部裝潢雅緻，還保留昭和初期的日式建築風情**。由於店主曾在葡萄牙研修玻璃工藝，窗邊展示著他親手製作的玻璃工藝品，在陽光照射下散發出柔和光芒，喜愛玻璃藝術的訪客還可在此購買作品留作紀念。店內提供多樣精選飲品，如使用丹波產的銘茶「母子茶」、來自aalto coffee的手沖咖啡、以瀨戶內檸檬製作的自家製黑糖檸檬水及高知生薑自釀的薑汁汽水等，不僅能享受美味的餐飲，更能體驗與眾不同的工藝文化。

arima gelateria Stagione

🅐別冊P.8,C3　☎078-907-5468　🅗神戸市北區有馬町1163　🕐10:00～17:00　🅧週二、三　💲義式冰淇淋單球￥500　🌐arima-stagione.jp

這間位於有馬溫泉的義式冰淇淋店，**提供多達18種口味的手工冰淇淋，所有冰淇淋均在店內的工房中使用來自義大利的專業設備製作**，並選用來自六甲山麓特定酪農家的高品質牛乳，保證濃郁的口感與自然的清爽滋味。此外，店內還特別選用新鮮水果製作無添加劑的雪酪系列，呈現出猶如直接品嚐果實般的純粹風味。走進店內，映入眼簾的是色彩繽紛的冰淇淋展示櫃，不僅讓人食指大動，更讓選擇冰淇淋的過程充滿樂趣。

Ⓗ 有馬山叢 御所別墅 薦

🅐別冊P.8,A4 ☎078-904-0554 ⏲
神戶市北區有馬町958 ⏱Check In
15:00~, Check Out~12:00 💰一
泊二食，兩人一室每人¥160000起 🌐goshobessho.
com/ ❗提供有馬街接送，要搭車時以電話聯絡。

典雅高級的山林別墅，非日常的日常空間十分迷人。

有馬山叢御所別墅，是一處融合自然與奢華的度假天堂。這裡的住宿形式為全棟別墅式設計，**共有十間獨立套房，每間套房皆寬達100平方公尺且獨具特色，配備私人金泉溫泉浴池和獨立的低溫桑拿室，提供賓客專屬的隱私空間**，讓人在舒適氛圍中度過奢侈寧靜的溫泉時光。客房內的設計考究，搭配精美的書畫和家具擺設，木質調的溫暖色調，更營造出靜謐舒適的氛圍，讓人彷彿置身於藝術畫廊中。特別是房內的檜木金泉風呂與桑拿室，讓身心得到徹底放鬆，消除平日的疲憊與壓力。入住後，可先享用充滿神戶當地風味的迎賓飲品與點心，在房內或庭院中感受緩慢流動的時光與絕美景致。

入住有馬山叢御所別墅，讓旅程成為一段難忘的奢華體驗。

晚餐為傳統的山家料理，以兵庫縣當地特色食材入菜，如明石鰤魚、篠山野豬、但馬牛等。料理手法精緻，主廚對食材的搭配與火候掌控巧妙，使每道菜餚風味濃郁，令人食指大動。特別推薦主菜但馬牛肉，油脂豐厚且入口即化，鮮美的口感讓人回味無窮。餐廳內的座位設計也十分講究，可選擇在開放式廚房前的吧檯座位，觀賞主廚現場料理的過程，或是在窗邊座位享受自然景觀與美食的完美結合。

早餐則以全套西式料理為主，法式吐司特別值得一試，外酥內軟的口感搭配各式配料，令人食慾大開。入住賓客可於客房內享用頂級宇治園綠茶，並在大浴場內體驗多樣化的湯泉設施。無論是早晨的清新牛奶，還是夜晚的濃郁咖啡，都能為這趟湯泉之旅增添更多暖心回憶。

御所別墅不僅是住宿空間，更是一場探索自然與文化的旅程。浸浴金泉之中或是漫步在清水寺遺址旁的古道，呼吸清新的山林氣息，觀賞四季交替的美景：春天的櫻花、夏天的清涼溪水、秋天的紅葉與冬天的白雪，無論何時來訪，都能享受到不同的視覺饗宴與心靈的平靜。

如同樹屋裡的金泉風呂，浸泡其中，彷彿與大自然融為一體。

食材皆選自當地，並融入西洋烹飪技巧，使每道料理都成為獨一無二的藝術品。

御所別墅的歷史

有馬山叢御所別墅的歷史可追溯至17世紀，當時它原為有馬山手的「清水寺」，因其壯麗的紅葉景觀而被列為有馬十二景之一，吸引無數遊人前來欣賞這片紅葉美景。到了19世紀，清水寺逐漸演變為清水飯店，成為神戶居留地外國人前往有馬溫泉的休憩場所。在當時賓客可以用流利的英語交談，桌上擺放著當時流行的麵包、奶油與咖啡，營造出濃厚的西洋氛圍。進入21世紀後，清水飯店再度華麗轉身，搖身一變成為如今的「有馬山叢御所別墅」，以日西合璧的設計風格與奢華的住宿體驗，為來訪的旅人提供前所未有的舒適與放鬆，繼續為這片充滿歷史與文化的土地書寫新的篇章。

神戸市區 有馬溫泉 阪神間 神戸近郊

H 欽山

別冊P.8,A1 078-904-0701 神戸市北區有馬町1302-4 www.kinzan.co.jp

欽山一詞來自「山海經」，意思是擁有絕佳美景的山，**大眾湯的「花の湯」和「鼓の湯」，外頭是瀑布式的水簾**，在泡湯的時候聽到轟轟然的水聲，閉上眼睛會懷疑自己是不是到了森林之中，營造出全然放鬆的環境，令人難忘。原則上不接受12歲以下旅客，不過春假、暑假、寒假期間除外，如此一來，每位客人都能不受打擾，擁有一個安靜的假期。

H 銀水莊 兆楽

別冊P.8,B1 078-904-0666 神戸市北區有馬町1654-1 www.choraku.com

兆楽是有馬溫泉少見的**風格美學旅館**，由高俯視的地勢稍離觀光地的喧囂，傳統又不失現代。房間內和風品味卻又透露著國際風範，一走入玄關，大空間內只看到成為主角的花藝擺飾，讓人彷彿來到充滿和風精神的藝廊。而旅館最重要的**會席料理則屬於創作系**，依序一道道端上，讓客人放入舌上的都是最適合的溫度，嚐起來也特別美味。

H 兵衛 向陽閣

別冊P.8,C2 078-904-0501 神戸市北區有馬町1904 www.hyoe.co.jp/

兵衛向陽閣的悠久歷史可追溯至江戶時期，飯店原本是三層樓的木造建築，後來改建後才呈現現今的風貌。飯店裝潢豪華中可見典雅，以各種花卉作為裝潢主題，特別討女性歡心，**大眾湯大片玻璃落地窗，提供絕佳視野，而室內無色透明的銀泉和室外赤褐色的金泉，兩者交互泡湯**，據說對促進身體健康有絕佳效果。

H 陶泉 御所坊

別冊P.8,B3 078-904-0551 神戸市北區有馬町858 goshoboh.com/

御所坊為有馬溫泉的高級旅館，傳統又不失現代、和風品味卻又透露著國際風範，是個氣氛獨特日式溫泉旅館。自1191年創業以來，御所坊有著非常驚人，**超過八百年以上的歷史**。一如旅館名稱「御所」所示，這兒一開始是為了招待天皇等王公貴族而設的溫泉宿，館內的講究自然不在話下。

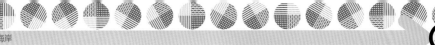

Ⓗ 竹取亭 円山

📍別冊P.8,C4　📞078-904-0631　📍神戶市北區有馬町1364-1　🌐www.taketoritei.com

　　竹取亭円山在高地上創造了一個竹取物語的世界；**僅僅擁有31個房間**的竹取亭以這個故事為主題，是**自詡為竹林般清幽靜雅的和風旅館**。走進竹取亭円山，竹取公主所乘坐的華麗人力車是視覺的焦點。最受歡迎的客室在房間內就有自己的湯屋，也命名為「月見之間」，意指能夠和竹取公主一樣欣賞皎潔迷人的月亮。

Ⓗ 高山莊 華野

📍別冊P.8,C3　📞078-904-0744　📍神戶市北區有馬町400-1　🌐www.arima-hanano.com

　　高山莊華野刻意簡潔留白的空間，讓人可將煩塵俗事拋至九霄雲外。而溫泉旅館最重要的元素—料理，使用當地食材，無論是當地的山菜、新鮮無比的漁獲還是道地神戶牛，完全**呈現日本季節特色**，「**感覺到幸福的料理**」正是高山莊華野的真心。

Ⓗ 元湯 古泉閣

📍別冊P.8,C2　📞078-904-0731　📍神戶市北區有馬町1455-1　⏰check in 15:00~19:00，check out~11:00　🌐www.kosenkaku.com

　　古泉閣稍稍遠離熱鬧的古風坂道和溫泉街，和風古典氣質更顯寧靜氣息。館內的**溫泉大浴場八角亭有著金、銀兩種泉質**，泡在其中完全舒展身心，寬廣空間帶來更多心靈上的餘裕，累了一天的疲勞瞬間消除。

兵庫・長田

ひょうご・ながた
Hyogo・Nagata

自古臨海的「兵庫」就是現今神戸一帶最早航海、行政、文化歷史發展的中心，可説最早的神戶範圍的中心點，就從這裡開始，以兵庫津(港口)開始發展，甚至這裡曾經在平安時代有過極短暫、曇花一現的平安時代建都計畫的歲月；而鄰近兵庫區的內陸地帶長田區，則因神戶三大古神社～長田神社而命名，一樣是個歷史悠久的地區，自古貿易的往來，讓兵庫・長田一帶、東西交鋒的自由氣息一樣濃厚，甚至在長田還有韓國街。雖然一場大地震讓長田災損嚴重，如今兵庫・長田市街面貌煥然一新，但老歷史、古遺跡仍遺留在各個角落，想窺視神戶的源點，這裡是個很好的起始點。

交通路線 & 出站資訊

電車
JR兵庫駅◇JR神戶線
JR新長田駅◇JR神戶線
神戶市地下鐵新長田駅◇西神・山手線、海岸線
神戶市地下鐵長田駅◇西神・山手線
神戶市地下鐵中央市場前駅◇海岸線
◎從神戶市中心的三宮出發，不論前往那一站，大約都在

10分鐘左右。
出站便利通
◎前往兵庫縣立兵庫津博物館・初代縣廳館，可在「中央市場前駅」下車，徒步3分鐘即達。
◎前往兵庫大佛，可在「兵庫駅」或「中央市場前駅」下車，徒步約8~12分
◎前往鐵人28號在「新長田駅」下車，徒步約3分。

鐵人28號 おすすめ 薦

鉄人28号モニュメント

⛰別冊別冊P.12,C2 ⏱神戶市長田區若松町6-3(若松公園) 🕐24小時開放自由參觀

> 18公尺超高巨大鐵人，趕快來站在腳丫邊打卡阿！

> 鐵人28號就位在商店街入口前方。

漫畫人物《鉄人28号》中的機器人，即使沒看過漫畫，肯頂很多人還是對其形象有所印象。2009年在新長田的公園一角，一尊高達18公尺的巨像，以驚人之姿居高俯瞰著這座城市。作者橫山光輝，本身就是神戶人，但其老家及當上班族時期，其實都在新長田這一帶，淵源相當深，也成了設立鐵人巨像向其致敬及振興當地的起源。

想仰望這尊大巨像，從神戶市中心搭電車過來不到10分鐘，出了新長田車站走過來更不到3分鐘，而且沒在開玩笑，這個從漫畫裡走

> 一旁的街道也有鐵人頭盔路燈，可順便一起收錄喔。

出來的超巨大鐵人，不論**製作細節還是樣貌都還原度超高**，光站在他旁邊，恐怕連成人都僅及他的腳踝高度，非常驚人。

◎新長田商店街

⚑ 別冊別冊P.12,C3 ⌂ 神戶市長田區二葉町

串聯JR新長田駅、到神戶市鐵海岸線的駒ヶ林駅，除了搭乘一站可以到之外，可以透過長長的新長田商店街，慢慢遊逛走過去。新長田商店街從鐵人28号所在的廣場為起點，全都是加蓋的屋頂長廊，走起來舒適也不怕天氣多變化。長達1公里的商店街其實是由「新長田1番街商店街」、「大正筋商店街」、「六間道商店街」所串接起來，以**在地人需求為主的商店、並無特別的驚喜**，但散步的途中總會看到不少三國志相關人物雕像、小景點、KOBE鉄人三国志Gallery等，當成追尋橫山光輝另一部漫畫作品《三国志》來找驚喜點，是散步這裡的樂趣。

〔 遊走商店街還能收集三國志人物 〕

走在商店街上，不斷會出現各式三國志裡的人物，從等身石雕像，像是諸葛孔明、關羽、周瑜等，還有一處小小的三國志館、魏武帝廟，以及一家KOBE鉄人三国志Gallery，除了有橫山光輝各式作品年表介紹，也有一些相關商品的販售，是喜愛三國志的人，可以來繞繞逛逛的地方。而在一般商店前也會忽然發現店主打扮成三國志內人物的影像照片，原來這裡每年11月還會舉辦「三国志祭」，滿足三國志迷們的打扮心願。

◎KOBE鉄人三国志Gallery
⌂ 神戶市長田區二葉町6-1-13 ⏰ 週末、例假日10:00~17:00 ❌ 週一~週五 💰 大人¥200、小學生¥100

鋼鐵人作者橫山光輝

創作出大受歡迎的《鉄人28号》就是漫畫家橫山光輝，後來連動畫版都有，雖然這部讓他成名作品出版年代在1956年，但鉄人形像太深植人心，圖像也不斷會出現在不同年代的商品上，完全是長青版的成功作品。作品不少的他，其實還有一部多達60卷的《三国志》，也是一部超高知名度的作品，他後來又陸續出版了《項羽與劉邦》、《水滸傳》等，大賣的漫畫作品，讓三國志人物、戰略等也在日本知名度很高，因此日本會不斷出現三國志人物的影視作品、手遊等，就很容易被理解了。

🏛 兵庫津博物館·初代縣廳館

おすすめ 薦

兵庫県立兵庫津ミュージアム・初代県庁館

兵庫縣、神戶發展的原點就在這。

🅰別冊別冊P.9,C3 ☎078-651-1868 🏠神戶市兵庫區中之島2-2-1 🕐9:00～18:00、10月至3月9:00～17:00(最後入館閉館前30分) 🈺週一(遇假日延隔日休)、年末年始 💲常設展大人￥300、大學生￥200、高中以下免費。企劃展依不同展而定 🌐hyogo-no-tsu.jp/

　　看到博物館有兩個並排名稱「兵庫津博物館·初代縣廳館」，就知**整個博物館有2大主題與展區，主要分為現代博物館建築內展區的「ひょうごはじまり館」，及模擬重建兵庫縣的初代縣町建築展區的「初代県庁館」**。作為兵庫縣最早發展的重要港口地，位在濱海這裡的這處博物館，在地理位置上不但緊扣10世紀時，即已經開始發展建港的「兵庫津」，甚至連兵庫在1868年最早設立的縣廳，位置也是在這裡，具有相當重要的地理位置意義，來訪交通意外的便利，就在中央市場前駅鄰近。

　　「ひょうごはじまり館」展區內，以設立縣廳之前的兵庫津為歷史展示主軸起點，尤其是平安時代這段，**在平家的平清盛來到這裡後，他的宏大願景便是將京城，從京都遷都到這裡**，宏偉的城廓設計圖，也被展示在這裡，後因與源氏的爭戰失敗，讓這個遷都夢想煞然而止。

宛如故事般的圖繪呈現，相當精采，即使不懂日文，也能稍稍領略故事大概。

大廳天花板展現北前船時代，兵庫津與世界交流的榮景。

舒適的咖啡空間，參觀完畢很適合來小憩。

🏛 初代県庁館

🏠神戶市兵庫區中之島2-2-1(位在兵庫津博物館後方) 🕐💲同兵庫津博物館 🈺與兵庫津博物館為共通券

　　1868年、也是明治的初始年，政府在此設立了兵庫縣廳，而當時建蓋的縣廳早已不復見，於是**博物館便依照當時建築**，在目前的博物館後方，**重新復元建蓋**，選址正是當時縣廳所在地的隔壁。為何不在原址興建？因為原址後來在建築拆除後，一半面積蓋了運河、另一半面積已成了百貨公司。

戶外廣場有一處牢房，說明當時的縣廳也兼仲裁的功能。

　　踏入這處木造的初代県庁館，除了主建築的縣廳舍與庭園，盡量維持當時的空間使用、供訪者入內參觀外，其他當時作為縣廳職員宿舍的數個建築，也轉為咖啡餐廳、休憩活動空間等，每天整點還有VR體驗，可以透過虛擬影像，看到當時在此辦公的人物。

✏ 來兵庫必認識平清盛

　　看過《平家物語》這部描述動盪的平安朝末期物語的人，一定對平清盛這號人物不陌生。簡單來說，平家在平安朝末期財大、勢大，富可敵國，幾乎掌控了皇都的權勢，平家女眷則幾乎掌控了天子後宮之位。描述到這裡應該已經不難想像平家是如何權傾一時了，平清盛甚至後來還以自家財力，將兵庫津整頓、並擘畫了一個輝煌的遷都夢。選在兵庫津是因為這裡有著與世界通商的經濟優勢，若再結合政治&武力，國力肯定更加直上。可惜時不我予，平清盛雖夾天子來此準備建都(平清盛之孫)，但與源氏家族的爭戰卻讓平家逐漸衰敗，加上忽然的疾病，讓平清盛壯志未酬身先死，一代梟雄的夢想終未實現。

優雅的佛像造像，是日本三大佛像之一。

巨大的購物中心及一旁的運河，便是初代縣庁館的舊址所在。

卍 兵庫大佛 能福寺

📖別冊別冊P.9,B3 ☎078-652-1715 🏠神戶市兵庫區北逆瀨川町1-39 🕐9:00~17:00 ❌可能因法會等而不開放 💲免費參拜 🌐nofukuji.jp/

想追尋兵庫區的遠久歷史，距離車站不遠的能福寺便是一處重要的地方。起建於延歷24年(805年)，當時由最澄大師所創立，1168年時，**平清盛**因健康問題來到兵庫，並選擇在能福寺出家成為僧侶，但成為僧侶的平清盛仍大刀闊斧的建設兵庫津(當時稱為大輪田泊)，讓能福寺與這波瀾壯闊的時代，有了深刻的緣分，連平清盛的墓所也在這裡。現在來到這裡，只有一方安靜的寺院風貌，**最標誌性的畫面，反而是比較近代才新增的一尊高達18公尺的大佛**，這尊銅製大佛曾在戰時因金屬需求而被溶製，直到平成3年才又重新打造回到蓮座上。

💡 神戶的發展起點，從兵庫津(港)開始

神戶的港口貿易發展，其實早在奈良時代，已經開展。當時的政府在兵庫區修建了大輪田泊(泊=港)，作為貿易據點，平安時代再經平清盛大力修築，成為日宋間的往來據點，之後整個區域(現今的神戶)主要人口、經濟發展都以這裡為主軸。在神戶還未開港時期，其實這裡已經是個世界入口了，直到1868年神戶開港，因國外的大船需要水深較大的港灣，於是國外的船舶往來便以現今的神戶為主，兵庫津則是日本的船隻使用，外國人居住區也以此區隔。隨著鐵道興築，神戶的經濟重心逐漸東移，一路從兵庫津、神戶驛、元町、三宮，曾歷經數百年繁榮的兵庫津卸下光環，一個嶄新的和洋風貌港灣城市~神戶，誕生！

🛍 永旺夢樂城 神戶南

AENO MALL

📖別冊別冊P.9,C3 ☎078-681-0511 🏠神戶市兵庫區中之島2-1-1 🕐10:00~20:00、週末~21:00 🌐kobeminami-aeonmall.com/

與神戶地鐵•海岸線「中央市場前駅」直結的AENO MALL，雖然只有三層樓，但超長的樓板面積，逛起來動線簡潔、卻商店數量超多，尤其一樓有著大型量販店規模的生鮮超市，商品齊全、無論何時來都人潮滿滿。雖然商場對面就是中央市場的蔬果交易市場，但畢竟無零售，反而AENO裡更像是逛蔬果市集的氛圍。當然購物、美食、咖啡、店中店的大型二手商品店等，讓離市中心搭電車又只需9分鐘，很便利。

新開地·湊川
しんかいち·みなとがわ
Shinkaichi·Minatogawa

有著「B面神戶」之稱的新開地，可説是1868年神戶開港後大正～昭和年代，神戶最繁華發展中心點，不論是產業、辦公室、商店、人口，甚至更與東京淺草並列號稱「東之淺草、西之新開地」、是屈指可數的日本繁華娛樂街。開港帶來的繁華，讓劇院、電影院，在此呈現併肩而立的榮景。而從六甲山流洩而下往神戶港的湊川，則在開港後被加蓋覆蓋成為新開地最繁華的中心街道——新開地本通。改道後的新湊川現在則橫亙在新開地北端，這裡有著神戶廚房之稱的傳統市場街區。後來因鐵道的開發，神戶市中心往三宮區域移動，但這裡殘留的淡淡老商店街區與人情味風貌，是想探索老神戶不同一面的地方。

交通路線 & 出站資訊

電車
JR神戶駅⇨JR神戶線
新開地駅⇨阪急神戶高速線、神戶高速鐵道
湊川公園駅⇨神戶市地下鐵西神線·山手線

出站便利通
◎前往新開地商店街，可搭到新開地駅，下車後出口直結地面商店街，及地下街的Metro KOBE新開地城。
◎前往新開地本通入口雕塑的卓別林剪影BIGMAN，可在JR神戶駅下車，徒步約7分鐘。
◎前往東山商店街，距湊川公園駅最近，但若是從新開地商店街開始逛，商店街底端便是湊川公園，也可一路徒步過去。

◉ 新開地商店街

🔺別冊P.9,B1 📍神戶市兵庫區新開地 🌐shinkaichi.or.jp/

新開地曾經是神戶最熱鬧的中心街，所有商業大樓、市役所、娛樂設施、交通中心的神戶駅也在這裡，雖然隨著時代推移，交通與商業中心不斷從這裡移轉到元町、三宮，但復原中的新開地，也漸漸找回人潮，過往長達約1公里的熱鬧的街區，北段加上拱頂成為不受天候影響的商店街，南段往神戶駅方向也有劇場、電影院，每個月不間斷的市集、或是季節性活動、年度音樂會，都讓平日安靜的新開地歡騰熱鬧。也能在街區裡找到一些代表當時代榮光的老店舖，像是洋食館一平、老咖啡店松岡珈琲、喫茶光線、古書店等，領略神戶不同的另一面。

商店街入口拱頂上面有卓別林的圖像，標誌著娛樂街的曾經風華。

喜樂館

⚑ 別冊P.9,B1　☎078-335-7088　🏠神戶市兵庫區新開地2-4-13　🕐每天14:00一場(亦有晚場)　💴¥2,800　kobe-kirakukan.jp/

這裡曾經因是神戶開港最初的商店街而發展成重要的娛樂街，後來逐漸凋委，直至最後一座劇場在昭和時代、1976年關閉，在大家不捨的聲音中，終於在**2018年有了喜樂館的誕生。這個以傳統落語、音樂等演出的劇場，就位在商店街中**，斜對面正是以往人聲鼎沸的「神戶松竹座」舊址。每天下午都有一場演出，而在演出前半小時，工作人員就會在入口前商店街上迎客，若剛好有經過，不妨來感受看看這傳統演出連前的熱絡氣氛。

文明堂神戶店 本店

⚑ 別冊P.9,B1　☎078-575-0002　🏠神戶市兵庫區福原町3-2　🕐9:00~18:00　💴カステラ(長崎蛋糕半條)¥702　🔗www.bummeido.com/

源自長崎的文明堂總本店，文明堂神戶店除了延續長崎總本店的技術與風味外，也另外獨立發展出不同的長崎蛋糕系列商品。因著神戶開港後的蓬勃發展，選在昭和時代非常熱鬧的新開地創設了店鋪，並以神戶區域為範圍，**開店至今已成神戶的甜點必買名店。**

踏進這家本店的店內，淡淡老店的復古風貌依舊存在。美味的長崎蛋糕是必買選項外，以一層餅皮包裹長崎蛋糕、以長崎蛋糕體做成的甜甜圈及銅鑼燒等，也都很受歡迎。

「北淺草、西新開地」的榮光歷史

在昭和～大正的極盛期，新開地的商業娛樂街風貌，光是短短1公里的商店街裡就有多達24家劇場&影院、商家200多家，搜尋老地圖，可以看到聚楽館、笑いの殿堂·松竹座、多聞座、松木座…，一家接著一家的各式大型劇場，讓整個新開地本通，完全是個超級娛樂天堂，因此才會有「北淺草、西新開地」的稱號。

薄如紙的蛋皮，完美包裹米飯，老驗廚師功夫，是一平最具代表的一道。

おすすめ
薦

🍴Grill一平

グリル一平 新開地本店

見證新開地繁盛期的洋食館老店。

⚑ 別冊P.9,B1　☎078-575-2073　🏠神戶市兵庫區新開地2-5-5(リオ神戶2F)　🕐11:30~15:00(L.O.14:30)、17:00~20:00(L.O.19:30)　🚫週三、四　💴オムライス(蛋包飯)小¥900　🔗grill-ippei.co.jp/

　1952年在新開地開業，見證了屬於新開地繁盛的**年代**，當時光店內的廚師就多達10人。廣受喜愛的一平，現在已經開設了4家店鋪，元町、三宮都有分店。現由第4代接手，**超過70年的經營歷史，以一款多蜜醬汁(ドミグラスソース/demi-glace sauce)，是店內最重要的傳承滋味**，以淡路島洋蔥，搭配其他蔬菜、牛肉一起熬燉，歷經4日才完成的醬汁，是神戶在地人難忘的滋味。

神戶老洋食業兩大系統：船上廚師&飯店廚師，一平則屬於飯店系，各式洋食更加精緻而講究細節，一款平凡不過的蛋包飯，以薄如紙張的蛋皮，包裹以細切如米粒的火腿入味翻炒米飯，鹹香滋味配上微酸多蜜醬，入口令人難忘，還有各式肉排、炸蝦等較豐富選單，都可以品嚐到多蜜醬的多樣搭配風味。

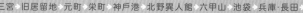
神戶市區

新開地·湊川

阪神間▼神戶近郊

👁🍴Metro KOBE新開地城

メトロこうべ-新開地タウン

🏠別冊P.9,B1~C1　🚇新開地駅直結,B1　🛍商店10:00~20:00、餐廳~21:00　📅每月第3個週二(12月無休)，各店另有不定休　🌐metrokobe.jp/shinkaichi

前往新開地，除了最接近商店街的新開地駅之外，高速神戶駅及與其直結串連的JR神戶駅，也都是可以的選項，端看想去的方向而定。這三站更都能以地下道徒步直通，也很便利。尤其**新開地駅～高速神戶駅之間長達約700公尺的地下道，基本上就是一條美食購物街**，高速神戶駅這端的地下街稱為「神戶タウン」，新開地這邊稱為「新開地タウン」，各自約有30家店舖，其中又以新開地タウン這邊的美食最多最齊全，近30家美食店舖，有咖啡、串燒、拉麵、居酒屋、熟食、明石燒等，選擇豐富。

各店舖窗明几淨，空間舒適，無論天候都能輕鬆找吃的。

以當地人採買居多的這個市場，好買好吃、也好逛。

注意很多老咖啡館都容許抽菸

雖然室內禁菸已經很普遍，但在神戶的一些老咖啡館仍會有允許顧客抽菸的狀況，像是新開地商店街裡的松岡珈啡、新開地タウン裡的ひまわり珈啡，雖然他們的評價都不錯，也讓人很想一訪。當然會在店內抽菸的人相對已經很少，但若對菸味無法忍受的話，最好進入前先確認有無其他抽菸的顧客再入坐。至於神戶中心的老咖啡店則完全不用擔心，幾乎都是禁菸的。

👁🍴東山商店街

薦
おすすめ

🏠別冊P.9,B1　🚇神戶市兵庫區東山町　⏰8:00~18:00(各店營時不一)　📅各店休日不一

神戶人的廚房就在這裡。

想追索神戶人餐桌美食那兒來，距離市中心最近的東山商店街，可說是最便利的選擇。來到這裡，其實**不僅僅是一條長長的東山商店街而已，這裡應該是一個群組的概念**，各式大大小小的生鮮蔬果室內市場、購物市場、海鮮、肉品、小吃、食堂、熟食、生活雜貨等，就以中心點的東山商店街一路串接起來，從湊川公園到新湊川，周邊橫跨彎彎曲曲的數條街巷，真要認真逛起來，恐怕半天都嫌不夠，當然**價格優勢，也讓這裡人潮不少**，尤其水果價差不小，很讓人心動。

舞子・垂水
まいこ・たるみ
Maiko・Tarumi

舞子・垂水一帶位在神戶的西側。從神戶市向西的鐵路緊鄰海岸線，電車經過須磨駅後往左邊看，廣闊的大海就在眼前。想看海看個夠，來這裡準沒錯！再加上世界最長的吊橋「明石海峽大橋」美景，與超好逛超好買的三井OUTLET，來到這裡一次就能滿足自然、人文、美食、購物的旅行渴望。

交通路線＆出站資訊

電車
JR舞子駅⇨JR神戶線
山陽電鐵舞子公園駅⇨山陽本線
JR垂水駅⇨JR神戶線
山陽電鐵垂水駅⇨山陽本線
出站便利通
◎JR舞子駅與舞子公園駅、JR垂水駅與山陽垂水駅，車

站位置很接近，只是一方是由JR經營，一方是由山陽電鐵經營，不管是從哪一個站出來都一樣。
◎舞子駅、垂水駅間距很遠，不建議用走路遊玩。
◎要至明石海峽大橋，由舞子駅、舞子公園駅出口1徒步約1分即可看到。
◎週末、假日時，從垂水駅西口有免費接駁車至三井OUTLET，約20分就一班車，可以多加利用。

🎯 移情閣：孫文記念館

📖 別冊P.10,D6　☎078-783-7172　📍神戶市垂水區東舞子町2051　🕙10:00~17:00(入館至16:30)　❌週一(遇假日順延翌日休)、年末年始(12/29~1/3)　💰成人￥300，70歲以上￥200，高中生以下免費　🌐www.sonbunkinenkan.com

　神戶為最早開港的港口之一，因此與中國的關係也相當密切，孫中山就曾經造訪，**別名移情閣的孫文紀念館建築建造於1915年，曾是當時地方士紳宴請孫中山的宴會建築，2004年被移至現在地**，並於2005年更名，如今展出孫中山生平事蹟與修建這棟建築的企業家史料。

舞子六角堂

華僑富商吳錦堂在舞子海岸建了別墅「松海別荘」，而移情閣正是別墅中建於1915年的八角型中國式閣樓。由於從閣樓窗外能分別看到六甲山、瀬戶內海、淡路島、四國等地，藉「移動改變的風情」之意而取名為移情閣。由於形狀特別，從外看似六角型，所以被當地人暱稱為舞子六角堂。

☕ Stabucks 神戸西舞子店

おすすめ 薦

展望明石大橋最美咖啡廳。

📖 別冊P.11,B5　📞078-787-2085　🏠神戸市垂水區西舞子1-10-4　🕐08:00~23:00　休不定休

這間星巴克咖啡店坐落於絕佳位置，設有兩層樓，**二樓的座位更能一覽明石海峽大橋美景與海景，特別是在夕陽西下或夜幕降臨時分，景色美得令人屏息**。雖然並無特別限定的飲品，但在這裡用餐，因為環境氛圍加持，使得咖啡也變得更加美味。不過，由於這裡深受遊客喜愛，經常需要排隊等待入座。店面規模較小，桌椅間隔稍窄，露天座位也有限制。若想悠閒地感受微風與海景，建議挑選適合的時間前來，享受靜謐放鬆的片刻。

天晴時能看到超美的明石海峽大橋。

👁 アジュール舞子

📖 別冊P.10,D6　📞078-706-2011　🏠神戸市垂水區海岸通11　🕐6:00~23:00　🌐www.kobe-park.or.jp/azur/

對於在地的兵庫縣居民來說，「白砂青松」是對這一帶的印象。雖然一度荒廢髒亂，但經過復元後，現在**舞子至垂水之間長達800公尺的舞子沙灘又回復成潔白的樣貌，而且在沙灘旁的公園更是種植了大量的松樹，草皮，使這塊沙灘**綠意盎然，成為大眾休閒的好去處。アジュール(azur)是法文中「藍色」的意思，將這塊復元的沙灘公園取此名字，就是希望這裡永遠都是如此綻藍，深受大眾喜歡。

🍴 KEY WEST

📖 別冊P.10,D6 Maiko Villa KOBE　📞078-706-7783　🏠神戸市垂水區東舞子町18-11 Maiko Villa KOBE 14F　🕐12:00~22:30(餐點L.O.20:30，飲料L.O.22:00)　🌐www.maikovilla.co.jp

如果是上午安排來舞子觀光的話，推薦可以到飯店Maiko Villa KOBE的14樓的KEY WEST享用午餐。依季節推出的午間套餐組合十分划算，**以時令的食材烹調出來的餐點美味自然不在話下**，更難能可貴的是用餐空間有著大片玻璃窗，**從這裡望出去的明石海峽大橋角度十分美麗**，天晴時更可遠眺淡路島，窗邊位置不預約可是很難坐到的！

🎁 三井OUTLET PARK MARINE PIA KOBE

おすすめ 薦

三井アウトレットパーク マリンピア神戸

離神戸市區最近的OUTLET，不只好逛好買，四周景色也十分優美。

📖 別冊P.10,E6　📞078-709-4466　🏠神戸市垂水區海岸通12-2　購物10:00~20:00，餐廳11:00~22:00　🌐mitsui-shopping-park.com/mop/kobe/　⚠2024年11月重新開幕

在神戸提到OUTLET，大多人都會選擇來離市區近，周邊又有景點可以逛的垂水三井OUTLET。利用神戸特有的港區悠閒氣氛，營造出南歐充滿陽光的感覺，不僅是神戸熱門的購物去處，也是適合全家大小度過假日時光的區域，不過最吸引遊客的應該是這裡的商品，**全年提供超低折扣，不論是國外名牌、日系服飾品牌，在這裡應有盡有，折數又低，是可以血拼犒賞自己又不會讓荷包大失血的好地方**。不只購物，境內也設置了多處飲食、休憩專區，藍天白牆，加上海濱的微風輕拂，的確有幾分南歐的悠閒情調，廣場上還停著一艘帆船，小孩子跑上跑下，好不熱鬧，一整天都待在這裡也不會累。

科學館天花板有個1/100大小的原吋縮小的模型，這是用來測試抗風阻的設施，每天約有5次實驗，詳細時間可洽詢櫃台。

◎ 明石海峽大橋

📍別冊P.11,C6　📞078-709-0084　🏠神戶市垂水區東舞子町2051　🚇垂水IC至淡路IC汽車通行費￥2410

明石海峽大橋花費十年建造，途中遭遇阪神大震災，克服重重困難於1998年通車，**全長3911公尺，為連接淡路島與本州的跨海大橋**，也是目前世界上最長的吊橋式大橋，而橋的主塔制高點離海面297公尺高，也是世界最高的。明石海峽大橋完工之後，將本州與淡路島串連起來，可以一路開車從明石經淡路，連接鳴門大橋到四國，大大方便了兩地的交通。明石海峽大橋另有「珍珠大橋」的美稱，因為吊索的部分在夜裡亮起來的燈，看來就像一條垂掛海上的珍珠項鍊。日落之後到23:00之間，長串的燈光有28種花樣變幻。

◎ 舞子海上步道

舞子海上プロムナード

📍別冊P.11,C6　📞078-785-5090　🏠神戶市垂水區東舞子町2051　🕐9:00~18:00　🈲4~9月無休，10~3月每月第2個週一(遇假日順延翌日休)，12/29~12/31　💰成人￥250，70歲以上￥100，週六日例假日成人￥300，70歲以上￥150，高中生以下免費；3館共通入場券(舞子海上プロムナード・孫文記念館・橋の科學館)￥840　🌐hyogo-maikopark.jp/

想從舞子這側登上明石海峽大橋中，就能來到**離海面47公尺，長317公尺的迴遊式海上步道**。8層樓高的展望室能夠看到四周美景，以展望大廳隔開為兩段，穿過透明的圓形通道，可看到大橋複雜的結構。用展望大廳裡的高倍率望遠鏡，可以看得很遠。大廳中央有紀念品販賣處，旁邊欣賞海景的餐廳，供應西式餐飲。展望廣場上有兩個長方形的透明框，在步道裡還有處**「丸木橋」以透明的玻璃讓人可直接看到海底，走在木橋上體驗走在海上的刺激**。從海面上47公尺高的地方往下看，閃亮的波浪就在腳下，懼高的人可得小心！

◎ 橋の科學館

📍別冊P.11,C6　📞078-784-3339　🏠神戶市垂水區東舞子町4-114　🕐9:15~17:00(入館至16:30)　🈲週一(遇假日順延翌日休)、7/20~8月、黃金週無休)、12/29~1/3　💰成人￥500，國中小學生￥250，65歲以上￥350，未就學兒童免費　🌐www.hashinokagakukan.jp

位在明石海峽大橋舞子這一側的**「橋的科學館」展示了明石海峽大橋的基本結構，與從企劃到峻工的過程**，是想了解明石海峽大橋基本知識的最佳補給站。明石海峽大橋在動工前光是調查地形、海流等便花了近40年，最後克服了海流、地質，再經過抗風、耐震等多項模擬與計算，再花了10年建造，於1998年啟用通車，連結了本洲至淡路島的交通。科學館內利用展示版、模型與實際物品、聲光影像等，讓一般人也能了解明石海峽大橋所運用的海洋架橋技術。

明石海峽大橋 Bridge World Tour

おすすめ 薦

爬到大橋主塔的最頂端，從289M高點感受海洋魄力。

◎別冊P.11,C6　◎Bridge World事務局078-784-3396　◎神戶市垂水區東舞子町2051；集合地點在淡路島側アンカレイジ(鄰近道の駅あわじ)　◎開放日期詳見官網，午前9:15~11:55，午後13:25~16:05；每場15鐘前開始集合報到　◎12~3月　◎成人￥5000，國中生￥2500，週五、週六、例假日成人￥6000，國中生￥3000；限定國中生以上才能參加　◎www.jb-honshi.co.jp/bridgeworld/　❶報名需透過網頁；預約當天請準時出席，並於現場以現金付款；若是預約後要取消，務必與Bridge World事務局聯絡，千萬別做失格的旅人。一般導覽為日文，不定期會推出英語導覽，詳見官網

　難得來到舞子，除了一睹明石海峽大橋的壯麗之外，不如參加Bridge World Tour，**走在大橋的海上維修步道，親自爬上主塔，從289M的制高點看向淡路島與整個神戶地區吧**！參加行程需要事先報名，依預約時間來到橋的科學館2樓報到付款，並聽取說明後，跟著導覽員參觀科學館，對橋有基本認知後，即是重頭戲了。登上明石海峽大橋，踏上一般觀光客不能進入的維修步道，在海上走1公里後來到主塔，搭上電梯即能欣賞明石海峽的絕色美景囉！全程不太用爬上爬下，只要穿雙耐走的鞋子就行！

從289M的制高點回看神戶，壯麗景觀讓人難忘。

神戶市區 舞子・垂水

阪神間→神戶近郊

Bridge World Tour

1 聽講
到「橋的博物館」2樓櫃檯付錢，進入研習室中觀看明石海峽大橋的解說影片。人多時黑板上將全員分組，請依分組找到自己的座位並聽取注意事項。簽下同意書後，穿上背心、掛上語音導覽耳機、戴上頭盔，就可以跟著工作人員移動至1樓博物館。

2 參觀博物館
了解橋的各種知識，藉由實際的資料、模型解說，進一步了解大橋的構造與建造歷程。由於爬橋行程中無廁所，想上廁所一定要在這裡解決。

3 踏上海上大橋
登上8樓舞子海上步道，通過一般步道從一旁的引道走向大橋中間約1公里的維修步道。格子狀步道直接就能看到海面，耳邊海風呼呼吹過，感覺愈來愈刺激了！

回程
搭電梯下樓後，再走回維修步道，這時會從另一旁的引道回到舞子海上步道處。來到紀念品店稍事休息。最後回到出發時的研習室領取紀念品，結束這美好體驗行程。

搭上電梯
走了1公里後，來到主塔。此時只要1分40秒就能登上98樓。主塔98樓有289公尺高，比起阿倍野HARUKAS的300公尺只矮一點點，海面上感受到的強大風力與美景魄力可是截然不同。在這裡會拍攝團體照，回程便能領到紀念相片。

爬橋前注意事項
1.請勿飲酒。
2.見學全程需要徒步，來回約走2公里，登塔時有電梯不用擔心。
3.參加者限國中以上，國中生需家長陪同。
4.爬橋時身上物品盡量不帶，手機可放在工作人員準備好的袋子掛在頸上，相機也必需要掛好以免掉落。
5.海上維修步道為網格狀，禁止穿跟鞋，最好穿防滑的平底鞋或球鞋。
6.為了安全起見，遇到強風、大雨時活動極可能取消，若當天天氣不好，最好出發前再向事務局確認。

為何要建造大橋？

從二次世界大戰之前就一直有人在推動明石與淡路島之間的造橋計劃；1945年12月9日，一艘於岩屋港發船預定航至明石港的播淡連絡船嚴重超載，原本限載100人的汽船擠上了3倍的乘客，加上當日天候不佳，汽船出海後被狂浪打翻，造成304人死亡的慘劇。於是希望造橋的聲音愈來愈大，但礙於軍艦航權與實際施工技術的困難而延宕。戰後這類事件頻出不窮，1955年宇高連絡船「紫雲丸」沉沒，168人死亡，其中包含許多校外旅行的學生，此時造橋的聲浪達到最高，在當時神戶市長、國會議員的奔走下，明石海峽大橋計畫漸漸成形，1986年開始建造，1995年遭遇阪神大地震，雖對橋體建築無損傷，但淡路島與本洲的地盤拉長了1公尺，後期施工全面更新補強，終於在1998年正式啟用通車，並創下施工過程中無人傷亡的完美紀錄。

須磨海岸

すまかいがん
Suma Coast

　須磨區位於神戶市西南部，自古以來便是日本歷史文化的重要據點。平安時代，這裡曾是流放貴族的地區，《源氏物語》中光源氏就曾被流放至須磨，使其成為故事情節的背景之一。隨著時代變遷，須磨逐漸發展，1912年由須磨村改制為須磨町，1920年併入神戶市，成為今日的須磨區。區內擁有豐富的觀光資源，如須磨海水浴場、須磨浦山上遊園、須磨海洋世界等，吸引了無數遊客前來遊玩。文化古蹟方面，有須磨寺、綱敷天滿宮、松風村雨堂等歷史遺跡，更展示了須磨深厚的文化底蘊。

交通路線&出站資訊

電車
JR須磨駅◗JR神戶線
JR須磨海浜公園駅◗JR神戶線
山陽電鐵須磨駅◗山陽本線
山陽電鐵須磨浦公園駅◗山陽本線
山陽電鐵須磨寺駅◗山陽本線

出站便利通
◎JR須磨駅與山陽須磨駅的車站位置很接近，只是一方是由JR經營，一方是由山陽電鐵經營，不管是從哪一個出口出來都一樣。
◎須磨駅、須磨海浜公園駅、須磨寺駅各站之間都還有一些距離，如果有空可以在海灘散步串聯，若是趕時間，則健腳搭車。
◎要去須磨浦山上遊園，直接搭山陽電鐵至須磨浦公園駅出站就可以購買纜車票上山。

◎要至須磨海水浴場的話，須磨駅、須磨海浜公園駅都能到，但若目標是須磨海洋世界的話，從須磨海浜公園駅比較近。
◎須磨寺離車站有點距離，從山陽電鐵須磨寺駅出站，還要走10分鐘左右才會到達。

◉ 須磨浦山上遊園

おすすめ　薦

🏠別冊P.11,A3　📞078-731-2520　⏰神戶市須磨區一ノ谷町5-3-2　🕙10:00〜17:00　❌週二　💰往復割引回遊券セットAコース（來回套票A：纜車、爬坡軌道車、展望閣、觀光吊椅）¥1800，往復割引回遊券セットBコース（來回套票B：纜車、爬坡軌道車、展望閣）¥1200　🅿
www.sumaura-yuen.jp/

　須磨浦山上遊園座落於鉢伏山與旗振山山頂一帶，涵蓋了須磨浦公園內的植物園與遊樂設施，是一座綠意盎然的綜合性公園。搭乘纜車上山時，可俯瞰神戶壯麗的海景、山景以及城市風貌，享受前所未有的空中漫步。來到半山腰後，絕不能錯過的就是日本國罕見的「爬坡軌道車」！這款昭和風格濃厚的懷舊交通工具，通往園內山頂，全程以緩慢的速度傾斜前進，因為坐起來太不舒服反而引發話題，是遊客們絕不能錯過的遊園活動之一。建議購買來回優惠票，能同時搭乘纜車、登山滑道、展望閣和觀光吊椅，讓旅程更加豐富多彩。

超復古的遊樂園，朝聖「坐起來超不舒服的爬坡軌道車」重返80年代。

復古動物造型的裝置藝術、貝殼與樹木形狀的雕塑等，超獵奇讓人盡情發揮想像力。

必坐交通工具

纜車
🕐 10:00～17:00
💴 單程¥500，來回¥920

纜車以白色「海彥」與紅色「山彥」為愛稱，帶領著無數旅客欣賞神戶的美景。經過2021年3月的全面翻新後，纜車由手動操作改為自動控制，讓整趟旅程更加安全舒適。

爬坡軌道車
🕐 10:10～16:50
💴 單程¥200，來回¥350

乘客坐上僅能容納兩人的小車廂後，會隨著「咯噠咯噠」的振動向前移動，獨特的「顛簸感」反而成為了吸引遊客的亮點，讓人彷彿置身於一場特別的遊樂設施中，充滿樂趣！

觀光吊椅
🕐 10:20～16:40
💴 單程¥440，來回¥600

鉢伏山與旗振山之間設有觀光吊椅，是一款如同鞦韆般的開放式吊椅，懸掛於約2公尺的高度上，以每秒1公尺的緩慢速度行進。乘坐這種只有身體支撐的吊椅或許會讓人感到些許害怕，但其實只要年滿3歲以上就能單獨乘坐。

🎁 須磨浦商店

Sumaura Shop
☎ 078-731-2520 🏠 須磨浦山上遊園 纜車入口前 ▼
10:00～17:00 🛍 風月堂聯名法蘭酥¥550，纜車造型鑰匙圈¥600

須磨浦商店就位在山陽電車須磨浦公園站旁，店內販售與插畫家星井さえこ合作的限定商品，以及許多僅此販售的須磨浦山上遊園原創紀念品。豐富多樣的商品無論是作為來訪紀念或伴手禮都十分合適。離開須磨浦山上遊園時，不妨來這裡逛逛，挑選獨一無二的特色商品。

☕ COSMOS

コスモス
☎ 078-731-2520 🏠 須磨浦山上遊園 回轉展望閣3F 🕐 10:10～16:30 🚫 週二 💴 入場¥100，咖哩飯¥750，冰淇淋蘇打¥650

須磨浦山上遊園的地標「回轉展望閣」自昭和33年開始營運，是一棟三層樓高、造型如圓桶般的建築物。展望閣的屋頂設有眺望台，能飽覽神戶壯麗景色。1樓是供遊客放鬆的小憩空間，2樓則設有懷舊遊戲區。然而，最具特色的當屬3樓的回轉咖啡廳。**咖啡廳的地板設有轉盤機構，讓座位隨著地板緩緩旋轉，坐在椅子上就能360度欣賞神戶全景。**

> 點杯復古懷舊的冰淇淋蘇打，享受回轉餐廳的美麗景色。

👁 空中腳踏車

サイクルモノレール
🏠 須磨浦山上遊園 觀光吊椅はりま站
🕐 10:10～16:30 🚫 週二、不定休，天候不佳、維修時 💴 1人¥200

來到山頂還可以體驗空中腳踏車，**在距離地面約3至8公尺高的軌道上，繞著小廣場一圈，可以兩人一組一起騎乘，享受空中漫步的樂趣。**記得要穩定踩踏，保持車速前進，也別忘了使用煞車調節速度，避免撞上前方車輛。沿途可欣賞垂水市區的美景、壯麗的明石海峽大橋及遠處的淡路島，騎行時間不長，因此務必把握機會欣賞這片迷人的風景。

> 從空中腳踏車（1人¥200）展望明石海峽大橋，風景十分美麗。

神戸市區
須磨海岸
▼阪神間▼神戸近郊

薦 おすすめ

卍 **須磨寺**

⊙別冊P.11,C1 ☎078-731-0416 ⊙神戶市須磨區須磨寺町4-6-8 ⊘8:30～17:00 ⊛自由參拜 ⊕www.sumadera.or.jp/

> 什麼都能保佑，境內神社寺廟眾多，根本是寺廟遊樂園。

須磨寺的正式名稱為「上野山福祥寺」，擁有許多珍貴的文物與歷史遺跡，如平敦盛遺愛的青葉之笛、弁慶之鐘、敦盛首塚以及義經腰掛之松等，**是與源平之戰有深厚淵源的古剎**，也吸引了眾多文人墨客前來憑弔，並在寺內各處留下了不少詩碑與歌碑。根據須磨寺的歷史記載，該寺最初是由淳和天皇下旨，於兵庫區和田岬的海中迎請聖觀世音菩薩像後，光孝天皇於仁和二年（公元886年）再次下旨，命聞鏡上人在現址建立上野山福祥寺，並將聖觀世音菩薩像遷至此地，成為須磨寺的本尊，確立了該寺的基礎。

> 敦盛塚是為了紀念戰死在壽永三年（1184年）二月七日於一之谷之戰的平敦盛，所設立的五輪塔。

◎ **寶物館**

⊙須磨寺境內 ⊘8:30～17:00 ⊛不定休 ⊕免費

須磨寺的寶物館展示了平敦盛公及源平時代相關的珍貴文物，包括青葉之笛等歷史瑰寶，讓遊客深入了解寺廟的悠久歷史。此外，小石人形舍也在此館中，**展出故木島武雄氏創作的獨特小石人形**，這些人形運用了自然石材的造型，並透過感應裝置重現源平合戰的情景，為觀者帶來生動的視覺享受。

⛩ **出世稻荷**

⊙須磨寺境內 ⊘8:30～17:00

出世稻荷社是供奉尾玉、荒熊和末廣三明神的神社，這三位神明由平清盛公奉祀，旨在作為京都的守護神。**這裡一直是武家立身出世的信仰中心，隨著時光流逝，也吸引了無數信徒前來祈願，希望能夠出人頭地、事業成功。**

> 源平之庭再現八百年前平敦盛與熊谷直實一對戰的歷史場景。

可愛祈福佛像

無事回來蛙｜ぶじかえる
這隻青蛙擁有獨特的設計，不妨試著轉動它的眼睛，會有驚喜；而如果你正面臨財務困境，轉動它的脖子或許能帶來一些啟示或解決辦法。

七福神轉經筒｜七福神マニコロ
七福神坐在龜的背上，象徵著長壽與幸運。可以輕輕轉動七福神，同時祈求自己的願望實現。也可以輕坐在龜的背上，感受這份吉祥的氛圍。

小地藏｜わらべ地藏尊
可愛的六地藏，總是耐心地傾聽每個人的願望。人們在此向他訴說心聲時，他會用溫暖的語氣回答、與人們一同思考解決之道，並鼓勵大家虔誠祈禱。

五猿
以「見猿、言猿、聞猿、怒猿、見てご猿」五種表情展現出生活的智慧。當你輕輕撫摸它們的頭時，五猿的手會隨之動作，帶來一種互動的樂趣。

卍 三重塔

📍須磨寺境內 ⏰8:30～17:00

為了紀念弘法大師的一千百五十年御遠忌、寺廟創建一千一百年及平敦盛的八百年遠忌，須磨寺的三重塔於昭和五十九年（1984年）重建。**這座新塔以室町時代的建築風格為基調，內部供奉著大日如來。**塔內的天花板和牆面上飾有眾多搏佛，四面門內則刻有八位祖師像及六國語言的般若心經，神聖莊嚴。

塔身周圍設有四國八十八處的砂踏靈場，可以踏上各個札所的沙土進行參拜。

泉水終年恆溫，冬暖夏冰。

卍 亞細亞萬神殿

祈りの回廊・亜細亜万神殿

📍須磨寺入口前 ⏰9:00～17:00 💲自由參拜

這裡是為了紀念尼泊爾大地震災建立的復興紀念堂，安置了來自東南亞及印度的石佛，象徵著對受災者的慰靈與祈福。設施的整備旨在提供一個平靜的空間，讓人們在此默念與思考，為失去的生命祈禱，並重建家園的希望。這裡不僅是信仰的象徵，更是文化交流與實踐人道關懷的場所。

👁 須磨靈泉

🗺別冊P.10,D1 📍神戶市須磨區須磨寺町3-1 ⏰自由參觀 💲免費

須磨靈泉位於神戶市須磨區的須磨寺門前，是一處**湧自地下的天然泉水源地**。此泉水歷史悠久，據說來自鄰近須磨寺的堂谷池；在1938年阪神大水害與1995年阪神淡路大震災期間，泉水從未乾涸，**被當地居民視為「命之水」**。當地人將此泉水妥善管理，並分為「上洗」洗食物與「下洗」洗衣服兩區，務必遵守規則。

須磨寺前商店街

👁 弘天さん

📍 別冊P.10,D2 📍 神戸市須磨區須磨寺町1-8-22 🕐 自由參觀

彎腰低頭象徵謙虛與感恩，通過智慧之輪後參拜，便可祈求學業順利。

弘天さん供奉著平安時代兩位智慧象徵人物——弘法大師與天神菅原道真公。兩人自幼便展現過人的才智與慈悲心，**這裡取自兩人名字中的「弘」與「天」，寓意智慧與學問的結合**。設置在祠前的「智慧之輪」是一塊帶有五角形大洞的石塊，象徵「合格（與五角的日文發音相同）」的美好寓意。

☕ 🍡 神戸Tempero

神戸天ペロ

📍 別冊P.10,D2 📍 78-735-5123 📍 神戸市須磨區須磨寺町2-6-4 🕐 11:30～16:30 🈲 週三 💲 白玉糰子（黑蜜）¥750，日式刨冰¥800 🌐 www.instagram.com/tempero_kobe

位於須磨寺門前的神戸Tempero是一家深受當地人喜愛的甜點名店。店名源自葡萄牙語「tempero」，意指調味，展現出店家對商品風味的追求。特製的「かりんとう饅頭」外層酥脆，內餡柔軟甜美，獨具風味。**店內還設有茶點區，提供各式和菓子、白玉糰子與熱騰騰的善哉等甜品組合，讓人能悠閒享用茶點。**

夏季限定的手作刨冰口感清爽自然，值得一嚐。

🍡 盛神堂 本舖

📍 別冊P.10,D2 📞 078-731-0586 📍 神戸市須磨區須磨寺町1-9-19 🕐 9:00～18:00 🈲 週三 💲 敦盛糰子3入 ¥390

在造訪須磨寺後，不妨順道品嚐「敦盛糰子」。**這道寺前名物以熊谷直實與平敦盛的故事為靈感設計**，綠色糰子以抹茶調製，帶有淡淡茶香；紅色則混合了微辛的肉桂風味，香氣濃郁；而白色糰子保留原味，純粹的米香讓人回味無窮。將三種口味依序品嚐，綠、紅、白的組合為味蕾帶來豐富的層次變化。

🍡 大師餅本舖

📍 別冊P.10,D2 📞 078-731-0168 📍 神戸市須磨區須磨寺町2-2-5 🕐 9:00～17:00 🈲 週一 💲 大師餅¥150，敦盛糰子¥130 🌐 daishi-mochi.com/

大師餅本舖**創業至今已有140年歷史，是當地知名的老字號和菓子店，亦是須磨寺的指定和菓子供應店。**店內最受歡迎的產品「大師餅」以柔軟的艾草餅皮搭配微甜的紅豆餡製成，清香甘美完美融合，口感細緻且回味無窮。人氣商品「敦盛糰子」辛香的肉桂、甘醇的抹茶及經典的原味，每一口都讓人感受到與眾不同的風味。

神戸市區　須磨海岸

⬇阪神間⬇神戶近郊

> 茄子花結實不落空，象徵「成就」，凡是坐上「茄子椅」的信徒，都能實現心中所願。

> 「波乘祈願像」描繪了年幼道真公抱著衝浪板的模樣，寓意著順應時勢、抓住機遇的重要性。

👁 須磨離宮公園

🏠別冊P.10,D1　📞078-732-6688　📍神戶市須磨區東須磨1-1　🕘9:00～17:00（入園至16:30）　🚫週四、年末年始　💰入園¥400，中小學生¥200　🌐www.kobe-park.or.jp/rikyu/

　須磨離宮公園原址為過去皇室的別墅「武庫離宮」，如今成為一處適合全家大小共度美好時光的綠意盎然之地。園內**最引人注目的景點是擁有約180種、4000株玫瑰的「王侯貴族的玫瑰園」，每逢春季與秋季，滿園玫瑰競相綻放**，景色絕美。此外，公園四季皆有不同的花卉與景致可供欣賞，如盛夏的牡丹、梅雨季的花菖蒲、秋天的楓紅以及冬末的梅花。園內設有「兒童森林冒險樂園」和「兒童遊戲區」，提供豐富的戶外設施與活動，讓孩子們盡情探索與玩耍，是一個能讓全家人放鬆休息、親近自然的理想場所。

⛩ 綱敷天滿宮

🏠別冊P.10,D2　📞078-734-0640　📍神戶市須磨區天神町2-1-11　◎自由參拜，社務所9:00～17:00　🌐www.tsunashikitenmangu.or.jp/

　綱敷天滿宮是全日本約一萬間天滿宮中極具歷史意義的二十五靈社之一，供奉著學問之神菅原道真。春季境內梅花盛開，吸引眾多為祈求學業成就、合格考試而來的信徒，七五三時更是家庭聚集之地，洋溢著熱鬧祥和的氛圍。**相傳，菅原道真被貶往九州途中曾短暫停留於須磨浦，當地漁夫以粗繩圍成圓座供其歇息。**為了紀念這段歷史，後人建立綱敷天滿宮，並稱之為「須磨天神」。

👁 須磨海水浴場

🏠別冊P.10,D3～F3　📍神戶市須磨區若宮町1丁目～須磨浦通6丁目　◎自由參觀

　須磨海岸擁有長達**1,800公尺的細緻沙灘和靜謐海浪，是阪神地區最便捷的海水浴場之一。**這片美麗的海灘交通便利，充滿度假氛圍。不僅適合夏季戲水，寬敞的步道也是散步、慢跑的理想地點。春天來此挖蛤，夏季享受海上活動，秋冬則能參與採收海藻等活動，周邊也有不少設施，一年四季皆有不同樂趣。

紅色燈塔「舊和田岬燈台」

這座燈塔的歷史可追溯至明治時期，是為了配合神戶港開港及確保航行安全所建設的五座燈台之一。燈塔於明治5年首次點燈，最初為木造結構，後來於明治17年改為鑄鐵製，成為現存日本最古老的鐵骨燈塔。原本燈塔位於東方約5公里處的和田岬端，但由於周邊填海工程的進行，燈塔功能喪失，最終於昭和38年被廢塔並移至現址。

神戸市區　須磨海岸

▶阪神間◀神戸近郊

這座全新水族館，成為神戸新的旅遊地標與親子教育場所。

神戸須磨海洋世界
Kobe Suma Seaworld

🏠別冊P.10,F2　☎078-731-7301　🏠神戸市須磨區若宮町1-3-5　🕙10:00～18:00，週末例假日10:00～20:00（時間依季節更動）　❌不定休　💰大人¥3100，4歳～國中¥1800，4歳以下免費（票價依季節更動）　🌐www.kobesuma-seaworld.jp/

2024年6月1日，全新打造的「神戸須磨海洋世界」於原「神戸市立須磨海濱水族園」舊址隆重開幕！作為一座融合「教育」與「娛樂」的體驗型水族館，最具特色的是西日本唯一的虎鯨展示區，讓遊客能近距離觀賞虎鯨的優雅身姿與躍動力，還有模擬自然生態的「瀬戸內海展區」和可學習海豚生態的「海豚沙灘」，讓遊客在與海洋生物互動的過程中了解其生態與習性。此外，館內還設有能一邊欣賞虎鯨一邊享用美食的特色餐廳，將視覺與味覺體驗完美結合。神戸須磨海洋世界希望每位遊客能感受生命的連結與自然的力量，並在這裡度過一段充滿知識與樂趣的美好時光。

> 充滿環保理念的學習性水族館，大人小孩都能有新體驗。

須磨海洋世界的5大連結

與未來連結：園區內設置了全球首創、結合數位工具的教育區域「Orca Lab」，以虎鯨為主題，帶領遊客深入了解海洋生態與生命的重要性。

與生命連結：藉由多樣的互動式體驗活動，不僅能近距離觀察海洋生物的動態，還能透過觸摸、餵食等方式喚起人們對生命的尊重與愛護。

與地域連結：透過多元的教育計畫和實踐，將環境保護的精神深植於每個人的心中，並與社區攜手為實現永續發展的美好未來而努力。

與世界連結：積極與國內外的水族館合作，透過對生命與環境的保護與各種文化交流活動，致力於實現可持續的社會發展。

與公園連結：鼓勵大家一起參與有趣且可持續的活動，例如清理海灘、環境教育工作坊和生態保護計畫，將須磨打造成一個更美好的地方。

Beach Train

💰3歳以上，坐一次¥500

🌐tailfin3.wixsite.com/sumabeachtrain

只在週末例假日運行的電動小火車，連結JR須磨站與海洋世界，在風和日麗的日子下乘坐，一邊欣賞海岸風光，一邊吹著海風，輕鬆快意的小旅行就此展開。

水生世界 | AQUA LIVE

展區以水的生命旅程為主題，呈現出瀨戶內海的自然原景。遊客在這裡可以觀察到多樣且豐富的海洋生物行為，並深入了解海洋生態。「水母世界」（Jellyfish Life）營造出猶如置身夢境般的奇幻空間；而「熱帶魚區」（Tropical Life）則匯集了色彩繽紛的海洋生物，讓人目不暇給。喜愛觀賞海洋哺乳動物的朋友，還可以造訪「岩石生態區」（Rocky Life），近距離欣賞企鵝、海獅等可愛動物。

虎鯨劇場 | ORCA STADIUM

這是觀賞虎鯨表演的最佳場所。劇場可容納約2500名觀眾，不僅場地寬敞，還有壯麗的須磨海岸作為背景，營造出絕佳的視覺效果。1樓設有自助餐「藍海餐廳」（Blue Ocean Orca Stadium）以兵庫縣地產地消為主題，提供超過50種料理選擇。用餐區以透明的壓克力牆與虎鯨泳池相隔，讓賓客能一邊品嚐美食，一邊觀賞虎鯨在水中游動的優美姿態。

海豚體驗館 | DOLPHIN STADIUM

在海豚體驗館除了擁有精彩的海豚表演，還設置了與海豚互動的「海豚沙灘」（Dolphin Beach），透過專業訓練師的講解，遊客可與海豚近距離接觸，拍下紀念拍照片，留下珍貴的回憶。一樓的「海豚廳」（Dolphin Hall）擁有一面12公尺寬、2.7公尺高的透明玻璃牆，可清楚觀察海豚水中嬉戲的模樣。

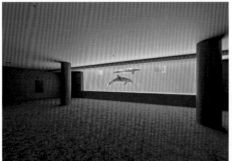

典藏須磨 | SUMA COLLECTION

水生世界一樓的典藏須磨是一個開放免費參觀的區域，展示了神戶市立須磨海濱水族園時期所收集的淡水魚，如巨大的皮拉魯庫，並且以圖文介紹水族館的歷史變遷，讓遊客能更深入地了解須磨水族園的發展故事。

↓阪神間→神戸近郊

🍴 Paparagi

パパラギ

📖別冊P.10,D3　☎078-734-5077　🏠神戸市須磨區須磨浦通2-4　🕐9:00～19:00　📅無　🍴炒麵￥800、BBQ套餐￥4500，啤酒￥700

　位於須磨海邊的Paparagi是享受海濱BBQ的絕佳去處。這裡**有著悠閒的度假氛圍，讓人可以在沙灘上輕鬆享受美食美酒**。面對波光粼粼的海面，既可以在海裡游泳，也可以在沙灘上嬉戲，隨後開啟一場美味的燒烤盛宴。燒烤食材包括新鮮的肉類、海鮮和豐富的蔬菜，還有特別的炒麵炒飯等選擇，讓每一口都充滿驚喜。

> 下午時段來杯清涼的飲料最舒服！

🍴 PATISSERIE TOOTH TOOTH SeaSideCafe

📖別冊P.11,B4　☎078-733-1840　🏠神戸市須磨區一ノ谷町5-3-32　🕐11:00～18:00　📅不定休　💲義大利麵￥1350，切片蛋糕￥605起，咖啡￥638
🌐toothtooth.com/patisserie

　1986年創立於神戸巷弄一隅的「TOOTH TOOTH」最初是一間充滿藝術氛圍的小店，隨著時間發展成為神戸洋菓子界的知名品牌，**主打季節限定的新鮮水果塔與濃郁香脆的手工餅乾**，每一款甜點都充滿創意與趣味。**店內也提供午餐鹹食**，點份義大利麵，欣賞海濱風景，精緻而細膩的製作風格結合了神戸的時尚與浪漫氛圍，讓顧客能在輕鬆愉快的用餐環境中品味甜蜜滋味。

🍴 Grateful's

📖別冊P.11,C3　☎078-742-6190　🏠神戸市須磨區須磨浦通4-9-10　🕐7:30～21:00　📅無　💲PLAIN（基本漢堡）￥980、MOCHICO CHICKEN￥1280　🌐gratefuls.co.jp

　Grateful's坐落於JR須磨駅旁的海灘邊，1樓和2樓均可欣賞壯觀的海景。**餐廳的招牌漢堡由自家工廠每日新鮮烘焙，外酥內軟，夾住油香滿溢漢堡肉，並淋上精心製作的手工醬料，讓每一口都充滿驚喜**。餐點不僅美味，還十分適合拍照分享，成為社交媒體上的熱門選擇。

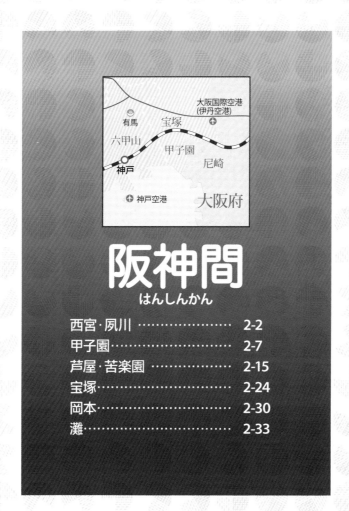

阪神間
はんしんかん

西宮·夙川

にしのみや·しゅくがわ
Nishinomiya·Shukugawa

兵 庫的西宮市，位於大阪與神戶的中央地帶，相對於熱情的大阪、洋味十足的神戶，西宮較為閑靜，也較不為人所知。不過，最近此地愈來愈熱門，讓其最負盛名的，就是那結合自然與時尚的購物商城阪急西宮Gardens，讓人逛街逛到飽，累了還能在花園中休憩！另外，來到西宮，如果時間剛好，還可以趕上西宮神社每年一月一日的重頭戲：市民相信，當神社開門後最早抵達本殿之人，就是那一年最幸福的幸運兒！也許，你也會是某一年的寵兒呢！

【 夙川到西宮這兩區域，行程怎麼排最順暢？ 】

西宮、夙川這兩區域緊鄰，有著阪急、阪神、JR三條電車路線平行通過，並串聯出夙川駅(阪急)、香櫨園駅(阪神)、西宮駅(阪神)、さくら夙川駅(JR)、西宮駅(JR)這5個站，若有整整一天，確實是足夠悠閒地在這幾站之間遊走，至於這5站間的行程交通，怎麼排最便利又省力呢？建議可從香櫨園駅當起點，然後用漫步方式通過夙川公園，一一串接さくら夙川駅、香櫨園駅周邊，然後從さくら夙川駅搭乘JR到西宮駅逛逛周邊，至於兩個西宮駅間，有頻繁的巴士往返，推薦多加利用。最後從西宮駅(阪神)當終點，畢竟這裡是這5站最熱鬧的，也有百貨公司，可順便瞎拚或吃晚餐後再回市中心，也是便利的考量。

交通路線 & 出站資訊

電車
- JR西宮駅⇨JR神戶線
- JRさくら夙川駅⇨JR神戶線
- 阪急電氣鐵道西宮北口駅⇨阪急神戶線、今津線
- 阪神電氣鐵道西宮駅⇨阪神本線
- 阪急夙川駅⇨阪急神戶線、甲陽線
- 阪神香櫨園駅⇨阪神本線

出站便利通
◎要前往阪急西宮ガーデンズ，從阪急西宮北口駅出站最快。東出口有天橋直節至百貨公司內，十分方便。
◎JR西宮駅、阪急西宮北口駅、阪神西宮駅雖然都叫同一站名，但其實相距甚遠，用走的各要花上10~20分鐘，要有心理準備。

> 多達10多家餐廳，想找餐飲或歇腿喝咖啡，這裡很方便。

🛍 阪神百貨 西宮店 / Ebista

阪神 にしのみや / エビスタ

🔺別冊P.14,C3 ☎0798-37-1124(阪神 にしのみや) 🔺兵庫縣西宮市田中町1-26 ◗10:00~20:00、餐飲~21:00 ⊕(阪神)www.hanshin-dept.jp/nishinomiya/；(Ebista)www.ebista.com

　　與阪神西宮駅直結的阪神百貨、Ebista商場，寬廣的長型商場佔據1、2、3樓，而1、2樓部分空間則跟車站的票閘口連接，宛如商場裡有車站般，相當奇特。阪神、Ebista這**兩個同經營體系、不同風格功能的商場，以總共達近百個商店**，提供齊全又好採買、好吃的生活實用型店鋪。像是百元店、muji、服飾、書店、咖啡店、家飾雜貨用品店外，超市、藥妝、各式甜點名店，更有一區**Street Kitchen**，提供各式飲食店，讓所有往來旅客都能找到喜歡的餐廳。雖然來到西宮一帶目標肯定不是來逛百貨，但將這裡當成口袋備用名單，當天氣變化或是不知道吃什麼時，這裡絕對是最佳選擇。

阪急西宮Gardens

おすすめ 薦

阪急西宮ガーデンズ

- 📍 別冊P.14,F1
- ☎ 0798-68-6666
- 🏠 兵庫縣西宮市高松町14-2
- 🛍 購物10:00~20:00，1F Gardens Kitchen11:00~20:30，4F餐廳11:00~22:00，Izumiya百貨10:00~21:00，TOHO電影院9:00~00:00，西宮阪急10:00~20:00
- 🌐 nishinomiya-gardens.com

> 幾乎各大知名品牌在這裡都有設櫃，想買什麼來這裡就對了，逛一圈一次滿足你所有的購物慾望。

　　2008年11月26日在神戶附近的西宮市由阪急集團出資打造了一個全日本最大的購物商城，以「阪神之間豐富自然環境」為主題，在已經不使用的**舊阪急西宮球場位址完工的購物中心以花園為名**，希望能夠成為顧客的庭園、菜園、果園或是遊樂園、公園。除了找來許多第一次進軍兵庫縣甚至是關西地區的名店，**超過250家的店舖有食品、服裝、生活雜貨等，還有精緻的阪急百貨與大眾化的IZUMIYA**，一併滿足每種族群的消費者。最特別的就要算是充滿自然光的挑高空間與屋頂上開闊的花園景觀，讓人遊逛起來更加愉快。

👁 SKY GARDEN

- ☎ 0798-68-6699
- 🏠 阪急西宮Gardens本館4F
- 🕐 10:00~21:00
- 🌐 nishinomiya-gardens.com/about#sky_garden

　　既然購物中心名為GARDEN，當然就會有親近大自然的花園，位於4樓的**SKY GARDEN在都市中打造了一個讓人們盡情呼吸，接近森林的環境**，不僅借景遠方的六甲山，還擁有大量的翠綠草坪與水景，是購物人潮的最佳休憩地，一到夏天，更成了小朋友們的歡樂遊戲場。

🍵 LUPICIA

- ☎ 0798-68-6630
- 🏠 阪急西宮Gardens本館1F南mall
- 🕐 10:00~20:00
- ❌ 不定休
- 🌐 www.lupicia.co.jp

　　標榜世界茶品專賣的LUPICIA在日本各大百貨都設有專櫃，所有茶葉以圓罐開放陳列讓顧客們自由試聞而打開知名度，總店就位在東京最悠閒的自由之丘，**推薦可以選購日本茶，尤其是季節限定的櫻花茶充滿了濃濃的和風情緒。**

🍴🍴 Gardens Kitchen

- ☎ 0798-68-6687
- 🏠 阪急西宮Gardens本館1F東mall
- 🕐 11:00~20:30

　　延攬了**18家美味餐廳，提供150種以上的豐富菜色**，購物中心內的美食街擁有綠意盎然的出入口，相當獨特。料理包括到關西不可不嘗的章魚燒、韓式料理、拉麵、豬排飯等平價料理一應俱全，還未到用餐時間就擠滿人潮。

小小一方綠意，為老屋內咖啡空間演繹出幽靜空間風格。

不同風格、國家的老家具，在這裡完全無違和的相容一處。

NI TO WA

ニトワ

薦 おすすめ

大隱於市中心區裡的古民家咖啡。

🏠別冊P.14,D3 ☎0798-31-0124 🏠兵庫縣西宮市松原町9-1 ◐平日12:00～18:00、週六11:00~18:00 ◑三、日、不定休 💴コーヒーフロート(漂浮冰咖啡) ￥700 🌐nitowa.jp

擅長老屋整修、庭園設計，並設有老家具銷售工房的店主，將自家祖母老屋，重新整理修繕後，改裝成「**NI TO WA**」有著庭園及屋內處處老家私、**宛如城市鬧區中的安靜隱密咖啡館**。咖啡館內盡量保留老屋的梁柱，而重新塗刷的壁面，配上來自歐洲、亞洲、印度等的各式家具，視覺上卻是協調而安穩，讓人不禁感到一股安適感。這裡**不只是一家咖啡館，更是一處讓顧客可以實際體驗的老家具的空間**，看中意的家具甚至通通可以買回家。做為咖啡館，這裡提供的咖啡、甜點也很用心，符合空間氛圍的特製烘焙咖啡、茶葉，自製的甜點也盡量採用有機來源，距離JR西宮僅5分鐘距離，是想遠離外面車水馬龍的好地方。

西宮神社

🏠別冊P.14,B3 ☎0798-33-0321 🏠兵庫縣西宮市社家町1-17 ◐4月至8月5:00～19:00、9月、3月5:00~18:30、10月至2月5:00～18:00 💰自由參拜

nishinomiya-ebisu.com/

西宮神社奉祀的是七福神中主司商業的惠比壽總神社，**本殿的建築是三連春日造**，春日造指的是奈良春日大社的特殊建築，而在西宮神社這裡則**是三個屋簷相連，據說全日本只有這裡才看得到**。西宮神社每年最大的盛事，便是在元月10日舉行的「十日えびす」祭典。在元月10日的0:00，神社大門會關上，待上午6:00祭典完成後，會打開門，此時男信眾便會全力向殿內奔去，第一個進入的人便是當年的「福男」「福女」，十分熱鬧。

Pâtissier Éiji Nitta

🏠別冊P.14,F1 ☎0798-64-0808 🏠兵庫縣西宮市北口町8-15 ◐10:00~18:00 ◑週二(遇假日順延翌日休)、週一不定休 💴アルモニード（巧克力蛋糕）￥560

patissier-eijinitta.com

大阪出身的甜點師傅新田英資，資歷豐富、獲獎無數的肯定，他希望他做的蛋糕能帶給顧客歡笑與幸福感，**使用西宮在地當季食材來製作蛋糕**，深受在地居民愛戴，店內只有一桌內用桌，天氣好時建議可以坐戶外桌，陣陣微風輕拂，曬曬太陽，度過愜意的時光。

淡路島バーガー 西宮本店

薦 おすすめ

別冊P.14,C4　0798-34-6373　兵庫縣西宮市久保町11-16　11:00~20:00(L.O.19:30)　週三　淡路島バーガー レギュラー(淡路島漢堡) Regular ¥700　www.instagram.com/awajisima.burger/

淡路島直送的新鮮食材製作成的手工漢堡，好滋味令人念念不忘。

淡路島直送的牛肉漢堡肉經過炙燒後，香氣四溢，讓牛肉味道又更上一層是店主最自豪的味道，除此之外，**洋蔥也是使用淡路島產的**，特別的甘甜與香脆，加上生菜與牧場現做的起司，這份量十足的漢堡就上桌了，看了就讓人口水直流，咬一口果然是想像中的好滋味，多汁又香甜，吃完還意猶未盡。

酒藏通り煉瓦館

別冊P.14,B4　0798-32-2525　兵庫縣西宮市用海町4-28　11:00~21:00(賣店至19:00，玻璃工房至18:30)　週二、三(賣店週三營業)　免費入館，玻璃工房吹玻璃一日體驗(20分鐘)¥3800　www.rengakan.com　吹玻璃體驗小學生以上才能體驗

創立於明治22年(1889)的日本盛是**日本有名的清酒製造商**，正是發源於灘區。來到酒藏通り煉瓦館，**同樣可以了解製酒過程**，比較特別的是，館裡附設玻璃工房，可以體驗在玻璃成品上作畫，或是實際吹玻璃，都十分有趣。

利用夙川公園優雅散策串聯

夙川駅(阪急神戶線)、さくら夙川駅(JR)、香櫨園駅(阪神本線)這三站其實相距不遠，很適合當成半日遊的順遊區域來規劃，而這三站因為分屬不同鐵道路線，既然無法用鐵道來串連，那麼唯一方法只有巴士跟步行。幸好三站距離約10分鐘、又有一條臨河的夙川公園可直線串接，即使天氣燥熱，也能很舒適的連結。這三站周邊都有一些別緻小店可以逛逛，走路絕對是首選，當然若能選春櫻時節來的話，就更棒了。

高聳的松樹跟櫻花相間，形成一條舒適綠色隧道。

夙川公園

別冊P.14,A2~A3　兵庫縣西宮市　自由參觀　www.nishi.or.jp/homepage/hana/sakura/unique/

阪急神戶線、JR神戶線、阪神本線這三條路線，來到西宮市這一帶，三條路線的車站，剛好被夙川這條優雅的河川串連起來，而且這條河川還整理出一條繼續往北延長至苦樂園口駅(阪急神戶線)、南則穿過香櫨園駅(阪神本線)往濱海公園，形成一條**長約2.8公里的綠色公園廊道**，大樹參天、綠蔭處處不說，到了春天這裡完全是一片粉櫻的世界，由於沿途種植多達1,600多株各式品種櫻花，美麗又特殊的賞櫻之道，**被入選為日本「櫻花名所100選」**，但即使錯過春天，平時的這裡也非常漂亮，除了櫻花，這裡也植有多達1,500多株高聳入天的松樹，獨特的松道景致也非常漂亮。

神戶市區
阪神間
西宮・夙川
神戶近郊

馳走宅助

Wabisuke

🔘別冊P.14,A2 ☎050-5487-7025 ⏰兵庫縣西宮市羽衣町10-19 ⏰午餐11:30~15:00(L.O.14:30)、晚餐17:30~23:00(L.O.22:00)、日‧例假日~21:30(L.O.21:30) ⏰週三 🔘すだち蕎麦+うな重(酸橘冷蕎麦麵+鰻魚飯套餐-季節限定) ¥3500 🔘chisouwabisuke.gorp.jp

> 能夠品嚐到當日自製蕎麥麵的優雅餐廳。

這家位在住宅區裡、外觀低調優雅的店，是以提供當日新鮮現做蕎麥麵為主打的餐廳，**每天才將蕎麥脫殼、用石磨磨成粉後製作成當日用量**，因此口感都能嚐到淡雅的蕎麥香氣。一般印象中蕎麥麵都好樸素而引不起食慾，馳走宅助絕對能打破你的想像，店內光**各式蕎麥麵的選項就多達20種以上**，不論是湯的、乾的、冷的、熱的、或是加了鴨肉、炸蝦、蔬菜、天婦羅等等，更有各式日式料理單點菜色，想點份澎湃一點的蕎麥懷石，這裡都辦得到。**夏季前來，最吸引人的絕對是那一碗滿滿鋪滿酸橘片的冷湯蕎麥麵**，酸酸甜甜又帶淡淡高湯鹹香，還沒入口，撲鼻的酸橘香氣，讓人暑氣全消。

> 季節限定清爽酸橘蕎麥冷面，搭配一份鰻魚飯補充精力，最適合夏季。

> 摩登的店內，融合洋食館、咖啡甜點與品酒美食。

グリル一平 西宮店

Grill Ippei

> 老洋食館新舊融合迸發的新滋味。

🔘別冊P.14,C3 ☎0798-42-7480 ⏰兵庫縣西宮市今在家町1-8(ケープヒルズ阪神西宮 1F) ⏰11:00~15:00(L.O. 14:30)、17:00~20:30(L.O. 20:00) ⏰週三 🔘ヘレカツえびすセット(炸菲力牛排&炸蝦套餐) ¥2800 🔘grill-ippei.co.jp

> 優雅和洋風格，搭配常滑燒瓷器，營造靜謐風格。

位在阪神西宮車站鄰近僅2分鐘距離的一平，是1952年創業於新開地一平的分店，不**同於新開地的昭和氛圍，來到西宮，空間變得灑落又優雅**。由一平的第四代掌理，餐點美味一樣不變，但用餐氣氛一新，且新增咖啡、甜點、三明治、夜間適合配酒的新菜單等品項，讓來此用餐完全感受不同。因離車站也很近，如果不想在車站的百貨內用餐，就可以來這邊，好好享用來自老店美味的款待。

推薦店內熱門必點是炸菲力牛排&炸蝦套餐，可以品嚐到菲力軟嫩的肉汁肉香，以及一平最自豪、由先代傳承至今的多蜜醬(ドミグラスソース/demi-glace sauce)。

Cookie Shop anjie

クッキーショップ アンジー

🔘別冊P.14,A3 ☎0798-22-3102 ⏰兵庫縣西宮市屋敷町1-7 ⏰12:00~18:00 ⏰週一 🔘手工餅乾單片¥140~270 🔘anjie.shop-pro.jp

> 除了有密封的單片包裝外，也有當日現烤的餅乾區，口感稍軟一些、香氣迷人。

位在香櫨園駅鄰近的這家**迷你又可愛的手工餅乾店**，推開木門進到裡面，僅容2~3人的小空間內，餅乾種類可不少，**以不同蔬菜、茶、艾草等為餅乾增色，也因選擇實在太豐富**，連各式餅乾小包裝也很可愛，超讓人煩惱該怎麼選呢。有包裝好的，也有當日剛烤好的裸裝餅乾，如果想吃香軟口感，就可選當日才剛烤好的。各式口味選擇豐富，也有小朋友愛的彩色巧克力口味，想送人，也有可愛的餅乾屋紙盒，或是附上小兔兔玩偶的包裝屋，可挑選喜歡的口味裝盒，收到禮物的人肯定非常開心。

甲子園
こうしえん
Koshien

阪神甲子園站是西宮市的重要交通樞紐之一，與阪神的西宮站、阪急電鐵的西宮北口站及JR西日本的西宮站並列為當地代表性車站。該站不僅是春季選拔高等學校棒球大會及夏季全國高等學校棒球錦標賽的主場地——阪神甲子園球場的最近車站，同時也是阪神虎隊的主場地鐵站。因此，抵達甲子園的列車中，車內廣播總會提醒乘客「甲子園、甲子園、球場前，欲換乘阪神巴士的乘客請在本站下車」。大部分阪神電鐵的營業列車均會在甲子園站停靠，只有平日早晨部分直通特急會通過不停。為了配合甲子園球場舉辦的大型活動，如棒球賽、演唱會等，甲子園站至大阪梅田站、神戶三宮站之間也會臨時增發特急和急行列車，以應付大量人潮。

甲子園大賽

每年有兩大高中棒球比賽在甲子園開打，分別是選拔高等學校野球大會(又稱春季甲子園)與全國高校野球選手權大會(又稱夏季甲子園)，其中又以每年8月開打夏季甲子園最受矚目，堪稱是年度最大的學生運動賽事。甲子園之所以被稱為「野球聖地」，因為想進入甲子園的殿堂並非易事，全日本有4000出頭所高中棒球隊，先經過地方單敗淘汰制殘酷的廝殺，最後取得優勝者才能前進甲子園比賽，也就是說每個地區只有1個名額(除東京、北海道有2個名額)，僅有49所高中能擠進甲子園的窄門，夏季甲子園賽程依舊是採取單敗淘汰制，場場都是高張力十足的比賽。

電車
阪神電氣鐵道甲子園駅
�‧阪神本線
出站便利通
◎要到甲子園球場，最方便就是搭乘阪神電車，至甲子園駅下車。由西口向南徒步5分能抵達。

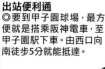

🛍 LaLaport甲子園

🏠別冊P.12,B6 ☎0798-44-4321 🏠兵庫縣西宮市甲子園八番町1-100 🛍購物10:00～20:00(週六日例假日至21:00)；餐廳11:00～21:00(L.O.20:15)，週入口例假日至22:00(L.O.21:15)；美食區11:00～21:00(L.O.20:30)，週六日例假日至22:00(L.O.21:30) 🌐mitsui-shopping-park.com/lalaport/koshien/

時下年輕人最流行最IN的雜貨、服飾店都聚集在這裡，而其中人氣服飾店H&M在這裡設點也引起了一陣話題。由於就位在甲子園棒球場一旁，LaLaport甲子園內也許多人氣餐廳進駐，每到球賽前後，這裡的餐廳可說是一位難求呢！

◎ 阪神甲子園球場

おすすめ 薦

🏠 別冊P.12,B5 ☎ 0180-997-750

🏠 兵庫縣西宮市甲子園町1-82 💲

日本高校野球聖地甲子園,將一球入魂的熱血精神發揮得淋漓盡致,身為棒球迷怎麼能不來朝聖！

甲子園所有的預售票可在賽前透過電話、網路(虎チケ、LAWSON TICKETローチケ、甲チケ、チケットぴあ)或是指定店舖如LAWSON等便利商店購得,亦可在比賽當日阪神甲子園球場購票口購買,但熱門對戰組合預售票會完售,會有當日買不到票的狀況。海外購票可利用甲チケ事先購票,購票付款完成後,當日至9號門旁入場券売場(入場券賣場)的甲チケQR TICKET發券機,出示手機QR code或是事先列印的QR code購票證明兌換票券 🌐 www.hanshin.co.jp/koshien;甲チケ中文購票教學www.hanshin.co.jp/koshien/global/tw/ticket/ 進場前,隨身物品需接受檢查,不可攜帶鐵鋁罐與寶特瓶入場,工作人員會改用紙杯盛裝讓球迷帶進場飲用(目前因疫情關係暫此服務)

　　甲子園球場前身為建於**1924年**,**那年正好是甲子年,因此命名為甲子園大運動場**,1935年12月10日,阪神隊的前身「大阪野球俱樂部」(通稱大阪老虎隊)於大阪成立,1961年名稱確立為「阪神虎」,甲子園球場成為職棒的主戰場之一,也是**阪神虎球隊的主球場**,並在1964年更名為阪神甲子園球場,球場總面積38500平方公尺,可容納47466人(內野2842人、外野19043人),至今已有近百年歷史。

　　甲子園球場外觀爬滿長春藤,看起來綠意盎然,整個關西地區幾乎可以說都屬於阪神球迷的勢力範圍,而虎迷一向以瘋狂的熱情著稱,除了全副武裝,穿上自己支持的球員背號球衣,還各出奇招裝扮自己,在球場大聲喊著口號與唱著應援歌曲替球員加油,更少不了的是每場必唱的隊歌六甲嵐！到了第7局上半結束時滿場虎迷齊放氣球(ジェット風船),白、黃色為主的氣球滿天飛,十分壯觀。如果你觀賞的球賽中,阪神隊表現優異,那麼就有機會欣賞阪神隊吉祥物トラッキー(取自too lucky的雙關語)的翻跟斗表演,將氣氛炒熱到最高點。

球場座位及價目表

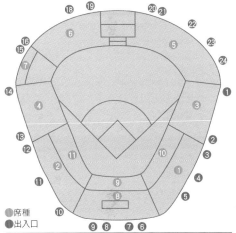

● 席種
● 出入口

席種			I	II	III	III
❶ 常春藤席 (アイビーシート)			¥4500	¥4700	¥5200	¥5300
❷ 微風席 (ブリーズシート)						
❸ 1壘內野阿爾卑斯席 (1壘アルプス席)	國中生以上		¥2400	¥2600	¥3000	¥3100
❹ 3壘內野阿爾卑斯席 (3壘アルプス席)	4歲～小學生		¥900	¥1000	¥1200	¥1300
❺ 右外野席 (ライト外野席)	國中生以上		¥1600	¥1800	¥2300	¥2400
❻ 左外野席 (レフト外野席)	4歲～小學生					
❼ 左外野客隊席 (レフトビジター専用応援席)			¥600	¥600	¥700	¥800

❽ 綠色席(グリーンシート)、❾TOSHIBA 席(TOSHIBAシート)、❿⓫1壘內野SMBC席(SMBCシート1)、⓬⓭3壘內野SMBC席(SMBCシート3)僅開放 年間預約席,並未對外一般販售。
注意:❺右外野席 (ライト外野席)為阪神虎專用應援席,禁止非應援阪神虎的行為、衣著及應援道具。

甲子園小知識

肯德基爺爺的詛咒

1985年阪神虎在日本一的冠軍賽中擊倒西武獅，贏得睽違21年的優勝冠軍，喜出望外的阪神迷們從戎橋上跳入道頓堀川(稱為「道頓堀ダイブ」)大肆慶賀，這時一群虎迷覺得肯德基爺爺神似比賽功臣Randy Bass就將他拋起來後丟進河裡，自此之後阪神虎戰績也一絕不振，2003年好不容易再次打進日本一，在聽牌優勢下，卻慘遭大榮鷹(現今軟銀鷹)逆轉，2005年再挑戰，結果被羅德橫掃，爾後開始流傳著肯德基爺爺的詛咒這個都市傳說。去年2014年橫掃世仇讀賣巨人搶下日本一門票，虎迷也盼望肯德基爺爺放下怨恨，讓阪神虎拿下優勝，但終究未能如願敗給福岡軟銀，想再嚐嚐冠軍滋味只好再等等。

❶ 失蹤的肯德基爺爺已在2009年道頓堀川整治工程時被找到，但缺了眼鏡、左手和雙腳並非完整，現在被安置在東京的肯德基總公司內展示。

甲子園球場的黑土

甲子園球場內野的黑土是現今唯一在內野使用黑土的日職棒球場，黑土來自岡山縣日本原、三重縣鈴鹿市、鹿兒島縣鹿屋、大分縣大野郡三重町、鳥取縣大山與中國福建的白砂混合而成，考慮季節的雨量和陽光多寡黑土與白砂比例也有所微調，春季因下雨機率高，白砂比例較多；夏季陽光強，打出去的球容易被陽光吃掉，為了更能看清，夏季黑土的比例較高。

六甲颪

昭和10年(1935)創立球團，隔年昭和11年大阪タイガースの歌(大阪虎之歌)誕生，昭和36年(1961)球團更名為阪神虎，隊歌也更名為阪神タイガースの歌(阪神虎之歌)，是現存日本職棒史上最古老的隊歌。當全場阪神球迷跟著歌曲節奏打著拍子大合唱，那磅礡的氣勢會讓對手不寒而慄，非常建議去球場觀戰前能練習一下這首隊歌，這樣能也融入其中，不會日文的球迷也別失落，每段最後兩句「オウオウオウオウ(ou ou ou ou) 阪神タイガイス(Hanshin Taigers) フレフレフレフレ(fure fure fure fure)」非常容易琅琅上口呢！

ツタの里帰り(常春藤回歸)

布滿長春藤的甲子園外牆一直以來就是甲子園的標誌，因2007年的改修工程而移除，改建後為了恢復原貌，在2008年舉辦ツタの里帰り(常春藤回歸)的活動，起源於2000年夏季甲子園大賽時，甲子園致贈了長春藤種子給高校野球聯盟旗下的4170間學校，8年後回到各校檢視長春藤生長的狀況，收集233間學校生長狀態良好的長春藤幼苗帶回甲子園種植在外牆，這就是長春回歸的始末，長春藤預計約10年的時間這些長春藤就會爬滿甲子園的磚牆，恢復原貌。

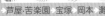

神戸市區
阪神間　甲子園
神戶近郊

おすすめ
薦

甲子園歷史館

📞0798-44-3310 🏠兵庫縣西宮市甲子
園町8-15 KOSHIEN PLUS 2F
10:00~18:00(入場至17:30)、11~2月至
17:00(入場至16:30)；比賽日
9:00~18:00(入場至17:30)；AR KOSHIEN Experience(60
分鐘)10:00~16:30(售票至16:00)，不定期舉辦(詳見官網)
🈺週一(遇例假日、比賽日照常營業)、年末年始、例行維護
日 💰成人￥900，高中生￥700，4歲~國中生￥500；AR
KOSHIEN Experience(含甲子園歷史館門票)成人￥1500，
高中生￥1300，4歲~國中生￥1000 🌐 www.koshien-
rekishikan.com/ ❗門票只能進出一次，離館後無法再進
入；AR KOSHIEN Experience僅當日售票，取票後10分鐘
內至甲子園球場12號門附近的專用門入場。

2022年改裝重新開館，**展區分成PLUS AREA和**

甲子園歷史館
豐富多元的展
區設計，有趣
又好玩。

STADIUM AREA兩大區
域，PLUS AREA展示阪神虎
球隊歷史為主軸，STADIUM
AREA則以阪神甲子園球場
歷史及高中春夏季甲子園球
賽為主題。

其中STADIUM AREA中高中
春夏季甲子園球賽展區最吸睛的是由4253顆(日本高
等學校野球聯盟的加盟校數)棒球組成的棒球牆，一
旁還有春夏甲子園經典對戰的回顧和文物展出，以
及多篇甲子園相關漫畫。再往前走細長的長廊是記
分板通道區，展示1983年當時比賽中所使用的手寫
選手名看板、甲子園著名人物的浮雕，**這區有個小
樓梯通往球場鐘塔記分板下，視野極佳的看台球場
全貌一覽無遺**，千萬別錯過了。

◎ 球場見學

Stadium tour

⌂ 兵庫縣西宮市甲子園町8-15 KOSHIEN PLUS 2F甲子園歷史館櫃台　⏱ www.koshien-rekishikan.com/stadium_tour/　❶ 見學途中無洗手間可使用，全程禁止飲食，請聽從導覽員指示在定點拍照，移動中不得隨意拍照及觸摸球場設備

薦 おすすめ

球場見學能進到球場內一窺其內觀，如此難得的機會怎麼能錯過。

　　見學全程為日文導覽，不會日文的朋友完全不用擔心，歷史博物館會發一份簡略的中文導覽給參加者。

見學內容

甲子園見學採上網預約，若當天名額未滿也接受現場預約，見學行程皆包含甲子園歷史博物館門票，有多種見學內容供球迷選擇，如下表：

舉辦時間	見學名稱	見學內容	時間	費用
整年	【S1~S5】スタジアム見学コース	S1：1壘側阪神虎場內休息區、三壘側客室內牛棚、三壘側客隊球員休息室 S2：三壘側客隊場內休息區、三壘側客室內牛棚、三壘側客隊球員休息室 S3：三壘側客隊場內休息區、三壘側客室內牛棚(從2F通路見學)、媒體採訪區 S4：三壘側客室內牛棚、三壘側客隊球員休息室、媒體採訪區、球場觀眾席 S5：三壘側客隊室內牛棚(從2F通路見學)、球場觀眾席、貴賓室(ROYAL SUITE)	60分鐘	成人¥2000 高中生¥1800 4歲~國中生¥1400 3歲以下免費 (含甲子園歷史館門票)
職棒比賽期間	【T1】タイガースコース(スタジアム見学付)	阪神虎賽前打擊練習(本壘後方座位區)、三壘側客隊室內牛棚(從2F通路見學) ※雨天取消練習，將變更球場見學內容	50分鐘	
	【T2】タイガースコース(練習見学のみ)	阪神虎賽前打擊練習見學 ※雨天取消	30分鐘	成人¥1500 高中生¥1300 4歲~國中生¥1000 3歲以下免費 (含甲子園歷史館門票)
	【OB】タイガースコース(OB解説付)	OB球員解說阪神虎賽前打擊練習(本壘後方座位區)、三壘側客隊室內牛棚(從2F通路見學) ※雨天取消練習，將更改成OB球員迷你對談會	50分鐘	成人¥2000 高中生¥1800 4歲~國中生¥1400 3歲以下免費 (含甲子園歷史館門票)

S2見學行程

1、三壘側客隊場內休息區：
角落座位旁設置與室內牛棚連絡的電話和觀看室內牛棚的監視器，當你坐在休息區綠色椅子上體驗與球員同角度的球場視野，非常有臨場感。

2、三壘側客隊室內牛棚：
提供各式各樣的球帽、頭盔、球衣、球棒、手套以及啪啦棒、吉祥物頭飾等應援道具，你可以全副武裝在牛棚區練投練打，過過當球員的乾癮。

3、三壘側客隊球員休息室：
休息室裡一排排綠色的儲物櫃，在這裡你可以坐在休息室的椅子上，試穿座位旁球員常穿的拖鞋，也一窺球員休息室的奧秘。

神戸市區

阪神間

甲子園

神戸近郊

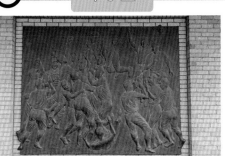

阪神甲子園球場リニューアル記念レリーフ

📍正面壁面，7、8號門之間

三幅紀念浮雕由武蔵野美術大學教授脇谷徹所設計製作，2009年7月28日完工，**主題依序為左邊的開心的高中球員，刻劃出優勝時的喜悦之情，中間的繼承傳統布滿常春藤的甲子園球場**，右邊為感動的阪神虎制霸，描述2005年優勝時岡田彰布監督被胴上(球員圍成一圈拋起英雄的慶賀動作)的瞬間。

Mizuno Square

ミズノ スクエア

📍一壘側，4、5號門附近

美津濃廣場印入眼簾是地上畫著的本壘板與打擊區，右方有棒球之神Babe Ruth(貝比·魯斯)1949年來訪甲子園的紀念浮雕，**左邊則是連續出賽1492場且打滿全場與連續904場先發的世界紀錄保持者金本知憲的紀念浮雕**，一旁還有介紹美津濃的棒球、球棒、手套的歷史，棒球迷絕不能錯過。

Memorial Wall

メモリアルウォール

📍一壘側，6號門附近

回憶之牆有著阪神虎隊三位永久欠番(已退休背號)選手的紀念牌，分別背號10號的藤村富美男、背號11號村山 和背號23號吉田義男，以及今年阪神明星球員的寫真海報，高校野球比賽期間則會換成出賽學校名單以及比賽賽程速報。

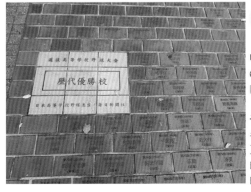

KOSHIEN NAMING BRICK MEMBERS

甲子園レンガメッセージ

📍鐘塔計分板正後方和左右外野燈柱後方，18~23號門附近

開放企業和一般民眾認購的紅磚地板作為整修甲子園的經費，紅磚上頭刻上企業名字，一般民眾則刻名字與一段話，這獨一無二無法帶回家的紀念品，卻更覺得無價，另有一區是歷代出賽學校與優勝學校的紀念紅磚，能成為野球聖地甲子園的一磚一瓦，真的是最棒的紀念品了。

◎ 野球塔

⌂ 左外野甲子園歷史館前，16~18號門前

初代建於1934年記念第20屆夏季甲子園大賽，因第二次世界大戰空襲而損毀，二代野球塔是記念第30屆春季甲子園大賽建於1958年，後因老舊隨著改建工程於2006年撤除，現今的野球塔是第三代建於2010年，繼承初代的形狀，塔高15公尺，有20根梁柱相連，梁柱上放著春夏季甲子園大賽優勝冠軍隊伍的校名銘板，野球塔的所在地正是高中棒球春季甲子園大賽期間各校啦啦隊的巴士停車場，有傳承歷史的含意。

🎁 STADIUM SHOP

⌂ 左外野，16號門旁 🕙 10:00~18:00(11~2月至17:00)；比賽日提前2小時營業~比賽結束後1小時 🚫 週一(遇例假日、比賽日照常營業)、年末年始、例行維護日 💲 甲子園咖哩(甲子園咖哩料理包)¥600

甲子園歷史館旁邊的STADIUM SHOP，販售各式各樣甲子園球場的相關商品，球場其他商店是沒有賣的，所以想買甲子園球場的周邊，一定要來這兒逛逛，為自己球場之旅買個紀念品。

🎁 TEAM SHOP ALPS

📍 別冊P.12,B5 ☎ 0798-40-2270 ⌂ 兵庫縣西宮市甲子園高潮町4-20(阪神甲子園駅 駅前広場) 🕙 10:00~18:00，職棒比賽期間10:00~比賽結束後1小時，高中棒球春夏季甲子園大賽期間第一場比賽開打~最後一場比賽結束後1小時 🚫 週一(遇例假日、比賽日照常營業) 💲 レプリカユニフォーム ホーム 背番号なし(無背號主場刺繡球衣)¥7000 🌐 hanshintigers.jp/goods/alps/

TEAM SHOP ALPS位在阪神電鐵甲子園站通往球場前的廣場上，店內琳瑯滿目的阪神虎周邊商品，看得都眼花撩亂了，阪神球迷一進來就要有荷包大失血的心理準備，男女老少通吃的各式周邊商品，很難空手而出呀！非球季期間也有營業，所以完全不用擔心白跑一趟，來這邊包你滿載而歸。

神戸市區 阪神間 甲子園 → 神戶近郊

おすすめ
薦

甲子園素盞嗚神社

⛩ 別冊P.12,B5　📞0798-41-4556　🏠兵庫縣西宮市甲子園町2-40　⏰自由參觀

在甲子園球場旁，有一座**專門祈求比賽勝利、球技更精湛的神社**──甲子園素盞嗚神社。由於這個神社就位在球場旁，所以又被稱為甲子園神社或是阪神虎神社。創建年代不詳，元祿元年與天保年間有再建的紀錄，推測素盞嗚神社已有300多年歷史之久，後因為阪神虎的監督、球員、球迷與打春夏季甲子園大賽的高中生在比賽之前都會來這裡祈求勝利，因此也漸漸演變成現在的棒球神社了。

小小的神社卻是眾多著名野球人的信仰中心，來看看這個野球神社的魅力吧！

神社內必看名所

野球塚
前阪神監督岡田彰布揮毫的作品「野球塚」，被棒球和本疊板造型繪馬包圍的野球塚，前方還有本疊板造型的石坂。

「夢」字的棒球造型紀念石
前阪神監督星野仙一揮毫的「夢」字雕刻在棒球造型的紀念石。

芦屋・苦楽園

あしや・くらくえん
Ashiya・Kurakuen

芦屋與苦楽園都是兵庫的高級住宅區。芦屋從昭和時期便開始發展富豪宅邸的建設，如今更公布「豪宅以外不可」的條例，限制頒發四百平方公尺以下土地的建築執照，宣示芦屋高級住宅區的決心。和芦屋僅有不到10分鐘電車距離的苦楽園同樣是個位於山坡上的高級住宅區，有趣的名稱來自於開發企業家的傳家之寶「苦楽瓢」。由於芦屋與苦楽園居住著許多士紳貴婦，近年來吸引精緻麵包店、甜點店進駐開業，來自於歐洲或日本的職人們，希望安靜地堅持自我對美味的理想，雖然部分名店在神戶市區也能找到，但對於喜歡氣質旅程的人，頗值得特地前往，認識這個在大阪與神戶之間的獨特區域。

交通路線&出站資訊

電車
JR芦屋駅◇JR神戶線
阪急芦屋川駅◇阪急神戶線
阪神芦屋駅◇阪神本線
阪急苦楽園口駅◇阪急甲陽線

出站便利通
◎前往芦屋可搭乘JR神戶線在芦屋駅下、阪急神戶線在阪急芦屋川駅、阪神本線在阪神芦屋駅下。前往苦楽園從阪急神戶線的夙川駅搭乘阪急甲陽線在苦楽園駅下。

◎芦屋有許多電車停靠，一走出JR芦屋駅，和車站連結的大丸百貨內就有許多美味可選購，車站前的laporte雖然是個社區型的百貨公司，但因應芦屋的客層，同樣進駐許多高檔的精緻品牌。若想來一趟美味名店巡禮，麵包、甜點店的分佈範圍甚廣，建議在寧靜社區間悠閒散步，體驗尋找幸福味覺的旅程。

◎苦楽園口駅旁沿著夙川規劃的夙川公園旁有條夙川櫻花道，是日本百大賞櫻名所之一，每逢花季就吸引許多神戶人特地前來。
◎往苦楽園只能搭乘阪急電鐵，至夙川駅轉稱甲陽線，一站就到苦楽園口駅了，從夙川駅用走的也只要約20分左右便能到達。

芦屋川(阪急)、JR芦屋、芦屋(阪神)路線怎麼安排？

這三個車站從地圖上看都在鄰近，但其實光是走路，彼此間都要大約20分鐘距離，如果加上要周邊順便逛逛，光走路就花費不少時間跟體力。把這三站放在同一日來逛，其實是可以的，建議芦屋川(阪急)當第一站，逛完後車站外班次密集往返JR芦屋的路線巴士可以利用。JR芦屋可說是芦屋這區最熱鬧的中心點，城市街廓範圍大、也有百貨公司、大型商場，可以逛的小店也很多，若時間不多，光集中這裡來逛也可以，其中不少店都集中在JR芦屋～芦屋(阪神)間，從這裡一路走逛過去，最後從芦屋(阪神)離開，會是最順暢的遊逛方式。

◎ 芦屋川

◆別冊P.15,B1~B4　◎兵庫縣芦屋市

從神戶北區的六甲山麓流下的**芦屋川穿越了這個高級住宅區**，也讓芦屋的街景更加悠閒，更加優雅。每到夏天就可看到芦屋的青少年們將這裡當成**最天然的遊樂園**，嬉戲玩水，成為充分表達芦屋樂活的景觀。

Laporte

📖別冊P.15,C2　☎0797-38-2500　📍兵庫縣芦屋市船戶町4-1　🕐10:00~20:00(依店鋪而異)　❌週三、四不定休(詳見官網)　🌐www.laporte.jp

　　芦屋車站前的laporte雖然是個社區型的百貨公司，但因應芦屋的客層，進駐許多**高檔的精緻品牌**。Laporte分為本館、東館、西館和北館等四棟建築，在此可買到服飾、雜貨、飾品等各式各樣**貴婦們喜愛的商品**，也有各家美味餐廳進駐。

MONTetMER / 大丸 芦屋店

📖別冊P.15,C2　☎0797-34-2111　📍兵庫縣芦屋市船戶町1-31　🕐賣店10:00~20:00、餐廳11:00~21:30　❌1/1　🌐（MONTetMER）www.jrw-urban.co.jp/montetmer/；（大丸）www.daimaru.co.jp/ashiya/

　　與JR芦屋駅直結的MONTetMER跟大丸百貨，其實都與車站同在一個建築內，B1~2樓是車站跟大丸百貨，3~6樓則是MONTetMER百貨為主，寬敞的百貨內，**店鋪設施算是相當充足**，餐飲、咖啡、雜貨、服飾、生鮮等俱全，尤其**6樓還設有戶外頂樓自由休憩展望空間**，完全呼應蘆屋這帶特有的悠閒氣質與風貌。

茶屋之町桜並木，春天來訪更美麗

　　在JR芦屋駅往芦屋駅(阪神)方向，有一區稱為茶屋之町，悠閒的街道主要以住宅區為主，其中有一條成南北向的車道，兩側植滿櫻花，這條街道原本在阪神地震前，是一條有屋頂的商店街，震後變身成現在所見的悠閒街道模樣，車道兩側的寬闊人行道路則是各式小店、餐廳、咖啡廳，像是Space R、RIO COFFEE都在這裡。春櫻時節璀璨美麗，非春櫻時節的新綠，一樣優雅美麗，來這裡找家咖啡廳坐下來，是最棒的享受。

6樓戶外展望空間，是溜小孩或是上來展望六甲連峰的好去處。

3F的Ekisweet甜點快閃店，定期會有不同關西甜點名店進駐。

💡 注意店家營時、休假日很多

　　芦屋這一帶，是神戶有錢人集中居住的住宅區，相對的街風、店風也都優雅許多，商業氣息稍稍相對降低，因此在營業時間上，也會放鬆許多。來這邊逛，首先務必事前確認店家營業時間，每週休個1~2天是常態，一週休3天的也不少，但明明都查好時間才來，但卻吃了一頓閉門羹？不要懷疑，這裡店家自在地不定休也很常見。總之，抱著輕鬆自在的目的前來即可，行程放鬆點，才符合蘆屋的氣氛阿。

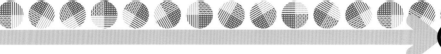

◉ ヨドコウ迎賓館（旧山邑家住宅）

薦 おすすめ

Yodoko Guest House

百年美麗建築、建築巨匠的設計遠見。

🏠 別冊P.15,A1 📞 0797-38-1720 📍 兵庫縣芦屋市山手町3-10 🕐 僅週三、週末及例假日開放10:00~16:00(最後入館15:30) 🚫 週一、二、四、五 💰 大人￥500、小學~高中生￥200 💻 www.yodoko-geihinkan.jp 備 ❶ 每年2~4月雛人形展期間的週二、三、五、週末及例假日皆開放

由美國近代建築巨匠Frank Lloyd Wright設計，並由其2個日本籍弟子在芦屋現址建築完成的這處別墅招待所，當時是替灘的酒造家「櫻正宗」的八代目山邑太左衛門所打造，就位在芦屋富人居住集中的山坡區域上。**可以遠眺大阪灣、背椅六甲山的豪邸，融合和風與西洋元素**，大量採用珍貴的大谷石為主建材，由於大谷石孔洞有水分、空氣，能讓建築四季舒適，而依坡地層層向上的建築，完全考慮到與環境契合的舒適生活性外，迴旋的內部動線跟複雜裝飾更是層次豐富，但卻能展現統一不違和的視覺性，尤其採光跟通風氣窗非常多，完全**與環境契合的前瞻設計，是一棟百年前就完成、非常具未來性思考的綠建築**。

精彩建築看點

2F接待廳

位在2F的接待廳，可看見大量大谷石裸岩的幾何形切割設計外，和風木造摩登家具，搭配宛如聖堂風格的壁爐，大量氣窗也是特色。

3F和室

全建築中唯一純和風的和室，提供屋主和風功能的需求外，重複出現的裝飾圖騰，也帶來視覺的統一性。

4F餐廳

西洋風格濃厚的餐廳，串連著廚房與吧檯及戶外露臺，宛如聖堂的天頂設計，四周布滿天頂影窗，帶來神聖的光影效果。

4F屋頂露臺

屋頂變成視覺延伸向海的水平建築露臺，可以欣賞眼前港灣，後方就是蔥綠的六甲山脈，在日本洋式建築中，是相當罕見的設計。

認識建築巨匠 Frank Lloyd Wright

被美國建築師學會稱為「最偉大的美國建築師」的法蘭克·洛伊·萊特（Frank Lloyd Wright，1867~1959年），可說是美國20世紀初重量級的建築巨擘，強調有機建築形態，尤其大量的住宅型建築案，是他名垂建築界的重要設計，作品中的「蜀葵之家」更名列世界文化遺產。東京帝國飯店也是他的作品之一。他在1918年將山邑家設計完成後，1924交由其門徒遠藤新及南 信，共同完成建築。在1947年，山邑家轉手為淀川製鋼所社長購入、1974年被指定為日本國家有形文化財、1989年開始對外部開放參觀。

神戶市區

阪神間

芦屋‧苦楽園

神戶近郊

🍴 おむすびころん 芦屋店 薦 おすすめ

但馬產的越光米，搭配淡路島藻鹽，就能打造最基本的飯糰美味。

📖 別冊P.15,C2　☎0797-63-5888　🏠兵庫縣芦屋市船戶町1-25 (アルバ芦屋111)　🕐商店10:00～21:00，餐廳10:00~15:30(L.O.)　⊘不定休　🌀ころん定食¥990　🌐omusubi-colon.jp

美味香鬆與得獎食材，讓一顆簡單飯糰變得不簡單。

距離JR芦屋駅僅2分鐘距離的「ころん」，是一家**販賣各式配飯好伴侶的食材專賣製造商「澤田食品」所開設的直營店**。這裡除了可以買到澤田食品的各式商品外，還**附設有一個內用餐廳空間，專賣おむすび(飯糰)**，以自家自豪的商品，製作出美味的飯糰跟配菜，不是老王賣瓜，總之自誇好吃也得吃了才知道，提供的飯糰午餐套餐，雖只有3款選擇，為了讓更多食材香鬆有表現機會，每天飯糰會更換口味，連桌上都提供2款得獎香鬆，讓顧客自由加，想回家自製，商品區裡各式高湯包、醬油、天然鹽、香鬆通通都能選購帶回家。

各式香鬆都能買回家，灑白飯、捏飯糰都美味。

充滿沉穩的藍色外觀，有著英國倫敦的氣息。

口味多樣的手工捏做康康，形狀各式各樣。

🧁 THE BUTTER & SCONE ASHIYA本店

📖 別冊P.15,C2　☎090-1226-8983　🏠兵庫縣芦屋市大原町5-3　🕐10:00~19:00(售完提前閉店)　💲斯康單顆¥200~380　🌐bpofficial.stores.jp

你早餐都吃什麼呢？位在芦屋車站鄰近的這家斯康專賣店，大部分的在地人可都是買來當早餐吃。**主打以手工揉捏、成型，再送進烤箱燒烤的斯康**，每天提供大約11種口味，而製作地點就在店內櫃台後面，讓顧客都看得到製作的過程。除了手工製作能夠比機器製作吃得更酥鬆、內軟香口感外，**搭配店家特製的奶油，更能享受不同口味層次**。而為了讓顧客完整享受最美好的早晨，除了斯康，也有販售塗醬的奶油、果醬、紅茶、茶器等，想換換口味，也有鹹派、少量幾款麵包可以搭配，讓餐桌更豐盛。

☕ lylya coffee店時々flower

📖 別冊P.15,A2　☎0797-35-3987　🏠兵庫縣芦屋市西山町2-4，東棟　🕐11:00~18:00　⊘週二　💲咖啡¥550起　🌐www.instagram.com/lylya.coffee.fl/　⊙課程必須一週前先預約

是迷你花店、也是一間隱藏版的安靜咖啡屋。甫於2023年開店的「lylya coffee」，光看到店名長長的一串，還有著時々flower的字眼，就知道這裡肯定跟花有關。**有著一級花藝師10多年資格的店主**，在花藝的主業之外，也開了這個小巧的咖啡館，推開咖啡館大門，角落裡的一小區的鮮花之外，也飄散著舒適的乾燥花芳香，連已經夠小的店內，還塞進一棵與人等高的植栽，但卻意外地讓人感受更加舒適。你可以來這裡喝咖啡、吃甜點、自在翻看櫃檯上可愛的小書。也**可以跟老闆娘聊聊花、植物，或是預約一場單次插花、花束等課程體驗**，讓旅行也有不同的小趣味。

小巧店內，因植物花卉而讓空間生動起來。

ウカブ珈琲店 珈琲豆焙煎所

薦 おすすめ

Ukabu Coffee

📖 別冊P.15,A2　📍兵庫縣芦屋市西山町3-10　🕐8:00~18:00、週末例假日10:00~18:00　❌週一(遇假日延至翌日)、不定休　💰冰咖啡￥630、濾掛包咖啡￥200

> 飄散優閒氣息的自家烘焙、老屋咖啡館。

從lylya coffee再往前幾步路，就會看到一家小巧可愛的自家烘焙咖啡小店，一隻可愛的插畫風格鳥的圖形，在店內各個角落都會看到，好像招財貓般魔力，讓人忍不住想走進去來杯咖啡。小小的店內僅容3~4人可以入座，大部分的人都是抓了一杯咖啡就離開。這家自家烘焙咖啡館由一對年輕夫婦經營，以**來自獨立產區的咖啡豆，依豆風味提供中烘到深烘焙度，最大可能將豆子本身的滋味展現出來**，隨時開烘咖啡豆的店內總是滿滿烘豆香氣，有5~6款豆子選擇外，也有1~2款輕食跟甜點可以搭配，小而五臟俱全，也能買豆子或是濾掛包回家繼續回味。

> 浮在雲端上可愛的鳥插圖，是美大畢業的老闆娘親繪。

> 緊鄰街邊的景色，是來這喝咖啡的另一道風情。

🍴 AUX BONS SANDWICHES BIGOT

オー‧ボン サンドウィッチビゴ

📖 別冊P.15,D1　📞0797-34-1268　📍兵庫縣芦屋市大原町12-28ロザンカン1F東　🕐7:30~19:00　❌週一(遇假日順延翌日休)　💰ニシソワーズ(水煮蛋與鯷魚三明治)￥519　🌐www.bigot.co.jp

由神戶知名麵包店**Bigot**開設的三明治小舖，明亮的潔白空間為人帶來朝氣。店內的三明治皆是Bigot現烤的法式麵包，柔韌中帶點小麥香氣，在最佳狀態下**夾入各式新鮮配料**，不但可以在店內享用，也提供外帶服務，早餐、下午茶或是野餐，都很適合有Bigot的三明治相伴。

🧁 Terrace Daniel

📖 別冊P.15,B2　📞0797-21-3308　📍兵庫縣芦屋市松ノ內町3-14　🕐10:00~18:30 (L.O.18:00)　❌週一、二　🌐www.unaginonedoko.com

Daniel緊鄰著芦屋川，是神戶甜點名店，除了洋菓子受歡迎，麵包也有廣大的貴婦群喜歡。切片黑橄欖與香辛紅椒搭配的，雖然是簡單的麵包，吃起來卻帶著濃濃的義大利風味。此外，法國小點心中當紅的可麗露更是表皮酥脆，內餡濕潤甜美，讓人一吃上癮。

神戸市區

阪神間

芦屋·苦楽園

神戸近郊

提供正統紅茶沖泡器具，享受好茶、也體驗一杯紅茶的儀式感。

👁🎁 旧宮塚町住宅

⛰別冊P.15,D3　🏠兵庫縣芦屋市宮塚町12-24市營住宅2號棟　◎各店家營時不一　🌐www.oldmiyatsuka.org

從JR芦屋車站走個6分鐘，就能抵達這個以石材建造的舊住宅公寓。有著黃色粗厚石材外觀的2層樓老公寓，建於二次大戰後，當時因應新的住宅興建如何防火的問題，提出了以石材(凝灰岩)來興建的議案，而這棟建築可說是當時這樣時空背景下的實驗型產物。作為市營的住宅，後因石材建築對於內部空間活用產生阻礙，越來越不能符合生活需求，因而被廢置。2019年新的契機，讓**這個歷史老公寓轉型再利用，現在已經變成各式商店入駐的場域**，庭院也成為社會團體種植蔬菜的體驗處，在周邊都無商店的安靜街道上，自成一格。

僅留下的一棟建築，成為歷史記憶，庭園內不定期也有戶外市集。

☕ Tea Saloon MUSICA 　薦 おすすめ

歷史悠久的紅茶專賣店。

ムジカティー

📞079-738-8677　🏠宮塚町住宅1F　◎11:00~18:00　🏠週日　💰神戸Blend(神戸特調紅茶)￥715　🌐musicatea.net

創立於1952年，至今已經超越70年大關，**以專業紅茶經營為主**，想找茶、買茶、喝茶，來到MUSICA大概都能找到，而且這裡可不是僅給你幾款知名紅茶選項就了事，**不論錫蘭、印度、尼泊爾、日本、中國等紅茶的茶品都在選單裡，甚至還能細分產區、海拔高度**，讓你的味蕾直達不同層級。當然各式調味茶、香料茶也都有，展現MUSICA調茶功力。

MUSICA直營可以喝下午茶的店舖稀少，這裡是跟著老公寓轉型同時一起入駐，從厚實的石造牆打通的窗戶帶來和煦光線，來杯紅茶時光再適合不過。

☕ RIO COFFEE 芦屋本店 　薦 おすすめ

⛰別冊P.15,D3　📞0797-26-6667　🏠兵庫縣芦屋市茶屋之町4-12-104　◎10:00~18:30(L.O.18:00)　🏠週二　💰單品咖啡￥600起、拿鐵￥700　🌐ashiya-rio.jp

想找精品咖啡的咖啡嗜者，推薦來這裡。

如果你是追求精品咖啡風味者，那麼推薦你來這家咖啡店，就位在茶屋之町桜並木上，春天有著粉櫻燦爛美景，其他季節則是綠意盎然的視覺風情，再加上一杯精挑的單一產地精品咖啡，超享受。**對咖啡風味精細追求的這裡，以不同烘焙度，提升咖啡的品嚐旨趣**，隨時至少都有提供5種**單品手沖選項外，以單品豆再加以調配的店家配方豆**也很推薦，不論淺烘、中淺、中深到深烘，顧客都能找到喜好。當然以高品質豆沖泡出的拿鐵，也是滋味特別。午後來這裡，咖啡配上店家自製的甜點，輕鬆享受午後時光。

店內也銷售自家烘焙豆，有時也會有特殊產地小農的咖啡豆。

CHECK&STRIPE fabric&things 芦屋

別冊P.15,B2 ☎0797-21-2323 兵庫縣芦屋市松ノ内町4-8-102 ◆10:00~19:00 ⑯年末年始 ⑭checkandstripe.com/

沿著芦屋川走，微風吹拂，鬧中取靜的住宅區，多了一份清幽感，好不快活，而CHECK&STRIPE fabric&things正位在芦屋川旁，白色門面配上紅磚的外觀，給人一股清爽感，1樓主要**販賣各式琳瑯滿目的原創布(亞麻、棉等材質)**與雜貨，許多媽媽都來此挑布呢！**B1樓則是採預約制的WORKSHOP和縫紉教室**，喜歡原創布料的獨特性來此挑選，包你滿載而歸。

Bigotの店 本店

ビゴの店 本店

別冊P.15,C3 ☎0797-22-5137 兵庫縣芦屋市業平町6-16 ◆9:00~20:00 ⑯週一(遇假日順延翌日休) ⑭www.bigot.co.jp

法國人Philippe Bigot在1965年造訪日本之後就留在神戶，**從麵包店起家的Bigot**還曾因努力推廣傳統法國麵包與甜點，獲得法國總統席哈克所頒授的勳章，Bigot 的**總店就在芦屋**，店內人氣度最高的法國麵包，是貴婦們的最愛，最大特色是酥脆度百分百，即使在家重新烤過也和剛出爐的一樣。

芦屋ぷりん

別冊P.15,A2 ☎0797-22-1816 兵庫縣芦屋市西山町7-4 ◆賣店10:00~18:00 Café至17:00(L.O.) ⑯週二、三 ⑤芦屋ぷりん カスタード(招牌卡士達布丁)￥399 ⑭www.ashiya-purin.com/

口感綿滑的布丁不知在什麼時候已經成為神戶的人氣伴手禮了。芦屋ぷりん只採用**產自兵庫縣的牛乳**，經過低溫殺菌，加上**兵庫縣的土雞蛋、北海道無香精生奶油**與巴西產的粗糖，每一樣原料都選擇最好的，加上老闆的用心，做出來的布丁當然美味可口。

神戸市區

阪神間 芦屋‧苦楽園

神戸近郊

space R

📖別冊P.15,D3　📞0797-32-5226　📍兵庫縣芦屋市茶屋之町1-12 B1~3F　🕐11:00~18:00　❌週四　🌐www.ryu-ryu.com/space_r.html#spacer

　義大利麵專門店RYU-RYU 1999年在芦屋寧靜的住宅區開了space R，**結合音樂、餐飲、雜貨、藝術的空間**，多元化的經營，B1樓為練習室「Stage R」，1樓是咖啡屋「Cafe Rucette」，2樓是雜貨屋「Zakka」，3樓則是展場「Gallery R」，滿室的咖啡香飄散與各式各樣的國內外雜貨，是一間可愛又溫馨的咖啡屋。

HENRI CHARPENTIER 芦屋本店

薦　おすすめ

📖別冊P.15,C4　📞0797-31-2753　📍兵庫縣芦屋市公光町7-10-101　🕐賣店10:00~20:00，Cafe 11:00~20:00(L.O. 19:30)　❌1/1　🌟Suzette可麗餅¥1320、費南雪(5入)¥891　🌐www.henri-charpentier.com/

> 芦屋在地人氣菓子屋，甜點皆有一定水準，這好滋味會讓你念念不忘。

　1969年在芦屋創業，2014年11月重新改裝營業，空間的設計理念成為刻劃芦屋在地風景的菓子屋。**本店限定甜點蘋果法式薄餅**，底層鋪滿焦糖熬煮過的**蘋果片**，放上捲成蛋捲狀，**最後放上一球鹽味焦糖冰淇淋**，層層交疊的視覺饗宴，看了就口水直流。咬一口薄餅，濃郁蛋香與奶香攻占舌尖的味蕾，再搭配帶點淡淡鹹味的焦糖冰淇淋，香醇滑嫩的絕妙口感，令人著迷不已。此外**招牌明星商品費南雪**也是不容錯過的好滋味，自1975年販售以來，廣受顧客喜愛，使用北海道的生乳自行調配出的發酵奶油製作，杏仁與奶香完美搭配的費南雪，綿密濕潤德口感，讓人欲罷不能。

店名的由來

店名是一位19世紀法籍廚師的名字，源於創業者蟻田尚邦在餐廳修業時遇見這位法籍廚師所創造的甜點─香澄火焰法式薄餅(Crêpe Suzette)，當他看到甜點上桌時，倒下 Grand Marnier(澄酒)瞬間產生的藍色火焰，客人驚喜與開心喜悅的表情，深受感動且難以忘懷，於是下定決心要做出讓人們感到幸福好滋味的甜點。

💡 **をぐら山春秋各種口味**

有明の月三種：甘醬油せんべい(甜醬油仙貝)、サラダせんべい(塩味仙貝)、丹波黑大豆あられ(丹波黑豆仙貝)
初霜 冬：ザラメあられ(糖霜餅)
黑染の袖：海苔巻きあられ(海苔餅)
もみじ葉 雜秋：あおさのりせんべい(海苔仙貝)

小倉山莊 芦屋店

📖別冊P.15,C3　📞0797-25-1301　📍兵庫縣芦屋市公光町4-20　🕐10:00~18:00　💰をぐら山春秋 化粧箱8ヶ入り10袋(仙貝)10袋¥1080　🌐ogurasansou.jp.net/hp/

　京都長岡京的煎餅老舖，昭和26年(1951)創業，連續15年的人氣商品「をぐら山春秋」是以「小倉百人一首」歌詠春櫻、秋紅葉，以及四季風情製作而成的菓子，一袋有**8種口味**，各個美味可口，加上和風唯美精緻的包裝，美味度又更加成了。

☕ Cafe ROOTS

📖別冊P.15,E1 ☎0798-70-0417 🏠兵庫縣西宮市菊谷町13-20エム苦樂園102 ⏰10:00~20:00 🚫週一、第1、3個週二(遇假日順延翌日休) 🍴エキゾチックツナ (義式三明治)¥750

芦屋、苦樂園正是許多知名麵包店的聚集地，Cafe Roots是一家**提供新鮮現烤麵包搭配香醇咖啡的餐廳**。老闆曾是位麵包職人，認為麵包一定要在最美味的時候品嚐，而有了開咖啡館的念頭，每天早上現做兩種不同口感的義大利麵包，推薦**可點選附上麵包的濃湯**，帶點番茄碎粒的湯搭配表皮酥脆的麵包正對味。若想具有飽足感，可選擇咖哩飯，濕潤的咖哩配料還擺上軟嫩的半熟蛋，讓咖哩嚐來更加溫和。另外Cafe Roots特製的袋餅也很受歡迎，附上番茄粟米，一次可吃到中東與非洲特色料理。

🎁☕ Kica

📖別冊P.15,F1 ☎0798-76-5339 🏠兵庫縣西宮市石刎町3-14 ⏰11:30~18:30(L.O.)，週五、六至22:30(L.O.) 🚫週三 🌐www.kica.co.jp、www.facebook.com/Kica.co.jp/?locale2=ja_JP

薦 おすすめ

古道具的雜貨屋，宛如置身歐洲骨董雜貨市集，處處皆有小驚喜。

一走出苦樂園的車站，正對著鐵道的Kica就矗立在街角，歐洲古董腳踏車、傢俱、掃帚等隨性擺放在店門口，說明了這是家雜貨店。曾在廣告公司從事圖像設計的老闆在為客戶工作發揮創意多年之後，想要擁有屬於自己百分百想法的物品，決定開了Kica。由於喜歡老東西，老闆還親自走一趟英國、法國、德國等地的跳蚤市場或深入鄉村尋找古老的雜貨。進入Kica，讓人彷彿走入童話故事中的鄉村小屋，天花板上懸掛著一把又一把的古董椅子，展現出立體感，**Kica前方為古董雜貨，後區則為咖啡館**，讓客人可以悠閒地購物、休憩。

🎁 Permanent Age

📖別冊P.15,F2 ☎0798-75-3775 🏠兵庫縣西宮市南越木岩町6-7ラポールビル103 ⏰13:00~18:00 🚫週二、三 🌐permanent-age.co.jp/

苦樂園的越木岩筋是條開闊道路，懸著紅色遮陽棚Permanent Age相當醒目，取名為Permanent Age就是希望不被時間洪流所超越，從服飾、雜貨到首飾，所展示**販賣的都是能夠經久使用的物件**。店內空間相當清爽，入口的櫃子上擺放了30年代的古董餐具，馬克杯、盤子簡單卻又帶點戲謔的圖案讓人會心一笑；後區展示的是服飾，全都是從日本、歐洲、美國等地精選而來的品牌，例如稀有的美國製All Star或復古款Adidas，在老闆的搭配下，從頭到腳穿出個性風格。Permanent Age還有自己**獨家原創的同名品牌**，最受歡迎的人氣商品就是以山羊皮製作的手提包，簡單的基本款式靈感來自日本傳統的布包，皮質柔軟又輕，頗受好評，另外秋冬的羽毛衣更是超值實用也不失流行感。

🧁 RYOICHI YAMAUCHI

📖別冊P.15,E1 ☎0798-73-4760 🏠兵庫縣西宮市南越木岩町15ルーブルコート苦樂園1F ⏰8:00~18:00 🚫週一、二、五 🌐www.instagram.com/boulangeyamauchi/

隱身在苦樂園的RYOICHI YAMAUCHI是一家**內行人才知道的麵包店**，每一種麵包都能夠咀嚼到小麥的香氣，最受歡迎的加餡麵包是在酥脆可頌麵皮中放入甜而不膩的白豆泥餡，並附上加了黃豆粉的墨西哥麵包表皮，十分具有創意。

宝塚
たからづか
Takaraduka

宝塚位於神戶市郊，清澈的武庫川流過，屬於寧靜的住宅區，但這個地方又極夢幻之處，沒錯，宝塚正是宝塚歌劇的發源地，這已有百年歷史的華麗歌舞，到現在依然相當受歡迎。而另一個夢幻之處，也是令宝塚引以為傲的漫畫家手塚治虫紀念館，這裡收藏所有手塚治虫的作品和紀念物，使整個宝塚洋溢著帶著點漫畫風格的夢幻氣息。

交通路線&出站資訊

電車
JR宝塚駅◇JR福知山線
阪急電氣鐵道宝塚駅◇阪急宝塚線、今津線
阪急電氣鐵道宝塚南口駅◇阪急今津線
出站便利通
◎從梅田搭乘阪急宝塚線約33分鐘可達阪急宝塚駅，車資¥280。從大阪可搭乘JR宝塚線快速約25分鐘可達JR宝塚駅，車資¥330。
◎宝塚的兩個主要觀光景點──宝塚大劇場與手塚治虫紀念館，雖然都是在宝塚市，但其實從阪急宝塚南口駅的出口1出站後，沿著宝塚大橋前進，左手就是大劇場，右前方就是手塚治虫紀念館。
◎若要從宝塚駅到宝塚大劇場的話，可以順道逛逛宝塚阪急百貨、花的道沿路的小店等。

おすすめ
薦

🛍 寶塚阪急

📖別冊P.13,B1　📞0797-81-1233　📍兵庫縣宝塚市栄町2-1-1　🕙10:00～20:00　❌不定休　🌐www.hankyu-dept.co.jp/takarazuka/

與車站相連的地方百貨，前往寶塚景點前，還是日常購物需求都很適合。

寶塚阪急百貨位於阪急電鐵寶塚站旁，出站即達，交通十分便利。儘管店鋪規模較小，但**內裝高雅且充滿質感，主要提供女性時尚相關商品**，如婦人服飾、配件等，深受寶塚劇團演員及當地女性顧客喜愛。百貨內部寬敞明亮，食料品區尤其值得一逛，精選各式熟食與和洋菓子，無論是日常採買或作為伴手禮都非常合適。

👁 花之道

花乃みち

📖別冊P.13,B1　📍兵庫縣宝塚市栄町1-1-9　🕙自由參觀

沿路不少寶塚帥氣的雕像，引人進入華麗的舞台世界。

這是一條充滿詩意的小徑，連接阪急寶塚站與寶塚大劇場，自1924年劇場開幕以來便成為訪客必經之路。沿途栽種了櫻花及各式四季花卉，無論何時來訪都能欣賞到美麗的花景，彷彿引領著遊人踏上與寶塚歌劇同樣充滿夢幻色彩的舞台之路。花乃道不僅見證了寶塚劇團的歷史與榮光，也是體驗寶塚文化氛圍的理想之地。

手塚治虫記念館

🔗 別冊P.13,D2　📞0797-81-2970　🏠兵庫縣寶塚市武庫川町7-65　🕐9:30~17:00(入館至16:30)　🚫週一(遇假日、春假、暑假照常營業)、12/29~12/31、不定休(詳見官網)　💰成人￥700，國高中生￥300，小學生￥100

www.city.takarazuka.hyogo.jp/tezuka

怪醫黑傑克、大獅王、寶馬王子、原子小金剛，這些大家耳熟能詳的漫畫人物，全出自漫畫大師手塚治虫筆下。由於手塚本身對大自然的情感，作品當中隨時傳達環保意識與世界和平的理想，對日本的漫畫、電影，甚至青少年都有深遠的影響。一到紀念館，就先看到館前的火鳥雕像，展現浴火重生的生命熱力，這是手塚治虫愛惜自然，尊重生命的信念，也是宝塚市的和平紀念碑。**隨著門前漫畫主角的銅版浮雕、手印腳印，進入手塚治虫的奇幻世界**，入口處地板上手塚先生的肖像歡迎大家，一管一管的玻璃櫥窗，展示手稿、筆記、成績單、照片。從他幼年對生物的觀察入微的筆記手稿，不難看出為何會成為醫學博士，以及世界知名的漫畫家。整個館中科幻卡通的裝潢，發揮了豐富的想像力，不但吸引小朋友，大人們也流連在其中。

自己做動畫
地下室的動畫工房，像個太空船內部，在這裡可以自己動手製作屬於自己的動畫，體驗動畫的生產原理。

塗鴉專區
想要一圓畫家夢嗎？在2樓有一個專區，裡頭擺滿了各式各樣手塚治虫畫作的塗鴉版本，只要拿起色筆塗一塗，人人都是天才小畫家。

自由休憩區
2樓塗鴉專區旁有個小賣店，有許多這裡才買得到的週邊商品，而一旁漫畫書區擺放手塚先生出版過的書，可以自由取閱，連中文版都有喔！

花之道Cerca

花のみちセルカ

⏺別冊P.13,B2　⏺依各店舖而異　⏺兵庫縣寶塚市栄町1-6-2　⏺依各店舖而異　⏺週一　⏺www.hananomichi.net/

　寶塚市街充滿音樂、歌聲和舞蹈的氛圍,不僅擁有悠久的歷史文化,更持續孕育著新興的藝術與文化氛圍,街道華麗而優雅,**車站前的花之道旁一派歐式華麗,融合了老字號店舖與新興商家**,包含了1號館與2號館,提供食衣住相關、多元精緻的商店及餐飲選擇,是遊客散步與購物的好去處。

LE MANS

ルマン

薦 おすすめ

一口一個,寶塚演員們最愛的輕食三明治。

☎0797-85-1200　⏺花之道Cerca 2番館2F　⏺9:00～17:00　⏺週一　⏺組み合わせポークサンド(綜合豬肉三明治)¥918,エッグサンド(雞蛋三明治)¥896　⏺www.takarazuka-lemans.com/　❗不論內用或外帶,一律先在窗口點餐再等候叫號。

　本店位於寶塚南口地區的LE MANS創立於1964年。在當時,三明治是一種相當新穎的食物,而本店憑藉著獨特的創意與美味,成功經營至今超過60年,深受寶塚歌劇迷及當地居民的喜愛。**其精緻的口味與豐富的選擇,宛如將美食融入寶塚歌劇夢幻的世界。**未來也期望能繼續陪伴著寶塚演員及粉絲,共同創造更多美好的回憶。

現點現作的乙女餅,口感Q彈必買。

牆上貼滿寶塚演員的簽名海報,説明了這間老舖的大人氣。

寶塚 鶴屋本舖

宝塚 つるや本舗

☎0797-86-2804　⏺花之道Cerca 2番館 1F　⏺9:00～19:00　⏺週三　⏺乙女餅10入¥950

　這裡提供**各式各樣當季的和菓子**,特別是以小米為主要食材製作的甜點,更是深受顧客的喜愛。其中「寶塚乙女餅」尤其受到好評。這款和菓子還加入了艾草風味,呈現雙色搭配,口感獨特。店內產品選擇豐富,有多種組合可供挑選,是送禮和品嚐的理想選擇。

Angelina

☎0797-85-3405　⏺花之道Cerca 1番館1F　⏺12:00～18:00(劇場有2場演出營業至19:00)　⏺週一　⏺www.takarazuka-angelina.jp/

　Angelina是一家以「**天使**」為主題的精品店,舉凡跟天使、精靈有關的娃娃和畫冊等都有,還有許多日本手工藝名家的設計作品在此託售。除了天使雜貨外,Angelina的手工泡芙也頗受歡迎,特地做成一口大小的泡芙,口味十分多樣,是宝塚迷們口耳相傳的人氣點心。

Kitsune No Hitokuchi
きつねのひとくち

⚐別冊P.13,C2 ☎080-7222-8142 ⚐兵庫縣宝塚市武庫川町1-2 ⏰10:00～20:00 ⚑不定休 💴鶏そぼろ入り酢飯（雞絞肉）2入￥220、生薑2入￥260 🌐www.kitsunenohitokuchi.com/

天晴時也可以外帶到花之道的長椅上慢慢享用。

Kitsune No Hitokuchi位於寶塚大劇院旁，是提供「炙烤稻荷壽司」的小店。**一口大小的稻荷壽司，方便讓演員們在演出的空檔享用時不會弄髒口紅，每一口也都能帶來滿足。**日文中「役決まり」（取得角色）的發音與炙烤稻荷壽司十分相似，對演員來說象徵著吉祥，一開始在東京歌舞伎中販售，近年才引入關西，讓更多人能夠體驗其獨特魅力。

薦
おすすめ

Tea House Sarah

⚐別冊P.13,B2 SORIO ☎0797-86-1615 ⚐兵庫縣宝塚市栄町2-1-1 SORIO 1F ⏰9:00～17:00，依季節變動，詳洽官方IG ⚑不定休 💴Cream Tea Set(2司康＋1紅茶)￥1230、紅茶單點￥700起 🌐www.instagram.com/tea_house_sarah/

來場優雅的英式下午茶吧！

這家英式茶室**坐落在SORIO商場一樓的入口，外觀典雅，完美呈現英國茶室的風格。**走進店內映入眼簾的是琳瑯滿目的手作蛋糕，讓人垂涎欲滴，所有蛋糕都可以搭配紅茶，更推薦人氣的英式司康餅，來場純正的英式茶點約會。茶室內部的座位配置適合單人或小團體，這樣的設計無疑是考量到附近的劇場，方便觀劇前後的客人用餐。雖然價格可能偏高，但茶室的復古氛圍讓人感到放鬆，非常值得一試。

英式司康散發鬆軟香氣，搭配紅茶最對味。

きねや

⚐別冊P.13,B2 SORIO ☎0797-87-2453 ⚐兵庫縣宝塚市栄町2-1-1 SORIO Ground Flower ⏰10:00～19:00 ⚑第3個週三 💴乙女餅10個￥1300

きねや是伴隨著宝塚市民們長大的和果子老舖，也是宝塚迷們來宝塚必買的名物點心。「乙女」在日文中有「少女」的涵意，象徵著如處女般純潔、端正且優美，正如同寶塚歌劇團給人的印象一般。「乙女餅」的滋味香甜清美，**半透明的和菓子裹著用大豆的皮磨成的「きな粉」，口感細緻且滿蘊著清雅的香氣。**為了方便觀光客攜帶，店裡有提供保存期限可延長到一週的真空包裝，但是一拆封後最好馬上吃完（冰箱內可放2、3天），才不會壞了鮮度。

宝塚大劇場

近距離欣賞華麗的舞台服飾，讓人對寶塚心生嚮往。

宝塚歌劇の殿堂

☎0570-00-5100　🏛寶塚大劇場2F　🕐1次公演日10:00～17:00，2次公演日9:30～17:30　📅寶塚大劇場休演日　💰入館￥500

　為紀念寶塚歌劇創立一百周年，寶塚歌劇殿堂於2014年在寶塚大劇場內正式開館。此處**展示了對寶塚歌劇發展有重要貢獻的歷屆畢業生和工作人員的照片及相關物品，讓遊客得以一窺歌劇團的歷史及光輝歲月。**內分為多個展區，包括殿堂區，每一組前任明星的手模展示，是粉絲不可錯過的亮點。也設有介紹寶塚歌劇創辦人小林一三的「寶塚歌劇歷程展」。此外，還可以在企劃展區「現代寶塚」欣賞到近期公演所使用的舞台服裝和道具，值得一訪。

宝塚大劇場

🏠別冊P.13,C2　☎0570-00-5100　📍兵庫縣寶塚市榮町1-1-57　🕐10:00～18:00　📅週三　💰一般公演SS席￥12500，S席￥8800，A席￥5500，B席￥3500　🚇kageki.hankyu.co.jp

　「美夢、這個美夢，美夢、讓人目眩神迷」，舞台上華麗的歌者與舞群唱著一齣齣讓人目眩神迷的美夢，直到曲終人散，極富渲染力的歌曲還在腦海中縈迴不去，捨不得脫離這個美麗的宝塚夢境。宝塚大劇場本是1910年起源於宝塚溫泉鄉、由阪急電鐵株式會社所創起的娛樂歌唱團體，因為大受歡迎而逐漸發展成日本最早的西式歌舞劇場，直到**現在擁有花、月、雪、星、宙，共五組表演團隊**，在各個劇場裡巡迴公演，還會不定時前往海外表演。宝塚甚至還有專屬的二年制宝塚音樂學校，培訓專業歌舞和生動的演技，每年宝塚招生都盛況空前，搶破頭想躋身此地的少女們可不少，像是知名的影星如黑木瞳、天海祐希都是宝塚出身呢！

　宝塚大劇場的**演出分為上、下兩段，上半段是歌舞劇，下半段則是歌舞秀**。宝塚歌舞劇的題材十分廣泛，有專門的劇作家與編舞者，結合古今中外的熱門故事和多國舞蹈來編導，像是膾炙人口的法國大革命史詩「凡爾賽玫瑰」、美國南北戰爭電影名作「飄」、平安時代文學愛情長篇「源氏物語」、中國淒美動人的「虞美人」等都是宝塚的經典名作。

Quatre Reves

☎0797-85-6740　📍寶塚大劇場1F　🕐1次公演日10:00～17:00，2次公演日9:30～18:00　📅週日　🚇www.tca-pictures.net

　Quatre Reves**致力於將寶塚歌劇的夢幻世界延續到劇場之外，以多樣化的方式展現其獨特魅力。**不但製作多款寶塚相關的原創商品與紀念品，並有線上商店提供便捷的購物服務，販售各種歌劇周邊商品，讓粉絲能更貼近寶塚的世界。除此之外，也負責錄製並發行舞台劇的光碟與CD，保留每一場精彩演出的美好回憶。也出版經典雜誌、公演節目冊、寫真集等印刷物，讓歌迷能隨時隨地感受寶塚歌劇的魅力，無論是收藏或欣賞，都為熱愛寶塚的粉絲們帶來了無限驚喜與感動。

超多寶塚演員的原創商品，迷妹包準買到失心瘋。

寶塚之父：小林一三

出生於1873年的小林一三是山梨縣富商之子，1892年畢業於慶應義塾大學後進入三井銀行工作，因經濟危機失業，1907年創立箕面有馬電氣軌道（阪急電鐵前身）。1914年成立寶塚歌劇團，開創日本娛樂事業的新時代。1929年創建阪急百貨店，並在1930年代設立東京寶塚劇場及東寶映畫，致力於影劇產業的發展。他曾多次擔任內閣要職及企業高層，對日本經濟、文化界影響深遠。

寶塚市立文化藝術中心

宝塚市立文化芸術センター

別冊P.13,D2　0797-62-6800　兵庫縣寶塚市武庫川町7-64　10:00～18:00　週三，年末年始　入館免費，特別展出另外收費　takarazuka-arts-center.jp/

寶塚市立文化藝術中心旨在延續寶塚的獨特魅力，成為未來文化故事的舞台，讓市民與來訪者之間建立新的交流平台。在這裡，**文化藝術不僅是表演，更成為人們生活中不可或缺的一部分，帶給孩子驚喜，讓家庭洋溢笑容**。此地致力於傳承和創新，推動城市的可持續發展，並透過與藝術的接觸，培養市民的創造力與豐富情感。

屋上庭園

寶塚市立文化藝術中心的屋上庭園展現出如同原野丘陵般的自然美景。這裡栽種了多種傳統的日本草花，讓人感受到濃厚的文化氣息。無論是悠閒散步還是靜坐欣賞，這個開放式的庭園都能讓人遠離都市的喧囂，享受片刻的寧靜。

宝塚文化創造館

別冊P.13,D2　0797-87-1136　兵庫縣寶塚市武庫川町6-12　9:00～17:00　週一　入館免費，すみれミュージアム¥300　takarazuka-c.jp/bsk/

寶塚文化創造館建於昭和10年，最初作為寶塚音樂學校的校本部，至平成10年為止培育了眾多優秀的畢業生。創辦人小林一三提出「清、正、美」的理念至今仍在這座建築內隨處可見，歷史與文化價值受到高度評價。**隨著這座舊校舍的轉型，寶塚文化創造館旨在成為市民及藝術愛好者的交流場所，推廣新的寶塚文化**。文化交流廳是這裡的一大亮點，曾經舉行入學式與畢業典禮，保留了當年的復古燈光，仍然為當前的舞台藝術人才提供靈感。

小紫蘭♪博物館

館內的「小紫蘭♪博物館（すみれ♪ミュージアム）」展示了寶塚音樂學校的歷史，包括課堂教材和珍貴照片，還有歷代海報展示，總數達880件，涵蓋了寶塚歌劇超過一世紀的歷程。此外，館內還有120吋的大屏幕播放與寶塚歌劇相關的影像，讓人全方位感受寶塚的魅力。

神戸市區
阪神間
岡本
神戸近郊

岡本
おかもと

Okamoto

以阪急岡本駅、JR摂津本山駅一帶為中心，不管從哪一個車站走出來，乾淨的石坂街道、可愛的雜貨店、咖啡廳、蛋糕店，讓人逛來身心愉悅。由於位在山側有甲南大學、神戶藥科大學、甲南女子大學等多間學校，學生們下課聚集於此，漸漸的發展出了獨特的女子咖啡文化。而因為交通方便、適合居住，這裡也曾榮登關西最想居住的地方第8名，深受女性歡迎。

交通路線&出站資訊

電車
JR 津本山駅▷JR神戶線
阪急岡本駅▷阪急神戶線

出站便利通
◎不管是搭乘JR或是阪急，要來岡本都很方便。
◎從JR 津本山駅北口出站後便是整齊的街道，沿路店舖林立，生活機能充足。
◎若從阪急岡本出來，向南走下坡道便會彎入巷道，進入咖啡廳的聚集區。

mon loire 岡本本店

📖別冊P.13,B4 ☎0120-232-747 🏠神戶市東灘區岡本1-12-14 🕙10:00~19:00 🈺1/1~1/2 🌐www.monloire.co.jp 🚃在三宮、元町、難波等亦有分店

做成小葉子外型的巧克力「Leaf Memory」，共有黑巧克力、抹茶、焦糖和蔓越莓等多樣口味，包巾狀的包裝紙裡一次包入了3種口味。溫和滋味和滑順口感，一吃就上癮。

☕ Zenma

📖別冊P.13,B4 ☎078-413-8303 🏠神戶市東灘區岡本5-2-6 🕙10:00~17:30 🈺週二、日 💲ベトナムコーヒーき菓子付set(越南咖啡附菓子套餐)￥650 🌐www.come-beyond.com/

在鄰近阪急岡本站北改札口的雜貨屋Zenma，是一家**專門販賣純手工一針一線縫製的越南刺繡**，以及可享用越南咖啡的複合式雜貨屋與咖啡館。由古民家改造的店面充滿了純和風風情，但店內的商品擺設及裝潢，卻與和風的店面建築呈現不同的**東南亞氣息**，這種微妙的違和感令人感到相當新鮮、有趣。點一杯越南咖啡，坐在鄰近電車軌道旁的座位，什麼都不需要思考，凝望著電車行走的場景，暫忘一切的憂愁與繁忙。

🧁 フロイン堂

純手工製作的窯烤麵包，香氣逼人。

📖別冊P.13,B4　☎078-411-6686　📍神戶市東灘區岡本1-11-23　🕐9:00~18:00　🗓第1、3、5個週三、週日、例假日、不定休　🌐www.instagram.com/furoindo/

創業於1932年的フロイン堂，是日本數一數二的**傳統麵包老店舖**。自開業以來，店家堅持採用純手工細心揉製每一個麵團，再將之放進傳統磚窯裡烘烤，那獨特的窯烤香味及口感深深抓住每一位老客戶的心。フロイン堂的麵包是採用**葡萄的天然酵母發酵**，這也是每天麵包都能被搶購一空的秘密之一。店裡擺設出來的麵包常常都是**數量有限**，賣完就沒了，所以有經過這裡的旅客，推薦一定要來嚐嚐這越嚼越香的美味磚窯麵包。

☕ yuddy

📖別冊P.13,B5　☎078-411 7228　📍神戶市東灘區岡本1-4-3坂井ビル3F　🕐09:00~20:00(L.O.19:00)　🍽週替わりyuddyのベジスープご膳(週替午餐套餐)￥1500　🌐cafeyuddy.com/

這家隱藏在舊式大樓3樓的港風咖啡廳「yuddy」，是日本少有**以香港飲茶館為主題的咖啡館**。走進店裡，宛如來到香港電影場景裡出現的飲茶店般，讓人感到一股懷舊與熟悉感。除了店內裝潢充滿濃厚的港式風情外，店內還貼有復古的香港電影宣傳海報，讓人產生有種身在香港飲茶店的錯覺。在這裡你可以享用到健康以及具美容效果的**道地中國茶**，也可以在用完餐後，買點店家已包裝好的茶包，回家自己沖泡。

🎁 NAIFS

📖別冊P.13,D5　☎078-411-1450　📍神戶市東灘區本山北町3-6-2　🕐10:00~19:00　🗓週四

一間滿是竹籠的商舖，透露著南洋風情，引人入勝。埋首挖掘風格獨具的居家小物，鍋碗瓢盆、絲巾、墜飾，小巧間卻點綴著風格轉換的畫龍點睛之獨特魅力。店主經歷世界環遊一周後，物色諸多南洋風情小物，色彩繽紛盈滿空間，看似雜亂卻值得細細尋寶，找尋一個小物返家，除了營造氛圍外，也記錄下當時旅行記憶。

sisam工房 神戸·岡本店

シサム工房

△別冊P.13,C5 ☎078-453-2288 ♁神戸市東灘區本山北町3-5-17 ●11:00~19:30 ⊗年末年始 ⊕www.sisam.jp/

「sisam」是源自於日本北海道的原住民族群愛奴(Ainu)的語言，**其原意代表「好鄰居」的意思。**sisam工房的經營理念源自於以世界中的人們皆為好鄰居而出發點，店裡的許多商品都是由生活較於貧困的未開發國家的生產者所生產製造的，**店家希望能透過支付生產者適當的勞動報酬的公平貿易體制，來援助未開發國家勞動者**，提供他們技術培養和能獨立生存的工作環境。SISAM工房在京都、神戸以及大阪共有7間店鋪，每間店鋪的商品都富有獨創的設計感外，據說每間店鋪的裝潢擺設也皆有所不同，各具特色。

日本茶カフェ一日

△別冊P.13,C5 ☎078-453-3637 ♁神戸市東灘區本山北町3-6-10 メープル岡本2F ●11:30~22:00 ⊗每月一次不定休 ⑤一日のお茶(大葉茶)￥550 ⊕hitohi.jp/

登上2樓，**日式簡約風格的小空間裡**，擺著幾張桌椅，播放著輕鬆的音樂、滿室茶香，不管視覺、嗅覺或是聽覺，每一處都透著小清新。一日可是當地女子大學生聚會的首選，不單只是氛圍舒服，提供的**刨冰更是人氣美味**。依季節提供的刨冰口味雖不多，但甜密滋味征服每個女孩的味蕾，吃完刨冰後來杯苦甘苦甘的日本茶，更是回味無窮。

L'accent

△別冊P.13,C4 ☎078-412-3502 ♁神戸市東灘區岡本5-1-1 ●11:30~17:00 ⊗週一至週四、7/22~9/12、不定休 ⊕laccent.com

歐法風情匯聚的L'accent，老闆用日常生活中常見的食品串連日法文化，與法國當地小農合作生產、製作，包含紅酒果醬、高海拔樹木蜂蜜等數十種商品全是有機、天然，稀少又美味，讓人一試成主顧！甚至連高級法國餐廳主廚都會選用。

灘

なだ
Nada

位於神戶東灘地區，範圍大約在阪神大石駅至魚崎車站一帶，俗稱灘之酒藏，是歷史悠久的日本著名清酒產地，已有600多年歷史。全盛時期有全日本知名的「灘五鄉」，包括今津鄉、西宮鄉、魚崎鄉、御影鄉、西鄉等，擁有40多個酒藏，是聞名全日本的清酒之鄉。另外像是王子動物園、兵庫縣立美術館等，沿海地區還有多處設施，適合串聯一同遊逛。

灘五鄉

日本酒有2種代表，兵庫縣以「硬水」製成的灘酒，有「灘之男酒」之稱，另一種是京都以「軟水」釀造的酒，則是「伏見之女酒」，前者口感辛辣，後者則溫和許多，其中灘酒的生產地就是灘五鄉。灘之酒藏成為酒鄉和地理因素息息相關，簡單來說就是這地區有好山好水好米，加上專業職人。在政府推廣下，大量種植適合釀酒的米「山田錦」，而且此地地下水水質優良，是聞名日本的好水源，名為「宮水」，再加上熟知傳統釀酒方法、稱為「杜氏」的釀酒職人，配合當地優良的氣候，當然能釀出好酒，而且從此處運送酒到日本其他地方十分方便，600年前就以帆船運送酒到當時稱為江戶的東京。種種的原因加在一起，就使得這地區成為清酒生產大本營。

交通路線＆出站資訊

電車
JR灘駅〉JR神戶線
阪神魚崎駅〉阪神本線
阪神新在家駅〉阪神本線
阪神大石駅〉阪神本線
阪神岩屋駅〉阪神本線
阪急王子公園駅〉阪急神戶線

出站便利通
◎灘之酒藏的範圍十分寬廣，約在阪神大石駅至魚崎車站一帶，目前較大的五個酒藏是參觀重點。可以視想去的地方來決定下車地點。
◎若想要全程以走路串聯灘之酒藏，預估要停留半天以上時間才充裕。
◎要前往兵庫縣美術館，搭阪神本線到岩屋駅最近，下車後往南再走8分即達。若是想搭巴士，可以從三宮駅前巴士總站搭乘市巴士29、101系統，約15分即達。從阪急王子公園駅前搭巴士100系統，約12分即達。
◎想要到神戶王子動物園，從阪急王子公園駅下車即達。

沢の鶴資料館

ⓐ別冊P.19,D6 ☎078-882-7788 ⓗ神戶市東灘區大石南町1-29-1 ●10:00~16:00 ⓦ週三、盂蘭盆節、年末年始 ⓢ自由參觀；特別純米酒 実楽山田錦720ml￥1283 ⓦwww.sawanotsuru.co.jp

以「古早味的酒藏」為主題的沢の鶴資料館期望將傳統的酒造方法傳達給現代人，所以特地把古老的酒藏設為資料館，開放給一般民眾參觀。昭和55年時，酒藏建築與造酒的工具雖被兵庫縣政府指定為重要民俗文化財，但全數在阪神大地震中損壞，現在看到的都是災後重建的了。推薦來此要品嚐「旨味そのまま10.5山田錦」這款酒，喝起來爽而不膩，冷著喝或溫著喝都很不錯。

神戶市區 ▼ 阪神間 灘 ▼ 神戶近郊

👁🎎 櫻正宗記念館 櫻宴

🅐別冊P.18,J6 ☎078-436-3030 🏠神戶市東灘區魚崎南町4-3-18 🕐賣店10:00~19:00；餐廳11:30~15:00(L.O.14:00)，17:00~22:00(L.O.21:00) 🈺週二 🈯自由參觀；午間套餐 酒藏御膳￥1429 🌐www.sakuramasamune.co.jp

　已有400年歷史的櫻正宗，灘五鄉十分引以為傲的宮水便是從這裡發祥的。櫻正宗記念館「櫻宴」的展示空間將古老的釀酒工具、早期賣酒的廣告看板、瓶子等相關物品一一陳列，帶人回到酒藏的歷史。不只是展示，在這間紀念館裡同時也設有餐廳櫻宴、可以小酌的「三杯屋」、喫茶café與賣店櫻藏，休閒設施豐富。

參觀酒藏

欣賞影片 ①

實際參觀工廠 ②

👁🎎 神戶酒心館

🅐別冊P.18,G5 ☎078-841-1121 🏠神戶市東灘區御影塚町1-8-17 🕐賣店10:00~18:00 🈺1/1~1/3 🈯自由參觀；福壽 純米大吟釀720ml￥3960 🌐www.shushinkan.co.jp ❗參觀酒藏Bコース需要2天前事先預約，時間是每天的11:00開始，約40~60分

薦 見學、購物、餐食設備完整，來到這裡便能統統一次滿足。

　神戶酒心館原為寶曆元年(1751)創業的「福壽」，共擁有4座酒藏，如今館內擁有的綜合設施，從影片、參觀、解說、品嘗等各個層面，介紹日本清酒傳統釀酒技術和釀酒文化。酒心館的招牌是以福壽為名的大吟釀和純米大吟釀，也是最值得推薦的一品。來到這裡，可參觀酒廠了解釀酒過程，也別錯過試飲，各種好酒都可以試喝過後再購買。同時可至東明藏買些伴手禮，接受日本酒文化的洗禮，度過愉快的時光。

試飲 ③

🍴 さかばやし

☎078-841-2612 🏠神戶酒心館內 🕐11:30~15:00(L.O.14:30)，17:30~21:00(L.O.20:00) 🈺週三、12/31~1/3、不定休 🈯午間會席￥4000起 🌐www.shushinkan.co.jp/sakabayashi/

　酒心館裡的餐廳さかばやし，以藏元裡的料亭為意象，提供酒心館自己製作的豆腐和手打麵為主，搭配當令食材，像是明石的魚產、淡路島的鱒魚等，新鮮美味，十分適合小酌幾杯清酒，深入體驗清酒搭配美食的滿足。

◉🎁 白鶴酒造資料館 おすすめ 薦

📖別冊P.18,16 ☎078-822-8907 🏠神戶市東灘區住吉南町4-5-5 ⏰9:30～16:30(入館至16:00) ❌盂蘭盆節(約8月中旬一週)、年末年始、設備檢修、不定休 💰自由參觀；白鶴 翔雲 純米大吟釀 自社栽培白鶴錦720ml￥2750 🌐www.hakutsuru.co.jp

日本清酒聞名遐邇，來趟實地探訪酒藏的釀酒文化之旅吧！

　　白鶴酒造利用**建於大正初期的酒藏**開設了這個酒造資料館，館內**展示了自古傳承下來的釀酒過程與原料**，並配置等身大的人偶，生動呈現釀酒的工續，讓人藉由與酒的基本接觸，了解釀酒文化後面的「日本之心」。館內也設試飲區與購買區，除了白鶴的清酒之外，利用酒粕的醃漬品、品酒使用的小酒杯「豬口」等也都是熱賣商品。

◉🎁 菊正宗酒造記念館

📖別冊P.18,16 ☎078-854-1029 🏠神戶市東灘區魚崎西町1-9-1 ⏰9:30~16:30 ❌年末年始 💰自由參觀 🌐www.kikumasamune.co.jp/

從江戶時代至今經營了**三百多年的清酒品牌**，菊正宗以「回到釀酒的原點」為主題，在紀念館中展示製酒的過程與工具，將灘這裡的釀造技術、土地、水、米、風俗民情等凝聚一方，讓參觀者能馬上了解灘的酒造風情。灘的酒藏釀出的清酒皆為辛口，而菊正宗更是守護此一特性，釀造出眾多名酒。

〔 清酒的製造過程 〕

玄米(糙米) → 精米(白米) → 洗米 → 浸漬 → 炊蒸

發酵 ← 酉謬(尚未過濾的濁酒) ← 酒母 ← 製麴 ← 放冷(瞬間散熱)

壓榨 → 過濾 → 加熱 → 調和 → 割水(平均加水)

清酒 ← 加熱裝瓶

兵庫縣立美術館

おすすめ
薦

安藤忠雄設計的優雅美術館建築。

⊕別冊P.19,B6　☎078-262-1011　⊙神戸市中央區脇浜海岸通1-1-1　⊙10:00～18:00(最後入場17:30)　⊗週一(遇假日延至隔日休)、年末年始　⊙常設展成人￥500、￥大學生400，企劃展依各展不同　⊕www.artm.pref.hyogo.jp

轟立在港畔的兵庫縣立美術館，簡約線條的**建築來自安藤忠雄的設計**，讓建築成為內外都精彩的亮點。三層樓的建築分為常設展區、企劃展區及安藤Gallery，即使沒有購票也能進入很多部分：入口長廊、面海的露臺、將海港藍天景緻引入室內的光影設計、圓形迴廊階梯等，光在這個有點令人迷網、迷宮般的建築內遊走，**各種建築細節設計，都讓人覺得舒適而有種時光靜止感，而且連安藤Gallery也是免費開放**，可以看到許多大師建築設計案的模型等。

其中安藤設計的作品「青蘋果」，也安安靜靜地擺置在3樓的戶外露臺上，雖然這裡也能免費參觀，但閉館後，整個建築的公共空間都無法進入，想來參觀，記得在開放時間內到訪吧。

「青蘋果」在藍天與海景的襯托下，身影更加清亮迷人，也是許多人打卡必到處。

博物館建築運用不少長廊，營造聖堂般氣息讓人沉澱心靈。

來自安藤捐贈，其不少作品的模型與設計資料，都可在常設館、安藤Gallery看到。

◉ Harbor Walk

ハーバーウォーク

⊕別冊P.19,B6　⊙兵庫縣立美術館前的港岸散步道

兵庫縣立美術館前隔著一條港岸通行用的運河與外港相通，周邊停泊的拖運船帶來悠閒的港灣風情，而傍晚一到，更常見許多人攜家帶眷來此休閒騎單車，更多是**趁著傍晚涼爽微風，來這裡沿著灣岸邊散步聊天或是慢跑**，慢慢走大約1小時的路程，相當舒適，沿途有港灣風情、美術館、公園及各式雕塑作品，是一條**休閒兼具藝術的港灣散步道**。

なぎさ公園
Nagisa Park

🚇別冊P.19,B6 🗺️在Harbor Walk靠內陸側

> 雕塑多多的公園，還有巨大神戶熊坐鎮。

與Harbor Walk連結一起的なぎさ公園，不算是一個提供陰涼的公園，因為這裡大樹並不多，但草地又寬廣，所以傍晚一到，許多家長會帶小孩來這裡放風，不論跑步、玩球、騎單車，非常熱鬧。而這個公園精**采之處是有很多不同風格的藝術家作品集結在這裡**，因應公園的風格，連作品都帶有點童趣。

> 傍晚時分，有機會看到夕陽落到山後的美麗晚霞。

首先**最吸睛的當然是「KOBE Bear」，3.5公尺巨大的身影**連大人站在一旁都立即變迷你；「犬モ歩ケバ」這個作品還真是不認真看就錯過了，低矮的銅製狗狗，長長一串狗列漫步，每隻步伐都有點不一樣，也很有趣。而另一處顏色鮮豔的作品「ゆめ・きずな」，既可看、可玩也可座的遊具，讓這個單調的公園變得很不一樣。

> 草地上的狗狗漫步行列，畫面相當逗趣。

舊亨特住宅

園區內的異人館「舊亨特住宅」，是國指定重要文化財。此建築原位於北野異人館街，後於昭和38年遷至現址。特定日子開放免費參觀，觀賞完動物之餘，不妨安排時間參觀這座異人館，感受異國情調與歷史風華。

[大熊貓+無尾熊]

王子動物園可是日本少數能同時觀賞大熊貓與無尾熊的動物園！全日本僅有三個動物園可以看到大熊貓，而展示無尾熊的動物園也只有七個，因此王子動物園可謂十分珍貴。

神戶王子動物園

🚇別冊P.19,B4 📞078-861-5624 🗺️神戶市灘區王子町3-1 🕘9:00～17:00，冬季9:00～16:30 🚫週三、年末年始 💰入園¥600，國中生以下免費 🌐www.kobe-ojizoo.jp

> 親子共遊，能夠消磨一天的好去處。

王子動物園內擁有多樣的動物，包括長頸鹿、大象、獅子等經典動物，還有北極熊、企鵝、河馬等水生動物及蝙蝠等夜行性動物。喜歡互動的遊客還能與兔子、天竺鼠等小動物近距離接觸，體驗動物的可愛魅力。動物園共分為八個主要區域，整個園區寬廣，若僅觀賞主要動物約需1.5小時，若細心欣賞與拍照，則需約半天。園區內另設有小型遊樂園，提供16種遊樂設施，票價約200～300日圓不等即可乘坐。

3樓的展望空間，以圖像、鏡像、戶外真實圖像，打造一個虛實交錯的世界。

橫尾忠則現代美術館

Y+T MOCA

🅰別冊P.19,A4 🏠神戶市灘區原田通3-8-30 ☎078-855-5607 ⏰10:00~18:00(最後入場17:30) 🈲週一 💰成人￥700、大學￥550、高中以下免費

ytmoca.jp

日本的安迪沃荷，不設限的自由風格超驚豔。

從裝幀設計就能一窺大師作品的不設限風格。

有**日本安迪沃荷之稱**的橫尾忠則，畫風充滿濃烈色彩與離經叛道般的風格，衝擊視覺之外，卻又讓人深深被其不按牌理出牌的風格所吸引。1936年生於兵庫縣的橫尾忠則，最早是一名平面、裝幀設計師，**沒有經過學院派的洗禮**，讓其畫風自由又不被框架設限，神怪、裸體、死亡、浮世繪、漫畫風通通都能在其作品中，合理的結合一起。想見識這位曾經名列紐約ADC殿堂、作品拍賣價格與安迪沃荷同等級的大師作品，那你一定要來朝聖。廣闊的美術館內僅以橫尾忠則作品展出為主，並定期更換主題，而這些作品都是來自大師的捐贈。

阪急、阪神？可不要搞錯搭乘路線

◎想去朝聖一下美術館大道，「阪急神戶線-王子公園駅」、「JR灘駅」、「阪神本線-岩屋駅」剛好從北到南串起美術館大道，不論從哪一站當起點都可行，端看行程的安排。

◎若是從三宮出發過來，務必好好看清楚，阪急、阪神可不是同一家鐵道公司，路線站點更是一南、一北，萬一搭錯就會很浪費時間。

◎若是終點計畫在Kobe Bear的公園這邊，回程時滑地圖看似「阪神本線-春日野道駅」比較方便，但其實沿途複雜高架路相當多並不好走，建議還是回到「岩屋駅」搭車，方便又不易迷路。

神戸近郊

こうべきんこう

淡路島
あわじしま
Awaji Iland

淡路島位在兵庫縣與四國的中間，是一個海島，右邊是大阪灣，左邊是瀨戶內海，也是四國通往本州的陸路必經之地，不過島上沒有鐵路，主要是靠公路連結。淡路島上有許多土壤在關西國際空港建設的時候被挖去填海，加上1995年阪神大地震時的災害，造成不少破壞，於是島民們決心要重建一個充滿花香綠地的家園，經過五年的重建才漸漸恢復美麗的面貌，島上有許多大型的綠地、花卉農場會隨季節變換不同的景觀，春夏是最美的季節，喜歡賞花踏青的人不要錯過囉！

交通路線&出站資訊

巴士
◎要到淡路島，於JR舞子駅的高速舞子(巴士站)搭乘JR西日本營運的高速巴士「大磯號」，開往淡路島「東浦バスターミナル駅」方向皆可搭乘，15分就能到達，十分方便。
◎大阪至淡路島，於大阪駅的JR高速巴士中心(JR高速バスターミナル)、JRなんば駅搭乘JR西日本營運的高速巴士「かけはし号」，開往淡路島「津名一宮インターチェンジ(津名一宮IC)駅」、「洲本高速バスセンター(洲本高速BC)駅」等地，至津名一宮IC約150分鐘，單程成人￥2090、兒童￥1030，來回票成人￥3760、兒童￥1880；至洲本高速BC約180分鐘，單程成人￥2390，兒童￥1200，來回票成人￥4300、兒童￥2150。
◎神戶至淡路島夢舞台，可於JR新神戶駅或是JR三宮駅的三宮巴士中心(三宮バスターミナル)搭乘JR西日本營運的高速巴士「大磯號」，開往淡路島「東浦バスターミナル駅」方向皆可搭乘，約70分鐘，單程成人￥950、兒童￥480，來回票成人￥1710、兒童￥860。
◎淡路島的交通以公路為主，主要以淡路交通巴士為主要公眾交通工具，除了岩屋~洲本、岩屋~津名、洲本~福良、洲本~由良這幾條主要幹線的巴士班次較多之外，其他支線的班次每天可能只有3、5班，出發前要確認一下巴士時刻表，在洲本、津名等大站的巴士中心都有免費的時刻表可拿取，上車時先拿整理券，下車時再付車票錢，或是事前在車票販賣機買好票也可。
◎淡路島一日乘車券(淡路島フリークーポン)
淡路島一日乘車券可在一天之內自由乘坐淡路交通巴士。
◎成人￥1400，兒童￥700
◎洲本高速BC、福良站，岩屋乘車券代售窗口
◎淡路交通www.awaji-kotsu.co.jp
高速船
◎JR明石駅徒步至ジェノバライン明石港搭高速船「淡路ジェノバライン」至ジェノバライン岩屋港，約13分鐘能到達，單程大人￥600、小孩￥300，於岩屋港巴士站轉乘「淡路交通」島內巴士。
◎淡路ジェノバラインwww.jenova-line.co.jp

◎ 明石海峽公園

◎別冊P.16,C1 ◎0799-72-2000 ◎兵庫縣淡路市南鵜崎8-10 ◎9:30~17:00、7、8月至18:00、11~3月至16:30 ◎2月第2個週一~五、年末年始(12/31~1/1) ◎15歲以上￥450、65歲以上￥210，國中生以下免費 ◎www.kkr.mlit.go.jp/akashi

明石海峽公園將挖去填關西機場的土地重新整頓，以「海邊的園遊空間」為主軸，藉由花、海、島的三元素，營造出一個世界級的花卉公園。明石海峽公園的淡路地區可分為三部分，分別是展望區：在稍高的斜坡上可遠望海天景色；文化·交流區：以瀨戶內海、淡路島自然歷史為基調的遊園公園；海岸區：以海為主題，讓人可以盡情揮灑汗水的區域。由這三個各有特色的區域組成的明石海峽公園平常人不多，適合喜歡清靜的人來這裡走走。

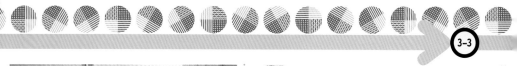

環境重建

初建造這樣一個廣大公園的概念，是出自一個復原綠地的希望。為了建造大阪灣上的關西國際空港，淡路町這一帶的土壤都被挖去填海造新生地，有好長一段時間，這裡的地表光禿禿空無一物，為了美化環境，當地居民配合政府規劃了這一大片區域，重新種植植被，不但要達到綠化的功能，還以各種庭園造景，季節花卉組成一個多采多姿的公園，夢舞台的名稱由此而生。

おすすめ
薦

淡路夢舞台

歷史記憶中的華麗變身，不毛之地變為海景觀光勝地。

📖別冊P.16,C1 ☎0799-74-1000 ⚐兵庫縣淡路市夢舞台2 🕐自由參觀 💰自由參觀 🌐www.yumebutai.co.jp

位於淡路島東北角的淡路夢舞台，和緊鄰的明石海峽公園和國際會議場連成一個大型自然特區。當初為了2000年舉行的國際花會博覽**會，請來鼎鼎大名的日本建築師安藤忠雄操刀建成。**走入夢舞台，在橢圓形的空間內突然出現的切割線條是騰空的走道，讓人可眺望欣賞遠方的海景；穿梭在柱列廊道之間，灑落於**清水模建築上的光影變化成了最美的風景。**

名物見所

百段苑

在夢舞台裡面有一處斜坡，以清水混凝土砌成一塊塊方型的花圃，仔細算算竟然有100個。在這長寬36公尺的花圃裡植滿來自世界各國的菊花，追悼著阪神大地震中逝去的寶貴生命。

貝の浜

夢舞台的設計師安藤忠雄從日本全國各地搜集來百萬枚帆立貝殼，將其整齊地鋪在水池之中。陽光曬落時，藉由噴水與水流，貝の浜閃耀著瀲瀲波光，十分美麗。

AWAJI GREENHOUSE

☎0799-74-1200 🕐10:00~18:00(售票至17:30) 🚫7、11月的第2個週四 💰成人￥750，70歲以上￥370，高中生以下免費；特別展成人￥1800，70歲以上￥900；あわじグリーン館・明石海峽公園共通券大人￥1000(高中生僅需明石海峽公園門票￥450)，65~69歲￥920，70歲以上￥580，國中生以下免費 🌐awaji-botanicalgarden.com/ ❗進行維修工程至2025年3月，暫不開放。

AWAJI GREENHOUSE是一個大溫室，境內以各式植物為主，配合做出庭園造景，有日式、羅馬式、歐式、南美等不同風情。每年還會配合植物的花季舉辦各式活動，是可以體驗到植物奧妙的親子同樂場所。

◎ 二次元之森

ニジゲンノモリ

📖別冊P.16,C1 📞0799-64-7061 🏠兵庫縣淡路市楠本2425-2 🕐約10:00~20:30,依設施而異(詳見官網) 💴免費入園,依設施另計(詳見官網) 🌐nijigennomori.com

偶爾會產生想要逃離現實的念頭嗎?就來淡路島,進入卡通的二次元世界吧!2017年開幕的二次元之森,將臼井儀人的「蠟筆小新」、手塚治虫的「火之鳥」等著名動漫真實重現,全園的遊樂設施便依此區分為二大區塊,各以動畫主題結合戶外活動,呈現像是高空溜索的「假面飛行隊」、夜間燈光探險的「Night walk火之鳥」等,是個**動靜皆宜、大人小孩都能盡興的二次元遊樂園**。

🏨 GRAND NIKKO AWAJI

グランドニッコー淡路

📖別冊P.16,C1 📞0799-74-1111 🏠兵庫縣淡路市夢舞台2 💴一泊二日每人¥11000起 🌐awaji.grandnikko.com/

GRAND NIKKO AWAJI位於淡路島北邊,和淡路夢舞台、あわじグリーン館、明石海峽公園地理位置相近,除了建築大師的風采,GRAND NIKKO AWAJI因為世足賽期間提供英國隊住宿而聲名大噪,成為一個話題旅遊點。作為一個大型飯店,GRAND NIKKO AWAJI帶有時尚精品旅館的感覺,**運用貝殼、星星等元素,以及紅色色彩,營造出簡潔浪漫的氣氛**,絕對不要錯過可愛如花朵般綻放的椅子,許多遊客都喜歡到此拍照留念。

🍴 Coccolare

📞0799-74-1111 🏠GRAND NIKKO AWAJI 2F 🕐早餐7:00~10:00,午餐Buffet 11:30~15:00(90分鐘制,第一場11:30、第二場13:30),晚餐Buffet 17:30~21:00(90分鐘制,第一場17:30、第二場19:30) 💴午餐Buffet成人¥4000,65歲以上¥3500,小學生¥2000,3~6歲¥500;晚餐Buffet成人¥5500,65歲以上¥4500,小學生¥2500,3~6歲¥600,週六、周日和公休日午餐Buffet成人¥4500,65歲以上¥4000,小學生¥2500,3~6歲¥600;晚餐Buffet成人¥6000,65歲以上¥5000,小學生¥3000,3~6歲¥700 🌐awaji.grandnikko.com/restaurant/coccolare/buffet.php

位在GRAND NIKKO AWAJI 2樓的Coccolare,提供早中午三個時段的自助餐。以南義為主題,**半開放式的廚房內主廚用淡路島產的各式食材做成一道道精緻美味的餐點**,還有現點現做的料理,甚至主廚還會到座位前做桌邊服務。整體空間明亮舒適,餐點可口,服務親切,果然是五星級飯店的服務水準。

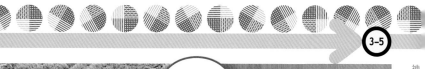

華麗的KITTY三層午茶，讓人少女心大爆發。

可愛的白色空間擺滿各種造型的KITTY，坐上草莓椅，化身為最美的小公主。

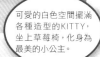

🍴🎁 Hello Kitty Smile

🗺別冊P.16,B1 📞0799-70-9037 🏠兵庫縣淡路市野島蟇浦985-1 🕐11:00~19:00，週六日例假日10:00~19:00，入場至18:00；PARTY TERRACE週六日例假日早午餐11:00~18:00(L.O.17:30) 🈳週二 💰成人(13歲以上)￥1300，4~12歲￥500，3歲以下免費 🌐awaji-resort.com/hellokittysmile/

Hello Kitty迷快看過來！關西可愛的新景點就在淡路島。**高達11公尺的大kitty就趴在建築外，吸引眾人目光**。這裡以日本食文化「御食國」為主題，分為中華創作料理的GARDEN TERRACE、使用淡路島及國產食材製成各式玉手鍋的竜宮レストラン玉手箱與結合英國下午茶文化的PARTY BALCONY，以不同特性來滿足各種客層的需求。而在「HELLO KITTY SMILE」乙姬竜宮城裡則可看到聲光投影的kitty幻想世界。喜歡收集kitty雜貨的人，則要來紀念商品店逛逛，各項限定品包你買到不要不要！

神戶市區◆阪神間◆ 神戶 近郊 淡路島

◎ 淡路花棧敷
あわじ花さじき

📖別冊P.16,C1　📞0799-74-6426　🏠兵庫縣淡路市楠本2865-4　🕐9:00~17:00　🈵年末年始、不定休(第2、4個週三居多)　💴免費　🌐awajihanasajiki.jp

　　淡路花棧敷**位在淡路島北部的丘陵地上，面向大阪灣，視野十分優美**。這裡種了約有4個甲子園球場那麼大的花海，春天的油菜花、夏天的馬鞭草、秋天的大波斯菊，隨著季節綻放不同風情，也帶給淡路島就是有美麗花海的浪漫印象。除了美麗景色外，在淡路花棧敷也設置了販售當地農產物與輕食的區域，成為熱門的休憩地點。

◎ 吹き戻しの里

📖別冊P.16,B1　📞0799-74-3560　🏠兵庫縣津名郡東浦町河333-1　🕐見學、製作體驗10:00~12:00(受理至11:30)、13:00~16:00(受理至15:30)　🈵12/31下午、1/1　💴高中生以上￥800，3歲~國中生￥400，含製作體驗費　🌐www.fukimodosi.org

　　到了吹き戻しの里，每個人都會突然童心大發，想起小時候的美好回憶，而且**驚訝於小時候玩過的紙捲，竟有這麼多的變化**。根據老闆藤村良男的創意所發想的大型玩具，更是十分有趣，還有玩猜拳遊戲的設計、阪神虎球隊的加油道具等，逗得遊客們大笑。

昏暗的空間內僅能夠以一個天窗灑入的陽光看到朱紅色的牆壁。

天光從藥師如來像的後方灑落，讓參拜者感受到普世照耀的佛光。

◎ 本福寺 水御堂

おすすめ 薦

📖別冊P.16,C1　📞0799-74-3624　🏠兵庫縣淡路市浦1310　🕐9:00~17:00　💴見學成人￥400，國中生以下￥200　🌐www.awajishima-kanko.jp/manual/detail.html?bid=454

除了宗教情緒之外，大師設計的寺廟建築也十分精彩。

　　本福寺水御堂也是安藤忠雄的代表作。能夠眺望大阪灣的入口極為低調，看來和一般小型寺廟相當，但依著指示朝本堂前進，安藤建築最招牌的大片清水模牆面旋即矗立眼前，等在**牆面之後的，是另一道圓弧牆**，據說，**正是藉此來隱喻聖靈與凡俗的分隔境界**。沿著弧形走道轉入豁然開朗的景象，是一大池象徵佛教精神的蓮花，卻不見任何寺院建築的蹤跡。原來，安藤忠雄刻意將本堂隱沒於視線下方，只見一道中軸的階梯切開了水池，拾級而下，所有的煩囂俗塵通通被拋在遠方，引領人們走入一個靜謐的世界。

◎ PARCHEZ香りの館・香りの湯

📖別冊P.16,B1　📞0799-85-1162　🏠兵庫縣淡路市尾崎3025-1　🕐10:00~17:00，溫泉11:00~21:00(入湯至20:00)，依各設施而異(詳見官網)　🈵不定休　💴自製香水￥3800；泡湯12歲以上￥730，3~11歲￥410，65歲以上￥620，3歲以下免費　🌐www.parchez.co.jp/

　　PARCHEZ香之館・香之湯是一個**以香草為主題的園地**，在園區中種植了150多種香草植物，提煉成香水、精油、入浴劑等，供遊客認識香草的功能。提煉香水的區域，**可以親自動手學習如何提煉、配製香水**，在一旁還附設草藥SPA，進而達到紓解壓力、消除疲勞療效。

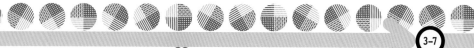

🍴 大公

おすすめ 薦

📖 別冊P.16,B2　☎0799-62-0639　🏠
兵庫縣淡路市志筑２８２１-１
11:00~20:30(L.O.20:00)　🚫週二　💴石
燒ステーキ定食(石燒牛排定食)￥3300起(L.O.14:00)
www.taico.sakura.ne.jp/

最代表在地的美食，品嚐最鮮美的淡路牛肉。

　雖然鄰近的神戶牛、松阪牛相當出名，但這些有名的牛隻都是出自淡路島的小牛隻長成。淡路島的牛隻採放牧型式餵養，成就同樣**美味的淡路牛肉**，肉質**纖維細緻，適合以燒烤方式料理**，在大公餐廳就可品嘗到這美味。

不只燒烤，涮涮鍋也十分美味。

👁 静の里公園

📖 別冊P.16,B2　☎0799-64-2542　🏠兵庫縣淡路市志筑795-1　🕘9:30~17:00　🚫公園12/28~1/3，史料館週一、12/28~1/3　💴自由參觀　www.awajishima-kanko.jp/manual/detail.html?bid=401

　在這個綠意盎然的小公園裡，藏著一段淒美的愛情傳說，主角是日本家喻戶曉的悲劇英雄源義經和傳奇舞姬靜御前。另一個參觀重點則是價值一億日圓的金塊，原本是建設地方的資金，地方政府突發奇想購買金塊公開展示，讓遊客觀賞並可撫摸，可惜平成22年(2010)起金塊已經換成現金運用，現在來到這裡只看得到複製品與照片了。

🏭 薰寿堂

📖 別冊P.16,B2　☎0799-85-1301　🏠兵庫縣淡路市多賀1255-1　🕘10:00~16:00
💴工廠見學免費，線香製作體驗￥1000　www.kunjudo.co.jp

　薰寿堂創業的歷史超過百年，隨著時代演變，過去傳統手工製造的線香等產品，現在已改為機械化作業，而香料的原料，大部分都是從中國、東南亞、印度等地進口，但經過獨家的製作過程，成品品質依舊很高。在眾多線香中，最有趣的應該是「抹茶」味的線香，點起來有一股淡淡的茶香，喜歡的人可以在工廠內購買，**也能參加線香製作體驗。**

線香製作體驗

線香製作十分簡單，約30~40分鐘即可完成。
(1)加水：先加水混合粉末，用藥杵研磨並混合均勻。
(2)香料：有玫瑰、香草、茉莉等香料可選擇，決定顏色和香味的重要關鍵。
(3)捏圓：像捏麵團一樣，用手將材料捏成漂亮的球狀。
(4)桿平：將圓球桿平，此步驟需重複數次。
(5)成型：使用模具壓製成型，並製作三角錐形線香。
(6)乾燥：帶回家乾燥數天，大功告成。

神戶市區▶阪神間▶
神戶近郊
淡路島

🍴 淡路ごちそう館 御食國

📖別冊P.16,B2 ☎0799-26-1133 ⛩兵庫縣洲本市塩屋1-1-8 ◷購物10:00~20:00,餐廳午餐 11:30~14:30(L.O.),晚餐17:00~20:00(L.O. 20:00) ⊗週三(遇假日照常營業、8月無休) ⓢ淡路島牛丼套餐(淡路島牛丼套餐)¥2580 🌐www.miketsu.jp

御食國是淡路島的物產直銷館,除了可以買到淡路島的各式農特產外,還可享用價廉味美的淡路牛肉陶板燒料理。以「甘美」著稱的淡路牛肉,口感多汁、肉質柔滑,來到這裡便能**用實惠的價格品嚐到只有在當地才能吃到的純正美味。**

👁 淡路島牧場

📖別冊P.16,B3 ☎0799-42-2066 ⛩兵庫縣南淡路市八木養宜上1 ◷9:00~17:00 ⊗不定休 ⓢ自由參觀;擠牛奶體驗,國中生以上¥700,小學生¥600;手作奶油體驗,國中以上¥820,小學生¥720;セットコース(擠牛奶體驗 手作奶油體驗),國中生以上¥1420,小學生¥1200 🌐www.awajishima.or.jp ❶日本法律規定,來自口蹄疫區的遊客(台灣)入境日本未滿1星期不得與牧場動物有所接觸,短期旅遊的遊客請注意

位於淡路島南方的淡路島牧場主要以乳牛飼養為主,但近年致力發展酪農觀光,現在來到這裡可**親身體驗擠牛奶、製作奶油、乳酪等,還可以免費暢飲鮮奶**。最特別的就是製作奶油了,其實過程相當簡單,只要將新鮮牛奶和液狀鮮奶油放入塑膠盒中,需持續10分鐘以上不停搖晃,待逐漸成為固體之後就完成啦。吃著自己做出來的奶油,特別有成就感。

👁 淡路Farm Park England Hill

淡路ファームパーク イングランドの丘

📖別冊P.16,B2 ☎0799-43-2626 ⛩兵庫縣南淡路市八木養宜上1401 ◷9:30~17:00 (4~9月週六日例假日至17:30) ⊗週二(黃金周和假日開放)、不定休(詳見官網) ⓢ國中生以上¥1200,4歲~國中生¥400,3歲以下免費 🌐www.england-hill.com

淡路農場公園雖然別稱為「英格蘭之丘」,但事實上感覺不出一點英國風,反而是園內從澳洲來的無尾熊非常受歡迎,但無論英國也好、澳洲也好,這裡其實是**以農牧場為主題經營的廣大公園**。園區內不但可以從事多項戶外休閒活動,還有農村體驗,不管是陶藝、採果都能一次滿足。

🛡 淡路人形座

📖別冊P.16,A3 ☎0799-52-0260 ⛩兵庫縣南淡路市福良甲1528-1 ◷9:00~17:00,定時公演10:00、11:10、13:30、15:00 ⊗週三(遇假日順延翌日休)、年末 ⓢ成人¥1800,國高中生¥1300,小學生¥1000 🌐awajiningyoza.com

淡路人形淨瑠璃的歷史超過500年,而製造木偶的技術非常高明,透過許多機關可以讓木偶的面部表現各種表情,轉動眼珠、張口,甚至在一轉眼間從美女轉變成惡魔。現在有許多製造方法都已經失傳了,除了木偶十分珍貴,表演技法更是一項重要的文化傳承,淡路人形座肩負起此一重任,**不但有定期公演,在公演後還會有對淡路人形淨瑠璃的簡單講座**,讓民眾可以更親近也更了解這項傳統文化。

淡路人形淨瑠璃

通常一尊木偶由3個人操作:頭和右手是1個人、左手是1個人、雙腳是1個人,操作的人在台上演出時必須穿著一身黑衣並用黑布包住臉,與黑色的背景融為一體,而關於木偶操作的訓練,有一句話形容:足7年、左手7年、頭與右手修行一輩子。也就是說,剛入門的學徒先學習操控雙腳的姿勢,然後再進階到操控左手,最後可以操作頭部及右手的幾乎已經成為師傅了。

◉ うずの丘 大鳴門橋記念館

◎別冊P.16,A3 ☎0799-52-2888；うずの丘 味市場0799-52-1157 ⊙兵庫縣南淡路市福良丙936-3 ◎うずしお科學館9:00~16:30；うずの丘 味市場9:00~17:00；淡路島Onion Kitchen(淡路島オニオンキッチン)9:00~16:00(L.O.)；絕景餐廳うずの丘10:00~15:30(L.O. 15:00) ◎週二(遇假日照常開館)、12月中旬3天設施維護日、12/31~1/1 ◎うずしお科學館大人￥300，高中生以下￥100，未就學兒童免費 ◎kinen.uzunokuni.com

　淡路島與四國德島間寬1.3公里的鳴門海峽，有日本第一的漩渦海潮景觀，大鳴門橋記念館內便有漩渦科學館，**以聲光展示各項資料，並以科學角度來解釋潮汐與月球引力、地球自轉有著什麼樣的關係**，如果懂一點日文的人很適合參觀。而館內也有展望餐廳、土特產專賣店等，開車來的人可以把這裡作為道路中繼站，稍事休息後再繼續後面的行程。

◉ うず潮観潮船 咸臨丸

薦 おすすめ

◎別冊P.16,A3 ☎ジョイポート南淡路0799-52-0054 ⊙兵庫縣南淡路市福良港 うずしおドームなないろ館 ◎航班9:30、10:50、12:10、13:30、14:50、16:10，依季節會不定期增減班，詳見官網 ◎不定休 ◎國中生以上￥2500，小學生￥1000，1位未就學兒童需1位大人陪同則免費 ◎www.uzu-shio.com ◎發船30分前停止辦理登船購票手續

> 從船上觀賞鳴門大橋的壯麗與漩渦奇景。

　每當漲潮時，鳴門海峽兩邊的紀伊水道與瀨戶內海產生1.5公尺的水位落差，海潮湧起到了狹窄的鳴門海峽，形成更激烈的潮流，甚至產生了漩渦，**最大的漩渦直徑可達20公尺，蔚為奇觀**。由於每天潮汐的狀況不一，在購票前可以選擇船家推薦的班次，看到狀觀漩渦的機率會比較高。

ⓗ Hotel New Awaji Plaza Awajishima

ホテルニューアワジ プラザ淡路

◎別冊P.16,A3 ☎0570-07-9922 ⊙兵庫縣南淡路市阿万吹上町1433-2 ◎www.plazaawajishima.com/

　這是間很安靜的飯店，擁有78個房間，和式、洋式都有，洋式占多數，走在蜿蜒的走廊間，不期然的小角落裝潢得很有峇里島度假的感覺，陽光灑落其間，讓人感覺很舒服。飯店自詡為注重環保的飯店，也執行得很徹底，建設風車作為風力發電來源，不僅可節省能源，也是美麗的風景，這運用了許多新的概念，在許多地方都做了創新，讓人感到驚喜。擁有南淡路潮崎溫泉的資源，以及鄰近鳴門海峽的絕佳地理位置，**絕不能錯過露天風呂**，風雅的設計讓人第一眼就愛上，再加上**遼闊的大海景觀**，讓人深深地沉迷於泡湯的樂趣中。

神戶市區▶阪神間
神戶近郊
姬路

姬路
ひめじ
Himeji

姬路市是以姬路城為整個城市的中心，向四方發展而成，因此姬路市的重要景點，如好古園、姬路市立美術館、動物園、姬路文學館、縣立歷史博物館等，都在城的旁邊。從姬路駅沿大手前通直走，不久可以看到姬路城的城廓外濠。大手前通兩側的人行步道，除了遍植銀杏樹外，還豎立著許多日本現代雕塑作品，這些雕塑以人物為主，有的姿態優雅，有的幽默粗獷，非常具有藝術氣氛。而位於日本山陽地區姬山之上的姬路城，自古就與名古屋城、熊本城並列為日本三大名城，又由於它的外觀都是白色的，因此也擁有「白鷺」的美稱，春天粉櫻妝點，更襯托名城的高貴，姬路城的櫻花從入口就可以看到，尤其以環繞三的丸庭園的櫻花林道最為茂密，背景剛好是天守閣，是人氣拍照點。

◎ 姬路城

ⓜ別冊P.17,B1~B2 ☎079-285-1146 ⓐ兵庫縣姬路市本町68 ⏰9:00~17:00(16:00關門) ⓧ12/29、12/30 ⓢ18歲以上￥1000，小學生~高中生￥300，未就學兒童免費；姬路城 好古園共通券18歲以上￥1050，小學生~高中生￥360
ⓤ www.city.himeji.lg.jp/guide/castle

姬路城因為有著白漆喰(抹牆用的灰泥)所塗刷的白壁，所以有白鷺城的美稱。與其他的日本城堡一樣，姬路城不像歐洲城堡般採用石砌，而是木造建築，所以防火是日本城堡最重視的一環，白漆喰就有防火的功能，所以姬路城不單擁有白色外壁，連內部的每處軒柱也都有塗白漆喰。建在姬山上的姬路城從山腳到天守閣頂端，有海拔92公尺高，是非常重要的軍事要塞，加上其複雜迂迴的防禦性城廓設計，使姬路城更是易守難攻，敵軍入侵時往往在其間迷路，而減緩攻勢。

壯觀華美的姬路城，**若要由外緣到城內都全程走完大約需要三小時**，尤其是一層層沿著高聳的階梯爬上天守閣更是挺費力的，不過走這一趟絕對值得，可以親自感受日本古城的原型建築之美，與珍貴的世界遺產做近距離接觸。

交通路線 & 出站資訊

電車
JR姬路駅◇JR山陽本線、JR播但線、JR姬新線、山陽新幹線
山陽電鐵姬路駅◇山陽電鐵本線
出站便利通
◎從大阪或京都搭乘JR東海道本線或神戶線，開往姬路的新快速，在姬路駅下車。由1號出口出站，沿大手前通徒步約15分鐘，即可到達姬路城。
◎不想走路或是趕時間的人，也可以在姬路駅前搭乘市營巴士，於姬路城大手門前下車即達。

姬路城必看重點

菱之門
寫著「國寶姬路城」的菱之門，是姬路城的入城口，也是昔日守城衛兵站崗的地方。

三國堀

三國堀是菱之門旁的大溝渠，是姬路城的重要水源，有防火備水的功能，為當時統領播摩、備前與姬路，共三國的大名(藩主，日本官名)池田輝政所改築，故稱為三國堀，牆壁上V字型的痕跡就是當年改建時所留下的。

長局(百間廊下)
進入姬路城前，要先將鞋子脫下，走進稱作「長局」的狹長日式木造迴廊，長達300公尺的長局又稱為「百間廊下」，為西御殿的西側走廊，有保護及防衛西御殿的功能。

化粧櫓

化粧櫓是城主之一的本多忠刻之妻千姬的化妝間，也是平日遙拜天滿宮所用的休憩所，相傳是用將軍家賜予千姬的十萬石嫁妝錢所建的。比起其他地方，千姬的化粧櫓有著女性所喜好的華麗優雅，裡面的房間還有千姬與隨侍在玩貝合遊戲的模型。

紋瓦

姬路城曾有多位城主進駐，像是豐臣家、池田家、本多家和酒井家等，大天守北側石柱上貼有將歷代城主的家紋所刻製的紋瓦。

唐破風

屋簷下呈圓墩土坵狀的屋頂建築稱為「唐破風」，中央突出的柱狀裝飾物稱作「懸魚」。

姥が石

石牆上用網子保護的白色石頭，傳說是一位經營燒餅屋的貧苦老婆婆家裡使用的石臼，當時建城石材十分缺乏，老婆婆就將石臼送給辛苦築城的羽柴秀吉(豐臣秀吉的本名)，引發民眾們也紛紛捐石支援，當時石材嚴重不足，甚至還將石棺、石燈籠都挖來補牆呢！

勾配
堆砌如扇狀的城牆，底部急斜，到了接近頂端的部分卻與地面呈直轉角，此種築法叫做「勾配」，勾配可使敵人不易攀上城牆，達到防守的目的。

天守

三個小天守鞏護著巍峨的大天守，這種連立式天守的樣式只有在姬路城才看得到，美麗的白壁與唐破風、千鳥破風式屋簷，加上裝飾於其上的魚狀鯱瓦，更見姬路城建築之美。

るの門

在一般正常通道之外的地方，會有處從石垣中開口的小洞，此種稱為穴門的逃遁密道，只有在姬路城才有。

阿菊井

日本有個很有名的鬼故事「播州皿屋敷」，故事中的婢女阿菊得知元老策劃造反的消息，將此事告知諸侯幫助他逃難，記恨在心的某家臣於是就藏起一只珍貴的盤子並誣陷是阿菊弄丟的，並將阿菊丟入水井致死，於是每到草木寂靜的深夜時，井旁就會傳來女子淒怨地數著盤子的聲音：「一枚…二枚…三枚…」。

姬路城的歷史

現在所看到的姬路城是池田輝政所建，建於西元1601年(慶長6年)，姬路城最早的建城歷史其實可追溯到西元1346年的鎌倉幕府時代，戰國時期羽柴秀吉(後來的豐臣秀吉)又再加築了三層，姬路城的樣貌漸漸勾勒出來。
豐臣秀吉死後，德川家康於關原之戰中奪得政權，姬路城的城主也換成德川家的女婿池田輝政，池田輝政的任內繼續擴大修築姬路城，如今壯觀的天守閣群於焉成形。

【千姬的故事】

姬路城最出名的女主人當為千姬莫屬，千姬是德川家康的孫女，在7歲時因政治婚姻嫁給豐臣秀吉之子豐臣秀賴，大阪城陷落後，豐臣秀賴也自刎而死，失去丈夫的千姬在返回江戶城途中遇到本多忠刻，兩人陷入愛河並締結良緣。
後來本多忠刻成為姬路城的城主，與千姬過著幸福的時光，並育有兩子，可惜好景不長，長子和本多忠刻皆相繼早逝，傷心欲絕的千姬也未再婚，離開姬路城遁入佛門直到70歲去世。

神戶市區↓阪神間↓

神戶近郊　姫路

👁 好古園

🏠別冊P.17,B2　☎079-289-4120　🏠兵庫縣姫路市本町68　🕘9:00~17:00(入園至16:30)　⊗12/29、12/30　💰18歲以上￥310，小學生~高中生￥150，未就學兒童免費；姫路城・好古園共通券18歲以上￥1050，小學生~高中生￥360　🌐himeji-machishin.jp/ryokka/kokoen/

借景姫路城為背景的好古園，為一座平成4年(1992)開園的日本庭園，**由九座風情殊異的花園所組成**，小橋流水、春櫻秋楓，景色典雅宜人。好古園的舊址原為姫路城主的外苑及家臣的房屋所在地，德川幕府時曾有城主神原政岑為名妓贖身，在這兒金屋藏嬌。

👁 姫路Central Park

姫路セントラルパーク

🚌地圖外　🚃JR山陽本線姫路駅搭乘往姫路セントラルパークの神姫巴士約25分在終點站下即達　☎079-264-1611　🏠兵庫縣姫路市豊富町神谷1434　🕘サファリパーク、遊園地10:00~17:30(依季節而異，詳見官網)　⊗不定休(詳見官網)　💰成人￥3800~4400，小學生￥2100~2400，3歲以上￥1300~1400(依日期調整，詳見官網)　🌐www.central-park.co.jp

姫路Central Park是個大型的綜合遊樂場地，更是姫路市民假日最熱門的休閒去處。**公園分為遊園地和野生動物園兩部分**，其中野生動物園可讓你看遍所有動物，**搭上特製的遊園車，溫和的草食性動物如羚羊、梅花鹿或兇猛的獅子、老虎、豹等都近在咫尺**，有如置身非洲大草原般刺激。遊園地裡也有多項精彩設施，逛完野生動物園可別忘了來到遊園地玩玩。

👜 TERASSO 姫路

🚌別冊P.17,B4　🏠兵庫縣姫路市駅前町27　🕘10:00~20:00，超市9:00~22:00，4F餐廳11:00~22:00(LO.21:30)　🌐terasso.jp/

TERASSO鄰近JR姫路站，**交通便利，共有30間店舖進駐**，佔地並不算大，但包含超市等各式各樣的店舖，輕輕鬆鬆便能找到想要的東西。4~8樓則為電影院，讓姫路市民又多了一個休閒購物的新場所。

👜 FESTA

🚌別冊P.17,B4　☎079-221-3500　🏠FESTA BLD.兵庫縣姫路市駅前町363-1，GRAND FESTA兵庫縣姫路市駅前町188-1　🕘10:00~20:00　🌐himeji-festa.com/

薦 おすすめ

鄰近姫路車站的商業複合場所，想飽食一頓或是帶伴手禮就來這裡尋寶吧！

至姫路觀光時可順路前往**與車站直通的商業設施「FESTA」。除了在地美食，姫路觀光伴手禮與絕佳甜點也能在這裡找到！**位在地下街的「ひめチカ食道」不但能品嘗到深受當地人長年喜愛的在地美食，還有使用當地新鮮海產烹製的料理，可將「姫路美食」徹底品嘗一番。而位在FESTA大樓1樓路面的「のれん街」是個從中午到晚上都能暢飲的復古橫丁，可以邊享用姫路B級美食邊飲酒作樂。

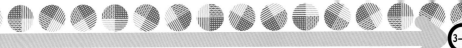
卍 書寫山圓教寺

🚩地圖外　🚍JR山陽本線姬路駅搭乘往書寫ロープウェイ(書寫纜車)的神姬巴士(神姬巴士)於終點站下轉乘纜車上山即達　☎079-266-3327　🏠兵庫縣姬路市書写2968　⏰8:30~17:00，依季節而異　¥500(含書寫ロープウェイ)，國高中生以下免費　🌐www.shosha.or.jp

　　書寫山圓教寺是姬路最富盛名的紅葉名所，尤其是有一千多年歷史的摩尼殿和大講堂，更是秋天賞楓的勝地。年代悠久、古樸的圓教寺，是日本的重要文化財，精美佛家木雕建築與佛像可讓人自由進入參觀，更能讓人靜心體會文物之美。

🍴 きゃべつ

🚩別冊P.17,B3　☎079-222-8952　🏠兵庫縣姬路市南町60　⏰11:30~14:00，17:00~23:00(LO.22:30)　🏠週一(遇假日順延翌日休)、12/31~1/1

　　店主岸田まさよ女士是兵庫縣人，從小就愛往家附近的大阪燒店跑，長大後，白天在玩具公司上班，下班後，到大阪燒店學藝，就這樣持續10年之久，在昭和55年開了きゃべつ，**拿手料理除了自豪的名物大阪燒外，還有姬路おでん(姬路關東煮)**，使用生姜醬油是姬路おでん獨有的特色，不管是何種料理都能嚐到好滋味。

👁 姬路市書寫の里・美術工藝館

🚩地圖外　🚍JR山陽本線姬路駅搭乘往書寫ロープウェイ(書寫纜車)的神姬巴士(神姬巴士)於終點站下徒步約3分　☎079-267-0301　🏠兵庫縣姬路市書写1223　⏰10:00~17:00(入館至16:30)　🏠週一(遇假日照常開館)、例假日隔天(遇週六日例假日照常開館)、年末年始(12/25~1/5)　💰成人¥500，大學高中生¥3000，國中小學生¥70；姬路はりこの絵付け(姬路張子上色體驗)¥1000起；姬路こまの色付け(姬路陀螺繪圖體驗)¥330　🌐www.city.himeji.lg.jp/kougei

　　被搖曳竹林包圍的美術工藝館，位於書寫山麓，造型是以寺廟為概念，裡頭展覽主要分為三大部分，之一展示樸實泥佛，造型迥異於常見佛像，是已故奈良東大寺長老清水公照師的作品，十分特別。另外分還有鄉土玩具室和工藝工房，鄉土玩具室收藏了日本全國各地的鄉土玩具。

典藏姬路鄉土玩具

姬路陀螺／姬路こま
姬路陀螺就是我們小時候常玩的陀螺，過去曾有城主十分喜愛玩陀螺，因此發揚光大，要將一塊木頭削成陀螺形狀並不容易，必須用手控制力道，鮮豔的顏色在轉動時更加炫目。

姬山人形
使用一整塊木頭雕刻而成的姬山人形，外觀看起來很樸素，為了表現出木頭的質感，並且和所雕刻的人物符合，必須事先仔細觀察木頭的紋路走向，完成後使用顏料局部上色，讓人偶更生動。

姬路張子／姬路はりこ
姬路張子是姬路傳統鄉土玩具的代表，做法是在土製模具上壓覆數枚和紙，成型後脫下模型，在紙模上直接著色，就大功告成了。相傳是室町時代由中國傳入，明治初年豐國屋直七開始專門創作姬路張子。日本許多地區都有張子這類工藝品，多以動物和表情生動的人物面具為主，各地造型則有所差異。

姬革細工
姬路是有名的皮革產地，成牛皮革的生產量占全國70%，使用姬路皮革做成的錢包、盒子等，手工細膩，成品纖細富有美感，圖案則以姬路城最具代表性。

神戶市區✦阪神間

神戶近郊

赤穗

赤穗
あこう
Ako

赤穗位在兵庫西部，雖然還不算是熱門景點，但提到「忠臣藏」，可是大家都耳熟能詳。這裡是忠臣藏故事背景地，日本連續劇還數度將忠臣藏的故事搬上螢幕，連木村拓哉都曾演過赤穗義士之一的崛部安兵衛一角，帥氣的模樣搶盡風采，武士精神幾乎都快淹沒在影迷的尖叫聲中。來到這裡，走在古老的街道，品嚐鮮美的海產，就沉浸在歷史中，好好感受兵庫的另一種面向。

交通路線&出站資訊

電車
JR播州赤穗駅◇JR赤穗線
出站便利通
◎從神戶市的三宮前往赤穗，可在JR三ノ宮駅搭乘姬路方向的JR神戶線新快速(播州赤穗行)，在姬路直通運轉JR山陽本線新快速(播州赤穗行)至相生，於相生直通運轉JR赤穗線新快速(播州赤穗行)，全程無需換車，車程約1小時17分左右，車資¥1520。
赤穗観光会
位在JR播州赤穗駅改札口外的赤穗観光協会，提供當地旅遊情報、地圖等資訊，亦有自行車出租(JR播州赤穗駅2樓)，一般腳踏車1日¥500，電動腳踏車1日¥800，新款電動腳踏車1日¥1000，抵達時不妨先來這裡收集情報。
☎0791-42-2602
🏠兵庫縣赤穗市加裏屋328
🕐9:00~18:00；腳踏車出租9:00~17:00
❌年末年始
🌐ako-kankou.jp/tw

日本武士魂「忠臣藏」的故鄉

元祿14年(1701)初春三月，赤穗藩的領主淺野內匠頭，與上司吉良上野介因故埋怨，年少衝動的淺野內匠頭帶刀劍入宮殿傷了吉良上野介，第五代幕府將軍德川綱吉一怒之下，未經審判就令淺野即日切腹，失去主子的赤穗藩藩臣們在一夕間成為無家可歸的浪人，而事件引發者之一的吉良卻未受到任何裁判(在當時的武士社會，打架雙方都應受到懲處)。
赤穗藩的家老大石內藏助在奔走一年多後，仍然無法為含冤而死的淺野內匠頭求得公平的審判，於是乎在元祿15年的12月14日之夜，率領含內藏助在內共47名赤穗浪士前往吉良邸討伐，將吉良的首級割下供奉在淺野的墓前昭雪怨憤，為主君恢復名譽。隔年赤穗義士們遵循幕府的法規，集體切腹、慷慨就義，事件終於戲劇化落幕。

⛩ 大石神社

🔺別冊P.19,D1　☎0791-42-2054　🏠兵庫縣赤穗市上仮屋131-7(旧城內)　🕐8:30~17:00　💴自由參拜，義士史料館高中生以上¥500，國中生以下免費　🌐www.ako-ooishijinjya.or.jp/

赤穗城跡旁的大石神社，**供奉的就是以大石內藏助為首的47名義士**、另一名早逝的烈士萱野三平命，還有淺野家的三代城主和後來繼承赤穗城的森家先祖，也就是在本能寺之變中，與織田信長一起身殉火海的森蘭丸，共七代武將。

大石神社的參道兩旁矗立了義士們的石雕像，**義士史料館裡還供奉有按照義士所傳形貌所做的木雕像**，由名家雕刻的人像各富個性、栩栩如生，讓人讚嘆，還可以看到當年義士們討伐吉良邸時所穿的甲冑和刀刃，和大石內藏助用來指揮的鳴笛呢！

赤穗城跡

📖別冊P.19,D1　📞赤穗観光協会0791-42-2602　📍兵庫縣赤穗市上仮屋1　🕐本丸、二之丸庭園9:00~16:30(入園至16:00)　⊗本丸、二之丸庭園年末年始(12/28~1/4)　💰自由參觀　🔗www.ako-hyg.ed.jp/bunkazai/akojo/

　　赤穗城是赤穗藩的守城，也就是當年慘遭橫禍的淺野內匠頭的居城。赤穗城由淺野長直所建，由慶安元年(1648)開始歷經13年的歲月才告完成，是**日本近代城廓史上非常珍貴的變形輪廓式海岸平城**，由學習甲州流軍學的赤穗藩家老近藤正純設計，城中沒有攻守功能的天守閣設計，在城堡建築史中十分少見。赤穗城的構造非常嚴謹，擁有堅強的備戰意識，複雜折曲的石垣和角度殊異的守門為其特長，**三面環山、南面朝向瀨戶內海、清水門還可讓船隻進出**。

　　明治初年時，因改革維新之故，日本全國諸多城堡紛紛遭到拆毀，赤穗城也未能逃過一劫，直到**昭和46年才指定為國家史跡**，陸續修復了本丸庭園和二之丸庭園，整修工程還在繼續進行中，未來會成為一處結合歷史古跡與教育意義的大型綠地公園。

赤穗御崎

📖別冊P.19,E1　📍兵庫縣赤穗市御崎　💰自由參觀

　　赤穗御崎位在赤穗溫泉街附近，是處瀨戶內海國立公園邊的海景眺望高台，這裡設置了「**一望席**」，**面對廣闊大海，景色絕對**。春天櫻花盛開時，粉紅色的花海在彩雲般鑲在湛藍的大海邊，景色甚至壯觀。

赤穗的鹽

赤穗鹽是日本非常有名的高級鹽，在一般超市的價格都很高貴，所以到赤穗遊玩的觀光客最愛帶的土產就是大包小包的鹽。赤穗靠海，三百多年前開發出上等良鹽的製採方法，自古就是赤穗藩上獻給江戶幕府將軍的貢品，後來發生赤穗義士事件後，赤穗的名聲遠播到江戶城以外的日本各地，赤穗鹽反而因禍得福的廣銷起來，這也是當初始料未及的吧!?

H 銀波莊

📖別冊P.19,E1　📞0791-45-3355　📍兵庫縣赤穗市御崎2-8　🔗www.ginpaso.co.jp

　　坐落在海邊的銀波莊，**為「日本夕陽百選」中的溫泉名宿**，面向著瀨戶內海的露天溫泉，每逢黃昏夕陽西落時，漫天金黃璀璨的晚霞伴隨著赤紅的日頭，緩緩沉入瀨戶內海的島嶼山影中，晴天時除了小豆島外，還可看到四國呢!

　　銀波莊除了**自豪的海景露天溫泉外，晚餐還有來自瀨戶內海的豐富海產**、新鮮活跳的生魚片船，和整尾用赤穗海鹽包裹鹽烤成的鯛魚鹽釜燒、鯛魚濱蒸(用茅草包覆鯛魚炊蒸)、鮑魚、蝦蟹等，滿蘊著潮香的海味料理讓人食指大動，充滿飽足感。

神戶市區→阪神間

神戶近郊 明石

明石
あかし
Akashi

明石市位於神戶的西側,與淡路島隔海相望,緊鄰瀨戶內海(播磨灘),自古以來便是連結阪神地區與播磨及本州與四國的陸海交通要衝。明石市以東經135度的日本標準時間子午線聞名,明石市立天文科學館便是紀念這條子午線的代表性景點。市內還保有重要文化財「明石城」及優美的明石公園,供遊客探索歷史文化之美。來到明石,不能錯過當地特產「明石燒」,這道美食曾在美食大賽中奪得金獎,成為明石市引以為傲的名產。此外,魚之棚商店街聚集了各式新鮮海產,尤其以明石章魚聞名全日本,吸引了無數饕客前來品嚐。

交通路線&出站資訊

電車
JR明石駅◇JR神戶線
山陽電鐵明石駅◇山陽本線

出站便利通
◎JR明石駅與山陽明石駅有改札口相通,且車站位置很接近,只是一方是由JR經營,一方是由山陽電鐵經營,不管是從哪一個站出來都一樣。
◎明石駅北口出站可以到明石公園,南口出站可達魚之棚商店街。
◎明石海峽大橋不在明石站。要至明石海峽大橋,由舞子駅、舞子公園駅出口1徒步約1分即可看到。

◎ 明石公園

🅐別冊P.11,A1~A2 ☎078-912-7600 🅠兵庫縣明石市明石公園1-27 ⊙自由參觀 🅢自由參觀

明石公園裡種有許多植物,綠蔭繁密,每年**春天更是神戶地區著名的賞櫻景點**。在公園內除了有圖書館、花園綠地之外,還可以看見明石城遺跡。雖然天守閣已不復見,但巽、坤兩座城牆巍峨矗立,十分具有歷史教學意義。

魚の棚商店街

おすすめ 薦

📖別冊P.11,A2 ☎078-911-9666 🏠兵庫縣明石市本町 ⏰8:00~18:00 (依店舖而異) 🌐www.uonotana.or.jp

> 必逛老街,了解最庶民的明石風情。

　位於明石車站前的魚の棚商店街,明石城築城前後即開始營業,至今已有近400年歷史,演變至今,**聚集了眾多海鮮店、特產店、雜貨店、小吃店等**,形成一整區熱鬧的街道,人來人往,摩肩接踵,加上此起彼落的叫賣聲,充滿了活力。

明石蛸

　受益於瀨戶內海的溫暖氣候,繁盛的漁業帶來豐富的海產,以盛產鯛魚、海鰻、紫菜等聞名日本全國,但其中最著名的,當屬明石的章魚了。瀨戶內海的潮水流速極快,潮水捲起海底砂石,砂石裡的養分滋生浮游生物,而螃蟹蝦子以吃浮游生物為生,這時換章魚登場,將螃蟹蝦子吹下肚。就是這樣特殊的食物鏈造就了明石章魚的美味,據說明石章魚煮熟後全身通紅便是這個原因。

たこ磯

📖別冊P.11,A2 ☎078-914-5103 🏠兵庫縣明石市本町1-1-11 ⏰10:00~19:00 🍳玉子燒15個(玉子燒)￥800

　位在魚の棚商店街裡的たこ磯,是明石名物玉子燒的人氣名店家,玉子燒也就是明石燒,在明石當地則以玉子燒稱之。一進門就可以看到師傅以純熟的技術在翻轉著玉子燒,香氣四溢,玉子燒有別於章魚燒最大的差異性是以蛋為主體占的比例較高,章魚燒則是麵粉比例較高,因此**玉子燒吃起來的口感也比章魚燒更滑嫩,入口即化。**

よし川

おすすめ 薦

📖別冊P.11,A2 ☎078-911-8311 🏠兵庫縣明石市本町1-2-16 ⏰10:00~18:00(週六日例假日至19:00) 🚫週四(遇假日順延翌日休) 🍳玉子燒10個(玉子燒)￥660

> 特殊口感的玉子燒,熱呼呼地配高湯一口吃下,大大滿足。

　沒吃過玉子燒,不能說你來過明石,玉子燒**又名為明石燒**(因為起源於明石),一般也稱為章魚燒(因為裡頭放的是章魚),不過我們一般熟知的章魚燒不同,台灣人常吃的章魚燒是源自於大阪的章魚燒,而大阪章魚燒的概念來自於玉子燒,因此可以說**玉子燒是章魚燒始祖。**

玉子燒的吃法

玉子燒使用原料很簡單,有蛋、小麥粉、明石章魚,簡單形容,就是蛋包章魚的感覺,濃濃的蛋香,加上美味的章魚,是玉子燒魅力所在。玉子燒吃法和大阪章魚燒不同,一般應該把玉子燒放進昆布熬成的高湯中吸收湯汁,然後再食用,享受玉子燒柔軟的口感。現在也有店家提供醬料,塗上後直接吃也很美味。

神戸市區・阪神間

神戸近郊 明石

明石市立天文科學館

📍別冊P.11,B2　☎078-919-5000　🏠兵庫縣明石市人丸町
2-6　🕐9:30~17:00(入館至16:30)　🚫週一(遇假日順延翌日
休)、第2個週二(遇假日順延翌日休)、年末、不定休　💰成人
¥700，高中生以下免費，特別展另外收費　🌐www.am12.jp

　　天文科學館建於東經135度的日本標準時間子午線
上，**高達54公尺的高塔成為子午線的標誌**。館內展覽
有2大主軸，分別是宇宙館和時間館，宇宙館以各種設
施展示宇宙天體關係，時間館則收集了世界各地各種測
量時間的方法。13、14樓有展望室能夠眺望明石海峽大
橋；16樓有設置天文望遠鏡，每個月會開放一次「天体
観望会」(需上網預約)，只要¥200的報名費就能夠親手
使用40cm反射望遠鏡觀測天體。

大蔵海岸公園

📍別冊P.11,A6　☎078-914-7255　🏠兵庫縣明石市大蔵海
岸通2-11　🕐海水浴場每年夏季8:30~17:30開放游泳　💰海
水浴場沖澡¥100/分　🌐www.okura-beach.jp/

　　沿著優美的海岸線踏著浪，遠望明石海峽大橋，
還能夠野餐BBQ，這樣的地方就在大藏海岸公園
了。大藏海岸公園結合了大藏海水浴場與烤肉區，是
兵庫縣民夏季休閒的好去處。海水浴場的沙灘全長
約500公尺，向東可以看到壯大的明石海峽大橋，天
氣好時甚至可以看到淡路島；另外設有烤肉區、賣店
等。要注意的是，在開放游泳期間之外這裡是禁止游
泳的，可別看到海就太興奮地跳下去唷！

一道道料理就擺在
桌上供客人取用，懷
舊風味讓人喜愛。

みどり食堂

📍別冊P.11,A2　☎078-911-3579　🏠兵庫縣明石市本町
1-12-11　🕐9:30~19:00，週日9:30~17:30　🚫週一、週二、每
月6次不定休　💰鯛のあら煮定食(明石鯛魚定食)¥1300，明
石タコ入りだし巻き玉子定食(明石章魚玉子燒定食)¥1100
🌐www.akashi-midorisyokudo.com/

　　1946年創業，在地方上有口皆碑，鄰近海邊的**大眾
食堂みどり食堂**，店門外就可以聽到海浪拍打上岸的
聲音，店主使用最新鮮的海鮮食材來料理，多達30種
各式小菜任君選擇，所有餐點並非現做，事先做好再
　　　　　　　重新溫熱端上桌，但厲害的是

味道卻不打折，也因鄰近海邊
多為勞動量大的客人，因此餐
點口味偏重，非常下飯。

城崎溫泉

きのさきおんせん

Kinosaki Onsen

古名為「但馬溫泉」的城崎溫泉,擁有一條風情濃濃的溫泉街,沿著小川種滿柳樹,充滿優雅的溫泉鄉風情。據說城崎溫泉是在8世紀由佛教僧人道智上人發現,更久遠的傳說則可追溯至1400年前,有隻受傷的黃鶴來到城崎溫泉,這兒的溫泉使黃鶴痊癒後展翅高飛,神奇的溫泉療效從此披上一層傳奇色彩。垂柳成蔭之間,穿著浴衣的泡湯旅客,踩著木屐行走在小徑上,往來穿梭在富有日式情調的溫泉旅館前,充滿了懷舊的面貌,一直以來都是文人墨客喜愛的溫泉鄉。城崎溫泉位於円山川支流的大谿川沿岸一帶,最大賣點是七個「外湯」(公共浴場),不僅外觀造型、溫泉設施、功效各有不同,一次就可滿足泡湯慾望。除了溫泉,面向日本海的城崎地區更是螃蟹的產地,最推薦冬季螃蟹產季來此,可以賞雪泡湯吃螃蟹,享受滿滿的日本風情。

交通路線 & 出站資訊

電車
JR城崎溫泉駅◇山陰本線

巴士
從大阪梅田地區的阪急巴士總站或神戶的阪急三宮巴士總站皆可搭乘前往城崎溫泉的全但巴士,一天僅有3班,時刻表請上網站查詢。
◐全但巴士:www.zentanbus.co.jp

出站便利通
◎城崎溫泉的範圍其實不大,大多數的旅館都和最著名的外湯通通聚集在車站附近,無須走太遠就可抵達,十分便利。小川沿岸種滿柳樹,是充滿優雅的溫泉鄉風情。
◎城崎溫泉算是兵庫縣的近郊,地理位置靠北邊,難得來一趟,可以與附近的景點,例如豐岡、出石結合順遊,甚至可以與京都府北部的天橋立、舞鶴串聯成一個完整的五天四日小旅行。
◎車站前的城崎觀光センター,營業時間是每天9:00~17:00,不但可以寄放手提行李,也可幫忙將手提行李寄送至城崎溫泉範圍內的飯店,一件行李¥200。

城崎溫泉
泉質:鈉鈣鹽化物泉(鹽化物泉)、無色透明
水溫:約攝氏70度
療效:神經痛、關節炎、肌肉疼痛、恢復疲勞等
網址:www.kinosaki-spa.gr.jp/

◉ 城崎纜車

城崎溫泉ロープウェイ

⚫別冊P.19,A3　☎0796 32 2530　⚫兵庫縣豐岡市城崎町湯島806-1　⚫上行9:10~16:30、下行9:30~17:10,12:30僅週日例假日運行　⚫第2、4個週四(遇假日照常營業)、維護日　⚫山頂駅往返國中生以上¥1200,6歲以上¥600;溫泉寺駅往返國中生以上¥750,6歲以上¥370;1位5歲以下兒童由1位大人陪同則免費　⚫kinosaki-ropeway.jp/

冬晴時登上山頂欣賞開闊景色,最是美麗!

城崎溫泉街的盡頭有一處空中纜車,可以搭乘纜車至231公尺高的山頂駅欣賞開闊美景,車站一旁還有座小小的咖啡廳,點份蕨餅與熱茶,坐在靠窗的位置欣賞美麗景色,與溫泉街截然不同的氣氛讓人十分放鬆。回程時不妨途中在溫泉寺駅下車至溫泉寺參拜、林蔭蒼鬱的步道走來舒適,一旁還有城崎美術館等設施可以參觀。

☕ 城崎珈琲 みはらしテラスカフェ

⚫別冊P.19,A3　☎0796-32-3365　⚫兵庫縣豐岡市城崎町湯島806 城崎纜車山頂駅　⚫10:00~16:00　⚫第2、4個週四　⚫咖啡¥390起,蕨餅¥620　⚫www.kinosakicoffee.com/

搭乘城崎溫泉纜車來到山頂,不妨進來咖啡屋みはらしテラス(見晴露台)坐坐,一邊啜飲咖啡,一邊眺望風景吧。木造的室內溫暖明亮,空間輕鬆愜意,大片窗戶將天光採進室內,綠意映照滿室。除了咖啡之外,以但馬牛、八鹿豚為原料的熱狗堡,或是蕨餅、糰子等輕食種類豐富,很適合午餐或是下午茶時段前來。

城崎溫泉 おすすめ 薦

7大外湯巡遊

🌐kinosaki-spa.gr.jp/about/spa/7onsen

來到城崎一定要泡泡外湯,感受七種不同的溫泉風情。

♨ さとの湯

📍別冊P.19,E3 ⏰13:00~21:00 🈲週一 💰成人¥800,3歲~小學生¥400 ❗目前暫時關閉中

位於車站前方的外湯,最大特色是露天展望風呂,以及完善的三溫暖設施,在滿天星空下,眺望圓山川和遠處的日本海,清風吹拂下真是一大享受,門外也有可以泡腳的足湯,消除旅途疲憊。

♨ まんだら湯

📍別冊P.19,C3 ⏰15:00~23:00 🈲週三 💰成人¥800,3歲~小學生¥400

まんだら湯在中文名為曼陀羅湯,相傳道智上人在此誦曼陀羅經,曾祈願千日後湧出溫泉,果然如期冒出溫泉,而有此名稱由來,外觀造型類似寺廟建築,因為傳說又被稱為美夢成真之湯。

♨ 一の湯

📍別冊P.19,D2 ⏰7:00~23:00 🈲週三 💰成人¥800,3歲~小學生¥400

江戶時代的名醫香川修德將一の湯譽為天下第一溫泉,最有名的是利用天然地形開鑿的洞窟風呂,以及全家可以一起泡湯的家族湯。泡一の湯可開運招福,想要考試合格的人也有效果,不妨來試試。

♨ 地藏湯

📍別冊P.19,D2 ⏰7:00~23:00 🈲週一 💰成人¥800,3歲~小學生¥400

由於泉源從地藏尊湧出,因此名為地藏湯,是普渡眾生之湯,訴求全家平安和小孩子的健康,注意看看建築物的窗子是六角形的,那是模仿此地有名的玄武洞柱狀節理造型。

♨ 鴻の湯

ⓐ 別冊P.19,B2　⏰ 7:00~23:00　㊡週二　Ⓢ成人￥800，3歲~小學生￥400

鴻の湯是城崎溫泉中最早開放的溫泉，也是傳説中治癒鴻鳥的湯，因具有治療外傷的神奇功效而聞名，也是幸福降臨的湯。位於溫泉街末端的鴻の湯，露天庭園風呂是最大特色，深受文學家志賀直哉以及許多文人墨客喜愛。

♨ 柳湯

ⓐ 別冊P.19,D2　⏰ 15:00~23:00　㊡週四　Ⓢ成人￥800，3歲~小學生￥400

從中國西湖移植的柳樹下湧出溫泉，因此有柳湯這個美麗的名字，外觀十分風雅，功效則是求子安產，吸引許多婦女前來泡湯，門口有個小小的足湯，可以邊泡腳邊欣賞小橋流水。

飲泉·足湯

來到城崎溫泉當然要泡湯才會過癮，但如果剛好不適合泡湯的話，在整個溫泉街中也有多處足湯、飲泉可以讓人體驗溫泉的潤澤感。

· 飲泉：在車站前、一の湯前、溫泉寺藥師堂前皆設有飲泉，據説適量飲用可以緩解慢性消胃炎與便秘。

· 足湯：藥師公園前、さとの湯、城崎文藝館、柳湯、一の湯前皆設有足湯。

♨ 御所の湯

ⓐ 別冊P.19,C2　⏰ 7:00~23:00　㊡週四　Ⓢ成人￥800，3歲~小學生￥400

御所湯利用溫泉蒸汽的三溫暖具有美容效果，讓皮膚更有光澤，因此又有「美人湯」稱號，南北朝時代的歷史典籍「增鏡」中曾提及，歷史十分悠久。除了幫助你成為一個美人，據説也有助於成就良緣。

城崎文芸館

別冊P.19,D3 ☎0796-32-2575 兵庫縣豐岡市城崎町湯島357-1 9:00~17:00 週三、年末年始、換展期間 成人￥500、國高中生￥300，小學生以下免費 www.kinobun.jp/

早期聚集許多文人雅士的城崎溫泉，曾多次出現在小說場景之中，而城崎文藝館就是**介紹這些前來溫泉鄉的文人和畫家生平事蹟並展示他們作品的展館**。入口處以高科技特設展示文學脈絡，館內會不定期更換展覽。而大廳也設有免費空間展示簡單介紹，即使不進去看展也有一些免費的東西可看。**文藝館外並設有手湯、足湯**，可稍作歇息。

Being alive and dying were not positive and negative poles. I had the feeling that there was not that much difference between them.

可愛的手拭巾圖案說明浴衣穿法，泡湯完也不用擔心歸穿不回去。

いろは

別冊P.19,C2 ☎0796-32-0168 兵庫縣豐岡市湯島449 10:30~18:00，20:00~22:00，浴衣最晚歸還時間22:00 週四 浴衣體驗￥2500 iroha168.net

城崎溫泉街上滿是穿著浴衣的遊客們，但若是日歸旅行，也想體驗浴衣，那就要來いろは租借，在充滿輕煙的柳樹小徑中漫步、拍照留念。除一般租借方案外，另提供情侶方案、孕婦方案等供選擇，**不論哪種方案，也都附上木屐、小袋子，工作人員也為幫你穿好讓你美美上街**。除了租借，店內也有全新浴衣、帶、小物可以選購，許多人會特地來此買回家呢！

溫泉文學散步

城崎溫泉古名為「但馬溫泉」，或許因為垂柳成蔭，且保有懷舊的面貌、安靜的氛圍，一直以來都是文人墨客喜愛的溫泉鄉。20世紀日本小說家志賀直哉曾來到城崎休養身體，後來完成的小說《在城之崎》，便是以此地作為背景，從此城崎溫泉便廣為人知。不過志賀直哉並不是唯一獨厚城崎溫泉的作家，曾經造訪城崎的文學家不勝枚舉，來一趟城崎，你會發現文學家的足跡比比皆是，如果是熟悉日本文學的人，一一走訪這些文人所留下的文學碑，別有一番樂趣，而城崎町文藝館則詳細介紹這些作家的生平和流派。

城崎スイーツ本店

別冊P.19,C2 ☎0796-32-4040 兵庫縣豐岡市城崎町湯島527 9:40~17:40休日：週三、週四 米粉バウムクーヘンパフェ(米粉年輪蛋糕聖代)￥650 www.kinosakisweets.com

要說城崎新興的代表銘菓，便是城崎スイーツ的年輪蛋糕了。十分堅持原料的來源，只**使用但馬產、飼育環境優良的雞蛋、與東方白鸛共生之稻米所研磨的米粉**，製作出來的燒菓子個個香甜鬆軟，尤其年輪蛋糕嚐來濕潤不卡喉嚨，榮登旅人伴手禮的第一名。本店除了伴手禮、蛋糕、布丁等甜點外，也有冰淇淋、蕨餅等多種選擇，可以外帶也可以內用，十分推薦。

◉ 木屋町小路

おすすめ 薦

木造房舍與石坂小徑，鄉間風情令人流連忘返。

🏠 別冊P.19,C2　☎0796-32-4411　🚉兵庫縣豐岡市城崎町湯島391　🕐約10:00~23:00(依店鋪而異)　❌依店鋪而異　🌐kinosaki-spa.gr.jp/directory_cat/kiyamachi/

就位在木屋町通旁，**木屋町小路裡集結了10間特色小店**，從大排長龍的人氣布丁生萬，到Kinosaki Vinagar的果酢、海煎堂的煎餅、美茶庵凛的 茶拿鐵、旦馬牛串屋的烤牛肉等，每一樣都是美味又可愛，另外還有專門掏耳朵的耳サプリ等讓人放鬆身心的小店，泡完澡來逛逛木屋町小路，吃喝玩樂都在這裡。

🛍 麦わら細工 かみや民芸店

☎0796-20-5206　🚉木屋町小路內　🕐10:00~18:00　❌不定休　💰麦わら細工体(麥稈細工體驗)胸針、頂錬墜子、髮束￥2500　🌐kamiya-mingei.com

城崎麥稈工藝品的由來大約是在距今280年前，有位來自因州(鳥取縣)的麥稈工藝職人，為了要在城崎溫泉進行湯治，所以將染色的麥稈貼在竹笛或陀螺上販售，進而演變而來。**かみや民藝店是麥稈工藝品製作專門店**，現在的店主傳承這項工藝，仍繼續以麥稈製作出一個個華麗又實用的工藝品。

城崎以麥稈細工聞名，若是想要親自體驗這項美術工藝的話，不妨前來位在木屋町小路裡的「かみや民芸店」。由かみや三代目神谷俊彰先生經營的工作坊，**提供三種難易程度的麥稈細工體驗**，從簡單的飾品到需要設計圖樣的收納盒等，考驗你的巧手與細心程度，完成都木作品都能帶回家，很有成就感。

🍴 GUBIGABU

🏠 別冊P.19,D2　☎0796-32-4545　🚉兵庫縣豐岡市城崎町湯島646　🕐11:30~22:00(L.O.21:30)　❌週四、第3個週三　💰但馬牛と八鹿豚のハンバーグ(但馬牛和八鹿豬肉漢堡排)￥1480　🌐www.gubigabu.com

GUBIGABU指的是大口喝酒GUBIGUBI、大口吃肉GABUGABU之意，**以季節食材為主，提供與城崎地啤酒最搭的料理，讓人在外湯巡遊之後能夠來此暢飲、大吃。**和摩登的空間以木質為主要概念，往裡走還有個和式榻榻米座位，讓人自在放鬆。

神戶市區▶阪神間 神戶近郊 城崎溫泉

そふと工房

別冊P.19,C2 ⊙0796-32-2260 兵庫縣豐岡市城崎町湯島397 ⊙9:00~22:30 不定休

そふと工房是冰淇淋專賣店,**全年都賣的口味有7種**,其中黑芝麻、黑豆這兩種口味不但健康,而且很受歡迎,此外超人氣的更有柚子茶、南瓜、提拉米蘇等,逢冬天11~3月螃蟹季節,居然還推出蟹卵口味冰淇淋。工房內還有家和風喫茶,提供咖啡、抹茶等搭配甜點。

まるさん物產店

別冊P.19,C2 ⊙0796-32-2352 兵庫縣豐岡市城崎町湯406 ⊙8:00~22:00 (18:00~19:30休息) marusan406.com

> 店內的原創T恤實用又可愛,是最佳紀念品!

來到城崎想點帶伴手禮回去,卻不知道要帶什麼才好,不用煩惱,來到まるさん物產店,**超過百種當地銘菓、伴手禮、和雜貨、豐岡製鞄**等,反而會讓人看得眼花瞭亂,不知從何下手。其實眾多商品裡,老闆貼心為顧客標出人氣商品,跟著買沒有錯!

> 現場點杯清酒喝,喜歡再買整瓶。

坂本屋酒店

別冊P.19,D2 ⊙0796-32-2047 兵庫縣豐岡市城崎町湯島407 ⊙9:00~22:00 週三、不定休(詳見官網) ⓢ城崎地ビール(地啤酒)330ml¥550 sake-sakamotoya.com/

坂本屋酒店陳列只有在但馬才品嚐到的日本酒,範圍從清酒、燒酌到啤酒,種類十分豐富。店內除了**販售已經包裝好的清酒,還有藏元直送的「生酒」**,也設置了座位區,讓人可以選擇喜歡的酒現場來上一杯,感覺真的很棒。要買回家也可以,特別推薦GUBIGABU空黑川雪一系列四種啤酒,可愛的包裝讓人愛不釋手。

> 像博物館般展示著美麗工藝品。

みなとや

別冊P.19,D2 ⊙0796-32-2014 兵庫縣豐岡市城崎町湯島416 ⊙8:30~17:30,19:30~21:30 ⓢ湯のしずく5個¥820、綾たちばな¥1170 www.kinosaki-miyage.com

結合傳統工藝品賣場與和菓子的みなとや,**在江戶時代原為旅館,明治以後改做和菓子並販售地方特產**。堅持以丹波產的大納言紅豆、讚岐產的三盆糖等,嚴選高品質材料製做美味和菓子。其中用求肥麻糬包著紅豆的「湯のしずく」,呈溫泉水滴落的風情,味道纖細。

神戶市區→阪神間

神戶近郊　城崎溫泉

城崎ジェラートカフェChaya

📍別冊P.19,B2　☎0796-29-4858　🏠兵庫縣豐岡市城崎町湯島857　🕐9:30~17:30　週四、不定休　💰溫泉たまご体験(溫泉蛋體驗)3個￥350，義式冰淇淋單球￥400，但馬牛まん(但馬牛肉包)￥490　🌐www.kinosakisweets.com/

位在鴻の湯前的元湯旁，小小的木屋販售地產材料製成的**義式冰淇淋**，不管是香濃牛奶口味，或是清新水果香味，每一種口味都讓人慾罷不能。除了冰淇淋之外，以**代表城崎的螃蟹、但馬牛所製成的肉包**也是人手一個，吃得不亦樂乎。喜歡**溫泉蛋**的人也可以在此購入生蛋，到一旁用溫泉泡熟哦！

熱騰騰的包子讓人食慾大開。

溫泉蛋

由於Chaya就位在泉源旁，貼心把地產地雞蛋放在網袋中販售，讓人可以在一旁的溫泉裡DIY溫泉蛋。以元湯大約80度的溫泉將蛋泡熟，店家推薦的時間是13分鐘，喜歡生一點、熟一點的人可以自行加減放置的時間。

☕🍸 Cafe&Bar 3rd

📍別冊P.19,E2　☎0796-32-4870　🏠兵庫縣豐岡市城崎町湯島219小宿緣1F　🕐Café 10:00~16:00休日：Café週三、不定休(詳見官網)，Bar週三　🌐3rd.koyado.net/　❗目前Bar暫停營業

與住宿設施小宿緣併設的咖啡吧3rd，在**白天以咖啡廳風格經營**，提供咖啡輕食，中午還有焗烤等套餐，是當地的人氣網紅打卡店。**到了晚上，搖身一變，成為醉人小酒吧。**昏暗的燈光下，三五好友依著吧台輕啜小酒，讓溫泉街的夜色變得更矇矓。

🍴 海中苑 本店

おすすめ
薦

📍別冊P.19,E2　☎0796-29-4832　🏠兵庫縣豐岡市城崎町湯島132　🕐11:00~18:45(L.O.18:00)；螃蟹鍋L.O.16:30；螃蟹飲食區L.O.17:30　❌1/1、1/2　💰海鮮丼(舟)￥1600，海鮮丼(海)￥2100，天丼(附沙拉)￥1900

最鮮的美味丼飯，好吃到讓人下次來城崎就是為了吃上一碗。

老闆親自採購**來自但馬津居山港的新鮮漁獲，品質新鮮有保證**。而來到二樓就是自家餐廳海中苑，使用的食材就是自家進貨的海鮮，絕對給客人品嚐到第一手的新鮮。11~3月是松葉蟹盛產季節，此時造訪城崎溫泉就絕不能錯過螃蟹大餐。而由**11種食材組成的海鮮丼**，大碗滿意、新鮮美味，多種美味濃縮在一碗公裡。

神戶市區→阪神間

神戶近郊 城崎溫泉

🍴 大黑屋

📍別冊P.19,E3 ☎0796-32-2728 🏠兵庫縣豐岡市城崎町湯島87 🕐10:30~17:00 💤不定休 💰螃蟹握壽司￥2000,螃蟹丼￥1500,螃蟹箱壽司￥1400

　　來到城崎溫泉,不要錯過美味的松葉蟹,而大黑屋就是當地人都推薦的,由父子共同經營,至今已傳至第三代。問起受歡迎的原因,老闆謙虛地說,因為這裡是產地,有最新鮮的螃蟹,不但份量夠多而且價格便宜。店裡料理都以螃蟹為主,還有螃蟹烏龍麵,最受歡迎的是可吃到許多螃蟹的螃蟹壽司,店裡許多日本客人都是點這幾樣,不試試就太說不過去啦。

🏨 西村屋 本館

📍別冊P.19,C3 ☎796-32-4895 🏠兵庫縣豐岡市城崎町湯島469 🕐check in 15:00~17:00,check out 11:00 🌐www.nishimuraya.ne.jp/honkan/

　　西村屋是城崎溫泉最古老的溫泉旅館,創業於江戶安政年間,已有150多年歷史,傳統日式建築,一拉開窗就能看見布滿青苔的庭園,呈現老舖旅館特有的風情和韻味,四季變換景色的庭園讓人明顯感覺季節,而繼承創業以來的傳統,以溫馨家庭式服務,讓人覺得賓至如歸。來到西村屋,請放慢你的腳步,欣賞日式庭園,品嘗山海美食,享受泡湯樂趣,如此才能領略和風旅館的精髓。

☕ 海女茶屋

📍別冊P.19,E3 ☎0796-32-2854 🏠兵庫縣豐岡市城崎町湯島80-1 🕐8:30~17:30 💤不定休

　　就位在JR城崎溫泉駅正對面的海女茶屋可是這裡的人氣店舖,從早餐時段就開始營業,**午餐、下午茶到晚餐,每一樣都料理都十分到位**。如果空著肚子時,可以試試特製的炸蝦丼飯,兩尾巨大的明蝦保證讓人大感滿足。早餐或下午茶時段,可以點份炸但馬牛排三明治,或是清爽的水果吐司,配上杯香醇的咖啡,在這裡用餐就體驗最當地的生活。

🏨 西村屋 ホテル招月庭

📍別冊P.19,A2 ☎0796-32-4895、0796-32-3535 🏠兵庫縣豐岡市城崎町湯島 1016-2 🌐www.nishimuraya.ne.jp/shogetsu/

　　西村屋新建成的西村屋招月庭,雖然外觀是現代建築,不過房間仍然是和室,而且飯店擁有5萬坪自然庭園,一片綠意盎然,一進門就是可愛的兔月亭茶室,可在這裡小坐歇息,喝茶品味小點心。**大浴場「月下湯」分為男湯和女湯,男湯是檜木浴池,女湯有少見的土耳其蒸汽浴室,有如一個小型宮殿**,兩處都有綠意盎然的露天風呂,泡湯同時可接受森林浴芬多精的洗禮。

Ⓗ きのさきの宿 綠風閣

別冊P.19,D2　0796-32-2834　兵庫縣豐岡市城崎町湯島174　check in 15:00~18:30，check out 10:00　不定休(詳見官網)　www.ryokufukaku.com

一踏進這間旅館，就被西式的簡潔與和風的典雅巧妙融合所吸引住，溫暖柔和的用色讓人覺得舒服安心，在許多小地方都可以看出特別為女性設計，溫柔的暖色調的裝潢，很有和風味道的鮮花。不僅房間使用日式榻榻米，連走道和電梯裡頭也都舖上了榻榻米，讓客人在旅館裡行動感覺更舒適。露天風呂命名為綠風和水風，彷彿可以感覺微風吹拂，而更衣室地板使用竹子舖設，營造出與眾不同的感覺。

Ⓗ ときわ別館

別冊P.19,A2　0796-32-2814　兵庫縣豐岡市城崎町湯島1013　check in 15:00，check out 10:00　kinosaki.co.jp

這是間小而精緻的溫泉旅館，二層樓的建築，只有23個房間，卻擁有600坪的日本庭園，每個房間看出去都是一幅庭園美景，雖然房間不多，有點不符合經濟效益，然而旅館卻堅持日式庭園造景的概念，讓每位客人都能感受日式庭園的美。ときわ別館定義為「一個純粹休息的地方」，遠離溫泉街的喧囂，希望旅客可以完全放鬆，達到身心好好休息的效果，大眾湯也不大，因為既然旅客來到城崎溫泉，希望能享受逛外湯的樂趣。如果你是喜歡安靜的旅客，典雅的和室、美麗的庭園，以及道地的美食，就能消除旅途的疲憊，滿足你的心。

Ⓗ 富士見屋 山莊 珍竹林

別冊P.19,D2　0796-32-2624　兵庫縣豐岡市城崎町湯島730　check in 15:00，check out 10:00　www.kinosaki-fujimiya.net/

這是間稍稍遠離鬧街的小旅宿，除了本館之外，登上長長階梯來到林中的別館珍竹林更是別有風情。特別的是，這裡的有些房型內並無附設浴室，但在山腰則設有溫泉個室，只要在住房時向女將預訂洗澡時間，便可以在該時段獨享溫泉。溫泉設備雖然簡便，但在一片竹林中泡著熱湯，也算是享受。

神戶市區→阪神間

神戶近郊 出石

出石
いずし
Izushi

江戶時代，出石是德川幕府底下一處俸祿五萬八千石的城下町，有但馬小之都的美稱。如今最引人注目的地標就是一座叫做「辰鼓樓」的古樸鐘樓，獨特的造型讓人彷彿覺得一旦靠近，就會被吸入神隱少女的神妙世界般，古樸又靜謐。而來到這裡，一定要嚐嚐裝在小碟子裡滑溜溜蕎麥麵，在醬汁中打入生蛋的特殊吃法讓人印象深刻。

交通路線&出站資訊

電車
JR豐岡駅⇨JR山陰本線
JR江原駅⇨JR山陰本線
JR八鹿駅⇨JR山陰本線
❶搭乘電車至各車站，皆需要轉乘巴士。

巴士
從JR豐岡駅、江原駅、八鹿駅等車站，皆有直達出石的全但巴士可以搭乘。
從豐岡駅出發約30分，¥590
從江原駅出發約22分，¥570
從八鹿駅出發約25分，¥570

🚌全但巴士www.zentanbus.co.jp
◎夢但馬周遊巴士たじまわる
プレミアム号這是一台期間限定的觀光巴士，依季節改變行駛路線，連接城崎溫泉~出石~竹田城跡，可選擇從城崎溫泉駅、豐岡駅等地出發，途中至各地遊覽，回程可在和田山駅、豐岡駅、城崎溫泉駅等地下車。一天行程豐富，且有導覽人員(日文)，不想花心思在交通的話是不錯的選擇。搭乘全但巴士是最好的選擇。搭乘全但巴士至出石下車後，約要徒步10分左右才會抵達出石城跡、辰鼓樓等景點。
🚌プレミアム号週六日例假日運行，依路線而異，需事先預約(詳見官網)
💴一日乘車券國中生以上¥500，小

學生以下¥250
🌐tajima-tabi.net/tajimawaru
❶此為巴士旅遊行程，需遵守上車時間，若中途錯過上車時間便無法退票

出站便利通
◎由於並沒有直達出石的電車，所以除了自駕之外，從各大車站轉乘全但巴士至出石下車後，約要徒步10分左右才會抵達出石城跡、辰鼓樓等景點。

👁 出石城跡

📖別冊P.15,F4 ☎但馬國出石觀光協会0796-52-4806 🏠兵庫縣豐岡市出石町內町 ⏰自由參觀

山名一族在出石一帶勢力壯大，**天正2年(1574)在有子山的山頂築了座有子山城，慶長9年(1604)小出吉英將山頂天守廢除，將有子山麓的城郭命名為出石城**，也就是我們現在看到的範圍。可惜的是明治時代的廢城令，出石城也只剩下辰鼓樓、城垣與城堀了。現在城跡附近整治為登城橋河川公園，充滿綠意，從本丸順著階梯向上便是有子山稻禾神社，是散步踏青的好去處。

👁 辰鼓樓

📍別冊P.15,E3　☎但馬國出石觀光協会0796-52-4806　🕐兵庫縣豐岡市出石町內町　✅自由參觀

辰鼓樓建於明治4年(1897)，每一個整點會敲擊太鼓來告知時辰，後來在**明治14年時由一位當地的醫生捐獻了一個大時鐘，才成為現在鐘樓的樣子**，不過目前辰鼓樓的大時鐘已經是第三代鐘了，並不是明治時期的那一個。

大大的時鐘嵌在古老樓台裡，是別處看不到的風景。

🎭 永樂館

📍別冊P.15,E3　☎0796-52-5300　🕐兵庫縣豐岡市出石町柳17-2　✅館內見學9:30~17:00(入館至16:30)　❌週四、12/31、1/1　💰館內見學成人￥400，學生￥240，小學生以下免費　🌐eirakukan.com/

永樂館是出石的演藝劇場，建於明治34年(1901)，由代經經營染布店的小幡家出錢建造，也因為永樂館的落成而讓出石成為但馬的藝文娛樂中心。這座擁有百年歷史的劇場，是**日本現存最古老的劇場建築**，土牆、太鼓樓的外觀充滿古典風情，迴旋舞台、舞台下的奈落、表演高台等舞台構造也都保存得十分完好，在沒有表演的時候可以入內參觀。

👁 家老屋敷

📍別冊P.15,E3　☎0796-52-3416　🕐兵庫縣豐岡市出石町町98-9　✅9:30~17:00(入場至16:30)　❌1/1、11/3、12/31　💰成人￥200，高中大學生以上￥120，國中生以下免費　🌐www.city.toyooka.lg.jp/1019810/1019834/1019849/1002153.html

家老屋敷是昔日出石城的高級武士(家老級)所居住的地方，外觀看起來只有一層樓高的房子裡其實隱藏了第二層樓，這是古代人為了警備敵人偷襲所留的一手，人躲在裡面還可反偷襲。家老屋敷裡還**展示有每年11月3日「大名行列」所用的道具**。「大名」就是藩主之意，大名離開領地到江戶城付任時，都會帶著家臣隊伍同行，進城時為了壯大聲勢，常會刻意敲敲打打或是舞動陣頭來威風一下，這些道具都十分特別，各有特色，十分有趣。

神戶市區→阪神間

神戶近郊　出石

花水木

🏠別冊P.15,E3　☎0796-52-3211　🏠兵庫縣豐岡市出石町內町107-1
🕐9:00~19:00　🍴出石皿そば(出石小碟蕎麥麵,附藥味)一人份5盤
￥1000　🌐www.hanamizuki.co.jp/

　　　　結合土產店的花水木,**不只一般觀光客喜愛,許多團體客也指名來此用餐**。以地產蕎麥為主原料,純手工製成,麵體滑溜香氣逼人。在品嚐過一輪小碟蕎麥後,第二輪以溫熱的醬汁沾麵可是花水木的獨家吃法。不同於其它專賣蕎麥麵的店,來到花水木還有多種丼飯、套餐的組合,更豐富的餐點滿足每一張想吃的嘴。

正覺田中屋

🏠別冊P.15,E3　☎0796-52-2048　🏠兵庫縣豐岡市出石町本町97
10:30~售完為止,晚餐預約制　🗓週四、第3個週三(遇假日照常營業)
🍴出石皿そば(出石小碟蕎麥麵,附藥味)一人份5盤￥990　🌐www.sarasoba.com

　　本身就是製麵所的正覺田中屋,在出石町的上的蕎麥麵店也十分有人氣,**每一份蕎麥麵都是客人點餐後才現揉現煮的,保持麵條最新鮮的Q勁與自然的香氣**,一小碟一小碟的吃法也不會給腸胃造成負擔,值得一試。

出石燒

出石燒是出石特有的陶器,雪白的外表為其特徵,有二百多年的發展歷史。出石燒是以一種稱作「柿谷陶石」為原料燒製而成的。雪白無瑕的白磁表面上雕刻以纖細精美的花紋,風格清新獨特,難怪乎會被認定為國家傳統工藝品,而受到重視。

出石蕎麥麵的由來

出石的蕎麥麵是三百多年前(寶永3年,西元1706年)由一位從信州上田調職到出石的藩主所帶來的。信州就是現在的長野縣,以信州蕎麥麵聞名全國,跟隨著這位名叫仙石政明的藩主來出石任職的蕎麥麵師傅們,將信州的傳統製法「挽きたて、打ちたて、茹がきたて」(蕎麥粉製成的狀態、剛將麵打揉好的狀態、麵剛煮好甩掉水的狀態)貫注在出石的蕎麥麵中,成為出石最具代表性的鄉土味覺。之後,隨著江戶初期出石燒的製作,出石的路邊攤蕎麥麵店乾脆就將雪白的出石燒器皿當做蕎麥麵的碟子,於是乎出石小碟蕎麥麵的形態就此誕生。

出石町的東邊一處叫但東町的地方,種植有一度消失的夢幻品種「赤花蕎麥」,青色的蕎麥種子用石臼碾磨後,香味和甘味跟用機器磨的完全不同,使用這種夢幻素材所揉製的出石小碟蕎麥麵,使日本的蕎麥麵迷們趨之若鶩,不遠千里只為一飽口福。

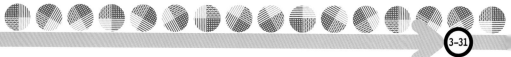 さらそば 甚兵衛

別冊P.15,E4 ☎0796-52-2185 ♨兵庫縣豐岡市出石町小人14-16 ◷11:00~約18:00 ⊗週三 ⑤手打ち出石皿そば(小碟蕎麥麵5盤,附藥味：雞蛋、山藥泥)一人份¥1200，一般男性食量約10盤以上，女性約5~10盤 ⓦwww.jinbe.com

　　出石蕎麥麵名店甚兵衛面積不大的室內巧妙隔成數個空間，有能夠**一次坐進三十人團體的奧座敷、眺望窗外城下町的暖桌區、個室「月之間」**等，讓每一位來訪的客人都能擁有餘裕的空間，舒適品嚐美味蕎麥麵。

出石皿そば

蕎麥麵
沾麵醬汁
山藥泥
山葵泥
蔥花
雞蛋
蘿蔔泥

小碟蕎麥麵吃法

1

先將醬汁倒到陶杯中，品嚐醬汁的味道。

2

將蕎麥麵挾起放入裝了醬汁的陶杯中，品嚐蕎麥麵沾了醬汁後的原味。

3

品嚐過蕎麥麵的原味後，再將喜歡的香料如芥末、蔥末、山藥泥等放入醬汁中，體驗不同的味覺。

4

在沾麵醬中加入雞蛋打散，品嚐濃厚滋味。

5

最後再來嚐嚐熱呼呼的蕎麥湯。

神戶市區▶阪神間

神戶近郊 ⋯⋯⋯ 出石

🍴 楽々鶴 出石酒造

🅐別冊P.15,F3 ☎0796-52-2222 🅗兵庫縣豐岡市出石町魚屋114-1 🕘9:30~18:30 🚫不定休 🌐www.big-advance.site/s/165/1267

有270年歷史的土藏，讓人感受這裡的特殊風情

　　出石酒造位於出石城下町中，創業於寶永五年（1708年），其歷史可追溯至江戶時代中期。據說在寶永三年，當時信州上田藩的仙石政明與出石藩藩主松平忠周和進行領地交換，隨後仙石政明於寶永五年下達「獻上美酒」的命令，因此出石酒造自此開始了釀酒的歷史。**出石酒造最為人稱道的是其厚達40公分的紅色土壁**，雖然酒藏在明治九年（1876年）的大火中雖受損，但部分建築奇蹟似地倖存至今，見證了數百年來的歲月變遷。

　　來到出石酒造，**不僅能品味香醇的日本酒，更可透過現任第十四代社長中易裕明的解說，了解酒造與城下町的豐富歷史故事**。無論是愛酒之人，或是對日本文化充滿興趣的旅人，都能在這裡體驗到濃厚的歷史氣息與人情味，發掘出更多出石的隱藏魅力。

在店頭可以免費試喝，怎麼能錯過！

必訪傳統土藏

　　一般來說，酒藏的牆壁會塗上2至3層泥土，再覆上一層白色石灰漆，但這座酒藏卻厚塗了6層，牆體厚度達約40公分，僅是施工便耗時2至3年。如此費工的原因在於，出石地區的氣候變化劇烈，夏季酷熱、冬季寒冷，對釀酒而言是極大挑戰。厚實的土藏能有效調節溫度變化，並吸收濕氣，使酒藏內保持穩定環境。此外，土牆亦具備優良的防火特性。明治九年（1876年）大火曾吞噬城下町七成建築，但這座酒藏仍倖存下來，並成為當地歷史的重要見證。現今，這座土藏亦作為瓶裝與儲藏空間，繼續承載著悠久的釀酒文化。

【 銘酒楽々鶴 】

　　「楽々鶴」（ささづる）是一款充滿故事與歷史背景的日本酒。其名稱來自多個不同的淵源：「楽々鶴」中的「楽々」源自於距離出石酒造約20公里外的城崎溫泉附近的一個地名「楽々浦」，同時出石城城主仙谷公的別莊名稱「楽々樂園」，而「楽々」在日本酒文化中亦是對美酒的別稱，因此「楽々鶴」巧妙地結合了這些寓意深遠的元素。而「鶴」則象徵著曾經棲息於此地的珍貴鳥類——東方白鶴，代表著祥瑞與福氣。這款美酒不僅名字充滿典故，其口感也相當出色，甘醇順口，帶有優雅的香氣，仿佛將當地的歷史與文化濃縮於酒香之中，令人不禁一嚐再嚐，感受其中的豐富韻味。

不管紅豆還是黃豆粉都好美味。

👁 出石明治館

📍別冊P.15,F3 ☎0796-52-2353 🏠豐岡市出石町魚屋50
🕐9:30~17:00(入場至16:30) 🚫週一(遇假日順延翌日休)、
12/28~1/4 💰成人￥200，高中大學生以上￥120，國中生以下
免費 🌐www.city.toyooka.lg.jp/1019810/1019834/1019849/1002151.html

明治館建於明治20年，原為出石郡役所，木造擬洋風建築與出石傳統屋敷大相逕庭，是市指定文化財。現在館內**常設展出對出石地方有貢獻的歷史名人**，進來逛一圈便能了解出石近代發展的歷程。喜歡歷史建築的人也可以著眼於建築細部，感受明治時代洋館的特殊氛圍。

🍡 田吾作

📍別冊P.15,E3 ☎0796-52-6968 🏠兵庫縣豐岡市出石町八木38-2 🕐9:00~17:00 🚫週二、第2個週一

軟軟QQ的麻糬還感覺得到米飯的顆粒，配上紅豆餡香甜，或是黃豆粉清香，不膩的好滋味讓田吾作受到當地人與觀光客的歡迎。**除了定番的御萩餅之外，夏季還會推出刨冰，冬季善哉(紅豆湯)、包著草莓的萩餅等**，想要坐在店內品嚐還會附上一杯熱茶，十分貼心。吃完出石的小碟蕎麥麵後，不妨散步來此吃甜點當作結尾吧！

☕ 珈琲蔵 風空路欧

📍別冊P.15,F4 ☎0796-53-1717 🏠兵庫縣豐岡市出石町內町16 🕐8:00~17:00 (L.O.16:30) 🚫週四 💰咖啡￥420起，各式蛋糕￥360，パンケーキ(鬆餅)￥600 🌐www.cafe-fukurou.jp

「風空路」，日文唸成ふくろう，音與日文的「貓頭鷹」相似，所以在店內也可以找到許多貓頭鷹小飾品。外觀以日式古蔵為設計意象，老闆特地將店內天花板加高，並以大量木頭元素營造出和洋相容的安心感，用心打造出讓人想多待久一點的沉穩空間。餐點部分，**咖啡採用豐岡市內的烘焙名店蜩珈琲的豆子**，13種選擇風味各異，老闆十分樂意與顧客分享，不妨詢問。而甜點則有每日進貨的新鮮蛋糕與手作鬆餅可以選擇，種類豐富。

神戶市區／阪神間

神戶近郊

湯村溫泉

湯村溫泉
ゆむらおんせん
Yumura Onsen

湯村溫泉位在兵庫縣日本海側的但馬地區，千百年來持續不斷地湧出豐富的溫泉，加上地處幽靜，自古以來就是溫泉療養勝地。1981年有部NHK的電視連續劇「夢千代日記」，以湯村溫泉為外景拍攝舞台，使其聲名大噪，溫泉街上的夢千代橋旁就有一座夢千代塑像，是以女主角吉永小百合的劇中扮像所雕塑的。

交通路線&出站資訊

電車
JR浜坂駅▷JR山陰本線
JR八鹿駅▷JR山陰本線
❶搭乘電車至各車站，皆需要轉乘巴士。

巴士
◎從浜坂駅下車之後搭乘前往湯村溫泉的全但巴士約需20~30分，約30分一班車。
◎從八鹿駅下車之後搭乘前往湯村溫泉的全但巴士約需75分，一天5班車。
◎從大阪梅田地區的阪急巴士總站

或三宮的神姬巴士總站皆可搭乘前往湯村溫泉的全但巴士，一天僅有2班，時刻表請上網站查詢。
大阪(阪急三番街)▷湯村溫泉，上午班次約3小時，下午班次約3小時30分，成人￥4400。
🚌全但巴士www.zentanbus.co.jp

出站便利通
◎一抵達湯村溫泉巴士站就是最熱鬧的溫泉鄉，主要的景點、溫泉和旅館就在附近，徒步即可抵達。
◎每天日落後到晚間十點，荒湯、溫泉街和夢千代橋還會有美麗的夜間

點燈，五彩的燈光有種朦朧之美，不遠處山丘高處還有一個同樣用霓虹燈所設計的「夢」字，燈火迷離間非常浪漫，別有風韻。
湯村溫泉觀光協
⌂兵庫縣美方郡新溫泉町湯98
☎0796-92-2000
🌐www.yumura.gr.jp

溫泉
溫泉泉質：碳酸鹽泉、硫酸鹽泉、無色透明
療效：神經痛、肌肉酸痛、關節痛、恢復疲勞

足湯
流貫過溫泉街的春來川旁，除了有飾演『夢千代日記』的明星們留下的「手形」(手印)散步道外，還有長長一段用原木和大理石所修築的「足湯」，常見到湯客們穿著旅館提供的浴衣信步來此泡泡腳，女生們在夏天還可租借到花色嬌豔的夏季浴衣，一邊泡足湯，一邊剝著剛煮好的溫泉蛋吃，好不愜意。

◎ 荒湯

🔖別冊P.19,B1　☎湯村溫泉觀光協会0796-92-2000　⌂兵庫縣美方郡新溫泉町湯1248　◉自由參觀，足湯約7:00~21:00　💲免費

　　湯村溫泉內有座溫度高達**攝氏98度的泉源「荒湯」**，熱騰騰冒出的湯煙終年不斷，加上其泉質內含有適宜用來煮菜的特殊成分「重曹」，所以**成為村民們日常生活中燙山菜、香菇、豆腐的好所在**。荒湯旁的商店就有提供一袋袋的雞蛋、紅薯、玉米、蔬菜等素材，讓觀光客親自體驗溫泉料理的樂趣，並且還貼心的附贈網袋和調味用的鹽巴，若碰上冬天松葉蟹盛產季節，還可買到新鮮的松葉蟹享受一頓超豪華的溫泉大餐呢！

夢千代館

別冊P.19,B1　0796-92-2002　兵庫縣美方郡新溫泉町湯1371　10:00~19:00(入園至18:30)，混合露天風呂10:00~18:00　週四(遇假日照常營業)、不定休　成人￥1000、、65歲以上￥800，3歲以上~小學生￥600　www.refresh.co.jp/yumura/

　　1981年有部NHK電視連續劇『夢千代日記』，以湯村溫泉為外景拍攝舞台，飾演女主角「夢千代」的正是當代知名女星「吉永小百合」，這部擁有高收視率的日劇讓湯村溫泉聲名大噪，溫泉街上的夢千代橋旁的一座夢千代塑像，就是以吉永小百合的劇中扮像所雕塑的。夢千代館**展示吉永小百合在該劇中所使用過的物品、資料**等，整體氛圍打造得復古懷舊，走入其中彷彿步入時光隧道，回到昭和30年代。

💡 **夢手紙**
在購買入場券時，可別忘了再多付￥180購買一組空白信紙。將自己的夢想、想對一年後的自己說的話寫在紙上，裝入信封並寫下想寄到的地址，一年後的此刻便會收到，穿越時空與自己對話。

藥師湯

別冊P.19,B1　0796-92-2002　兵庫縣美方郡新溫泉町湯1371　10:00~19:00(入園至18:30)，混合露天風呂10:00~18:00　週四(遇假日照常營業)、不定休　成人￥1000、、65歲以上￥800，3歲以上~小學生￥600　www.refresh.co.jp/yumura/

　　藥師湯是湯村溫泉的公眾浴場，就位在荒湯的旁邊，這裡沒有什麼觀光客，是當地人十分喜愛的泡湯處。**藥師湯取自荒湯的泉源**，採源泉掛流(不循環回收利用)方式，**泉水無色透明，是對皮膚極好的美人湯**，泡完又滑又嫩。1樓除了男湯與女湯之外，還有露天風呂與桑拿室，2樓則是舖滿榻榻米的和室休息區。

溫泉發電

荒湯源泉有90度高溫，早期會利用溫泉水來達到暖房的效果，近年則利用溫泉的熱電效應(60度溫泉水與20度自來水的溫度差)來發電。在藥師湯一旁還能看到發電裝置。這裡所發的電除了作為館內的電力來源外，還提供一個代表環保的綠色插座給民眾使用，可以在此幫手機充電，也讓民眾對溫泉溫度差所發出的電更有實質感受。

湯村溫泉水療公園

リフレッシュパークゆむら

別冊P.19,C1　0796-92-2002　兵庫縣美方郡新溫泉町湯1371　10:00~19:00(入園至18:30)，混合露天風呂10:00~18:00　週四(遇假日照常營業)、不定休　成人￥1000、、65歲以上￥800，3歲以上~小學生￥600　www.refresh.co.jp/yumura/

　　湯村溫泉水療公園修築在山丘上的是一座座露天溫泉風呂，有充滿和風情懷的酒樽風呂、可眺望溫泉街的洞窟展望風呂、享受瀑布拍打的瀑布風呂、舒服的寢湯和蒸氣浴等，**可以用便宜的價格體驗豐富的溫泉設施**，因為是男女混浴制，所以要穿泳衣入場。

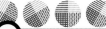
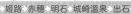

神戶市區→阪神間

神戶近郊 湯村溫泉

歐巴桑咖啡

遊月亭 ゆむら屋 おばあかふぇ

📍別冊P.19,B1　📞0796-85-8010　🏠兵庫縣美方郡新溫泉町湯82-1　🕐09:00~17:00　❌週二、週四、不定休　💰おばあの根性燒(歐巴桑車輪餅)¥150　🌐www.yuzukitei.com/obacafe

　　歐巴桑咖啡改建自已有130多年歷史的老屋,裡頭擺滿了當地土特產,也提供空間給人休息歇歇腿,是散步途中的好去處。這裡的**工作人員全都是當地親切的歐巴桑**,平均年齡71歲,總是笑呵呵地歡迎人們,而提供的餐點,也皆是出自歐巴桑之手的美味鄉土滋味,像是根性燒、萩餅等,配上一杯黑豆茶十分對味。值得一提的是,**牆上貼滿了許多「歐巴桑語錄」,說明了特殊的歐巴桑哲學**,懂日文的人不妨細細研讀。

親切的歐巴桑總是熱情對每個人打招呼。

但馬牛餐廳 楓

但馬ビーフレストラン楓

📍別冊P.19,C1　📞0796-92-2001　🏠兵庫縣美方郡新溫泉町湯1371　🕐11:00~15:00(L.O.14:30)、16:00~19:00(L.O.18:00)　❌週四(遇春假日照常營業)、不定休　💰午餐時段但馬牛サーロイン(但馬牛沙朗)100g¥6820,但馬牛燒肉定食 並(但馬牛定食)¥1980　🌐www.refresh.co.jp/restaurant/

　　但馬牛因為生長在水草豐美的大自然中,所以肉質鮮嫩、油花豐美,與神戶牛、松阪牛不相上下。但馬牛排餐廳「楓」,是湯村溫泉最富盛名的一家人氣餐廳,提供的是正宗的但馬牛料理,尤其是午間的**日式牛排楓定食,採用鐵板燒的方式,大廚就直接在客人的面前料理**。晚餐則提供西式牛排套餐,一整套吃下來大大滿足!

但馬牛 はまだ 本店

📍別冊P.19,B1　📞0796-92-0080　🏠兵庫縣美方郡新溫泉町湯81　🕐09:00~18:00　❌週四　🌐www.tajima-beef.jp

　　はまだ是當地人都會來的精肉店,創業於1969年,肉品皆來自自家牧場,品質優良,價格也有絕對優勢。日本三大和牛「神戶牛、松阪牛、近江牛」的品種皆源自但馬牛,故但馬牛又有最高級和牛之美稱,來はまだ不只能以超值價格購買牛肉,更可以**直接買現炸可樂餅、牛肉餅,立即品嚐但馬牛好滋味**。

福島理髮店

別冊P.19,B1 ☎0796-92-0209 ⊙兵庫縣美方郡新溫泉町湯115-4 約10:00～17:00 ⊗週一

　湯村溫泉的溫泉湧出量極大，且溫度也很高，一般民家內只要打開水龍頭流出來的就是溫泉。在湯村溫泉街半徑400公尺的範圍內，就有4家老派理容店，店裡都沒有熱水器，而是**直接用溫泉水幫顧客洗頭**，至今也成為湯村溫泉街的一大特色。來到老派的理容所，**約20分鐘的體驗洗髮，店主人幫忙肩頸、頭皮按摩，溫泉水洗去頭皮角質**，神輕氣爽繼續行程吧！

溫泉洗髮
湯村溫泉的泉質富含碳酸氫鈉，對皮膚有滋潤的功能，又有美人湯之稱。利用溫泉水洗髮、按摩頭皮，可以軟化頭皮角質層，且將毛孔裡的皮脂、污垢溶出，達到去污去油的功效，讓頭皮清爽，更加健康。

卍 正福寺

別冊P.19,B1 ☎0796-92-0133 ⊙兵庫縣美方郡新溫泉町湯174 ⊙自由參觀

　溫泉街上方有座古寺，相傳是**湯村溫泉開湯者慈覺大師創建**的，也是夢千代日記的拍攝地點之一。雖然創建年代不詳，但寺裡有座天台座主第三代慈覺大使円仁的座像設於江戶時代，是極為古老的地方信仰中心。步上長長的階梯，許多人會特地來寺廟裡找尋隱藏的「愛心」，是知名的人氣景點。

尋找幸福的愛心
由湯村溫泉觀光協會為了活絡地方而發起的活動，在溫泉小鎮中藏入許多愛心，只要用相機搜集5個，到觀光協會便可以換得小禮品。如果發現了沒人發現過的愛心，便能得到命名權，並接受獎狀表揚！

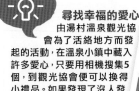
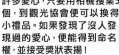

但馬牧場公園

地圖外 ⊙JR浜坂駅搭乘巴士約30分至「夢が丘中学校」轉車約25分 至「丹土」下車，徒步15分；湯村溫泉搭乘巴士約25分 至「丹土」下車，徒步15分 ☎0796-92-2641 ⊙兵庫縣美方郡新溫泉町丹土1033 ⊙9:00～17:00 ⊗週四(遇假日順延翌日休) ⊙自由入園參觀；依設施、體驗活動另計(詳見官網) ⊙www.tajimabokujyo.jp

　兵庫縣立但馬牧場公園就是培育但馬牛的牧場，綠油油的草地上可以看到毛色呈咖啡色的牛隻在悠閒地吃草，牧場裡還有但馬牛博物館可讓人更了解但馬牛的培育史。除了可近距離看到但馬牛外，牧場內還有**可愛溫馴的綿羊、山羊和小袋鼠，夏天豔紫色的薰衣草大片地盛開，冬天積雪盈尺時則化身為小型滑雪場**，一年四季都有不同的風貌。

神戶市區▼阪神間

神戶近郊 湯村溫泉

Ⓗ 佳泉鄉井筒屋

佳泉鄉 井づつや

🅰別冊P.19,B1　📞0796-92-1111　🅰兵庫縣美方郡新溫泉町湯1535
🕐check in 15:00．check out 10:00　🌐www.izutuya.com

　修築在湯村溫泉高處的佳泉鄉井筒屋，**擁有一座寬廣美麗的瀑布中庭以及庭園泳池，旅館大廳就坐擁著如此美景，讓人心曠神怡**。更特別的是，冬天時庭園被埋在積雪中，銀白的雪地掩映著晶瑩的冰瀑，景色十分清麗迷人。

　佳泉鄉井筒屋的和室房間皆十分寬敞，優雅的和風建築還透著點淡淡的木香，山間的微風自在地吹進房間來，使人心情舒暢平靜，有些客室裡還附有露天風呂，可獨享奢侈的泡湯時光，盡情享受山間綠意。

冬天來這，就是要吃超美味的螃蟹。

特別室「臙支」內還有一個用整塊千年檜木挖成的湯舟，非常奢華。

Ⓗ 朝野家

🅰別冊P.19,C1　📞0796-92-1000　🅰兵庫縣美方郡新溫泉町湯1269　🕐check in 15:00．check out10:00　🌐www.asanoya.co.jp

　近年來不停重新裝修的朝野家，**提供最充裕空間的和室客房，讓每一個旅客都能盡情放鬆**。來到這裡，當然不能錯過溫泉；露天風呂以牛郎織女命名，「彥星」晚上為男湯，早上為女湯，「織姬」晚上為女湯，早上為男湯，早晚各可體驗不同風情。最推薦冬季來此住宿，**產自浜坂的松葉蟹擺滿一桌，豪快中帶著纖細的溫泉會席**，則讓人充分感受到取材自山海的美味食感，讓身心都得到愉悅滿足。

丹波篠山
たんばささやま
Tanba Sasayama

丹波地區位於兵庫縣中央山地東端，75%的面積是森林，自古以來因為地處交通要衝，因此十分繁榮。篠山市是丹波主要城市，保有古老的風貌，洋溢著歷史與傳統文化的氣息，其中最具代表性的就是篠山城跡、武家屋敷等，而保有古街道風貌的河原町妻入商家群，是曾經繁榮一時的商業中心，有「小京都」之稱，古老的風味更令人著迷，行走其中就像是身處宮崎駿的卡通裡，感覺十分愉快。這裡也是美味的寶庫，擁有肥沃的土壤和晝夜溫差大的氣候，造就出丹波松茸、丹波黑豆、丹波栗等遠近馳名的美食，牡丹鍋更是必嘗的美味料理，走一趟丹波，心靈滿足了，味覺也滿足了。

交通路線&出站資訊

電車：
JR篠山口駅▶JR宝塚線、JR福知山線
❶搭乘電車至車站，需要轉乘巴士。

巴士：
從篠山口駅站前往篠山城下町一帶，可從駅前的巴士站搭乘神姬グリーンバス至「二階町」站下車，即能徒步至各景點。車程約15分，¥300，班次約30分鐘一班，詳細時刻表請上網站查詢。
❤神姬巴士www.shinkibus.co.jp

出站便利通
◎從篠山口駅離主要的城下町還有一段距離，在估算時間時，不要漏了半小時的巴士時間。
◎篠山的景點其實挺分散的，雖然還算是徒步範圍，但若是騎乘自行車，則更加便利。

租借自行車
市內有多處地方放置自行車，最方便的便是JR篠山口駅的東口，出站後往右轉下樓便會看到租借處。
❤JR篠山駅東口、篠山観光案内所
🕘9:00~17:00(11~2月至16:00)
🗓JR篠山駅東口12~2月
💴一天¥800，90分鐘¥500；電動腳踏車一天¥1000，90分鐘¥600

❤別冊P.18,I2 ❤兵庫縣丹波篠山市河原町 ❤自由參觀，一般店家約11:00~17:00營業

◎ 河原町妻入商家群

おすすめ 薦

必逛老街，了解最庶民的丹波風情。

河原町妻入商家群是篠山傳統建物保護群的一部分，街道兩旁町屋保存完整，早期是商家聚集地，現在則是飄盪著復古風情的町屋老街，也有咖啡廳、博物館、賣店等，是可以逛街的地方。

這裡的建築最大特色便是入口狹窄，內部細長，有「鰻魚之床」之稱，而**妻入式的屋頂構造形成顯目的三角型**更是注目重點！

妻入 VS 平入

妻入與平入，是指入口玄關所在形式的一種説法。主要是以主屋的樑來區分。如果大樑與入口前的道路垂直，屋頂看來像個三角型形狀，便是妻入式；如果樑與入口的道路平行，便是平入式。

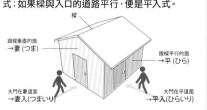

跟樑垂直的面
→妻(つま)

樑

跟樑平行的面
→平(ひら)

大門在妻這面
→妻入(つまいり)

大門在平這面
→平入(ひらいり)

神戶市區▼阪神間
神戶近郊
丹波篠山

👁 川端家住宅

🏠別冊P.18,I2　☎篠山市觀光課079-552-6907　🚉兵庫縣丹波篠山市河原町　🕐預約制　❗內部並未一般公開，想參觀可洽篠山市觀光課預約

　　川端家住宅建造於明治前期，在平成17年(2005)列入篠山市指定有形文化財。篠山一般的町屋入口窄小，敷地狹長，但**川端家住宅為平入式大型町屋，光是入口就有17公尺(一般約6公尺)**，足見當時川端家之財力。占地713坪的豪宅裡，一入口便是主屋，隔了庭園的離屋則曾作為皇室下鄉來訪時的住所，另外在主屋2樓的虫籠窗、1樓的真壁造、白漆喰等，也都是篠山町屋必看的特色。

👁 大正羅曼館

大正ロマン館

🏠別冊P.18,G2　☎079-552-6668　🚉兵庫縣丹波篠山市北新町97　🕐10:00~17:00　🚫週二、年末年始、例行維護日　🌐tanbasasayama.hyogo.jp

　　在篠山城跡護城河北方，一直都是政府機構集中地點，現在篠山市役所、市民會館都在這一區。**大正12年(1923)落成的大正羅曼館，在當時是最現代的建築物**，也是極具代表性的歐風建築。**現在建築物內部作為觀光案內所**，附設餐廳提供黑豆咖啡等餐飲，另外，特產販售部收集了丹波特產品，松茸、黑豆、丹波栗等應有盡有，是採買禮物伴手禮的最佳地點。

丹 王地山まけきらい稻荷神社

🏠別冊P.18,I2　☎079-552-0655　🚉兵庫縣丹波篠山市河原町92　🕐自由參觀　🌐www.makekirai.com

　　位在王地山公園的西側，**數百座豔紅鳥居沿著山勢而建**，順勢登上階梯，盡頭便是まけきらい稻荷神社。原為日蓮宗本經寺之寺境的小神社，元和五年安房守松平信吉任篠山城主，將王地山賜為鎮座之地，從此信徒絡驛不絕，更是壯大。其中末社「平左衛門稻荷大明神」則**為勝利守護之姿受人信仰，每到考季、比賽前夕便會有許多人來祈願勝利**。

まけきらい，不認輸？

　　相傳青山忠裕初為篠山藩主時，每年在將軍面前比賽的上覽相撲中，篠山藩從未勝過，惹得他十分不悅。有一年，一群草莽相僕力士前來自薦，在賽中連戰連勝，當青山忠裕要論賞時，才發現這些力士已然消失無蹤。問起其姓名，都是篠山城周邊稻荷神社的山號，於是人們便傳說是稻荷大神化身為力士來助青山忠裕得勝，因此也有不認輸的匿稱。

篠山城大書院

別冊P.18,G2 079-552-4500 兵庫縣丹波篠山市北新町2-3 9:00~17:00(售票至16:30) 週一(遇假日順延翌日休)、年末年始(12/25~1/1) 入館￥400；4館共通入館券(歷史美術館・武家屋敷安間家史料館・青山歷史村・篠山城大書院)￥600，2天內有效 withsasayama.jp/osyoin/

> 時間有限，只能選一個地方參觀的話，不用考慮，就來這裡吧！

　德川家康在關原之戰勝利後，開啟了江戶德川幕府時代，為了鞏固西日本勢力，於慶長14年(1609)命令藤堂高虎、松平重勝等人在篠山建城。根據考據，大書院和篠山城時建造時間同，在幕藩體制結束前260年，都是作為政務辦公之處，**明治維新後難得以保存下來，作為學校禮堂，然而卻在昭和19年遭大火焚毀**，如今所見的是後來復原的樣貌。

武家屋敷 安間家史料館

別冊P.18,G2 079-552-6933 兵庫縣丹波篠山市西新町95 9:00~17:00(售票至16:30) 週一(遇假日順延翌日休)、年末年始(12/25~1/1) 入館￥200；4館共通入館券(歷史美術館・武家屋敷安間家史料館・青山歷史村・篠山城大書院)￥600，2天內有效 withsasayama.jp/anma-samurai/

　江戶時代，篠山城外堀周邊依據武士階級的不同建造了眾多武家屋敷，而安間家便是篠山藩主青山家家臣的住處，屬於「高12石3人扶持」的下級武士。**安間家住宅位於通稱「御徒士町」的武家屋敷群中，保留了茅草屋頂的母屋與瓦頂的土藏，充分展現當時武士家庭的生活面貌。**史料館內展示了安間家世代相傳的古文書、生活器具與家具，以及篠山藩相關的武具和史料，讓遊客能深入了解江戶時代武士的生活風貌。該建築已於平成6年5月20日被列為市指定文化財。

青山歷史村

別冊P.18,G2 079-552-0056 兵庫縣丹波篠山市北新町48 9:00~17:00(售票至16:30) 週一(遇假日順延翌日休)、年末年始(12/25~1/1) 入館￥400；4館共通入館券(歷史美術館・武家屋敷安間家史料館・青山歷史村・篠山城大書院)￥600，2天內有效 withsasayama.jp/aoyama/

　青山歷史館**原址為篠山藩主青山家的別邸，名為「桂園舍」，園區內包含了三棟土藏與長屋門等建築**。這裡展示了篠山藩歷史相關的貴重文物，如全國罕見的漢學書籍版木超過1200餘片、篠山城石垣修理圖、藩政資料及印章等，這些史料充分展現了江戶時代的歷史與文化。

篠山市立歷史美術館

別冊P.18,H1 079-552-0601 兵庫縣丹波篠山市服町53 9:00~17:00(售票至16:30) 週一(遇假日順延翌日休)、年末年始(12/25~1/1) 入館￥300；4館共通入館券(歷史美術館・武家屋敷安間家史料館・青山歷史村・篠山城大書院)￥600，2天內有效 withsasayama.jp/history-museum/

　這棟美觀的建築**是日本現存最古老的木造法院**，1891~1981年間都是作為法院使用，後來才改為歷史美術館，展示篠山地區的歷史文物。有趣的是，館內還保有以前法庭樣貌供遊客參觀，讓人忍不住想像開庭的情形，而館內的收藏展示則有武具、漆器、繪畫等。

👁 和服租借 花菱 【薦】

着物レンタル 花菱

🅜別冊P.18,I2　☎080-3021-3744　🌐兵庫縣丹波篠山市河原町110　⏰9:00～18:00，完全預約制　💰和服基本組￥5500　📧nakajima00takeshi@gmail.com　⏰隔日返還加￥1000

> 換上和服，在歷史街道上拍出美美的照片吧！

　來到篠山，怎麼能不換上和服，漫步於這座充滿歷史風情的城下町。**花菱的地理位置便利，距離各大觀光景點僅需步行可達。店內提供多款和服與腰帶、小物供挑選搭配，讓每位遊客都能穿出獨特風格。**無論是悠閒地在篠山街頭散步，還是走訪古色古香的傳統建築和當地特色的古民家咖啡店，穿上美麗和服都能感受到不同以往的日常體驗。此外，花菱還提供專業攝影服務，只要事前預約就能幫你拍下美麗的和服造型，留下難忘的紀念。

> 走在歷史悠久的街道上享受獨特的文化氛圍，將成為篠山之行的美好回憶。

👁🎁 鳳鳴酒造 ほろ酔い城下蔵

🅜別冊P.18,H1　☎079-552-1133　🌐兵庫縣丹波篠山市吳服町46　⏰9:30～17:00　❌週二　💰夢の扉純米吟釀720ml￥2300，樓蘭300ml￥880　🌐houmei.wixsite.com/houmeisyuzou/home

　創業於1797年的老店，當時建築物保存至今，從外觀即可看出其歷史悠久，十分具有古樸風味，後方則**展示了過去製酒過程所使用的古老器具**，可藉此了解製酒過程和歷史。此外，運用當地特產黑豆所釀的酒「樓蘭」，以及用栗子製作的「Marron de Kiss」，也都十分特別，是只有在這裡才買得到的特產。

💡 聽音樂的酒

除了傳統高品質的吟釀酒，鳳鳴酒造最有名的是音樂振動釀造酒「夢の扉」，聽貝多芬和莫札特的音樂所釀造的酒，喝起來到底有何不同呢？據說音樂的確是會影響釀酒成果的，請自己來試試到底差別在哪裡。

🎁 小田垣商店

🅜別冊P.18,I2　☎079-552-0011　🌐兵庫縣丹波篠山市立町19　⏰賣店9:30～17:30，Café11:00～17:00(L.O.16:00)　❌賣店年末年始，Café週四(遇假日順延翌日休)、年末年始　🌐www.odagaki.co.jp

　日本人喜歡吃黑豆，而且視黑豆為健康食品，這點可從琳瑯滿目的黑豆商品得到證明，自古以來，**丹波地區就一直以生產高品質的黑豆聞名**，無論在顆粒大小或是味道方面，都堪稱日本第一。想要買到高品質的黑豆，小田垣商店則是最佳選擇，**直接從農家收購**，加以分類篩選，如今已經營至第6代。黑豆經證實

有防治高血壓、糖尿病等效果，很適合家中長輩食用，此外，小田垣商店也販售大豆、紅豆等菓子產品，不只對健康很有益處，更是美味。

必買伴手禮

**やわらかしぼり豆
(柔軟絞豆)￥432**
比一般絞豆更柔軟，口感與甘甜滋味又更上一層。

**抹茶しぼり豆
(抹茶絞豆)￥432**
大粒丹波黑豆的甘甜，與抹茶的甘苦交融出最佳平衡。

**黑豆シュクル
(黑大豆sucre)￥432**
炒香的黑豆外包覆著香脆糖霜，喜歡酥脆口感的最佳選擇。

**黑豆ショコラ
(黑豆白巧克力)￥432**
炒香的黑豆以白巧克力、黃豆粉包覆，清爽又健康。

神戶市區▼阪神間 神戶近郊 丹波篠山

栗屋西垣

📖別冊P.18,G1 ☎079-552-3552
🏠兵庫縣丹波篠山市郡家130-12
🕘9:30～17:30 ⏰週二、三

創業於大正12年，已有約近百年歷史的老店，現在已傳到第三代，店面古老、陳設簡潔，沒有複雜的商品，全部都是使用**丹波品質保證的栗子**，最受歡迎的商品為純栗羊羹，成熟的風味特別受到成年人喜愛，而年輕人則偏愛**使用整顆栗子製作的丹波大栗納豆**。栗屋西垣對材料的選用相當自豪，不添加化學原料，師傅用多年經驗，在製作過程中，引出栗子的甜味，口味清爽，吃再多也不膩。

🍴Ⓗ 料理旅館 高砂

📖別冊P.18,H1 ☎079-552-2158 🏠兵庫縣丹波篠山市二階町6 用餐11:30～14:00；check in 16:00；check out 10:00 ステーキ丼(牛排丼)¥1400 🌐takasago-ryokan.net ❗特別餐點為預約制，需先以電話預訂

篠山築城不久後，政治地理位置日漸重要，而作為交通樞紐而繁榮的篠山並沒什麼像樣的住宿，於是高砂初代創始人在嘉永元年(1848)創業，提供住宿與來返的旅人。傳至現在來到第6代，繼承了先祖對待旅人的誠摯之心，**以和風摩登、復古為基調，一樣提供住宿，但也結合了丹波傳統文化，轉換成桌上美食**，吸引許多饕客前來尋訪珍味。

牡丹鍋發詳之宿

只在冬季提供的牡丹鍋，是以味噌為基底，再放入山豬肉片燉煮的火鍋；由於山豬肉切片擺盤，油脂與紅肉的分佈似盛開的牡丹花，因而有其美名。近又旅館最初以其牡丹鍋而聞名，這道經典料理起源於第十代當主將野生豬肉與特製味噌結合烹煮，創造出豐富風味的佳餚，被譽為「**牡丹鍋發祥之宿**」。桂小五郎（後來的木戶孝允）也曾在日記中記錄他與心愛之人一同造訪近又的情景。

🧁 雪岡市郎兵衛洋菓子舖

📖別冊P.18,G1 ☎079-558-7686 🏠兵庫縣丹波篠山市魚屋町13-1 🕘10:00～18:00 ⏰週一、二 丹波黑豆起司蛋糕¥2765 🌐la-neige-ashiya.ocnk.net

雪岡市郎兵衛洋菓子舖以加入丹波黑豆、丹波栗子的起司蛋糕聞名。**平平無奇的起司蛋糕中加入了大量的丹波篠山產黑豆，或是丹波栗子，濃郁香甜味感與微鹹的起司交織出絕妙的風味**，是被「五星兵庫」認定的上乘美味，每一口都是丹波篠山大自然與職人匠心的結晶，絕對值得親自品嚐，細細體會其中的純粹與美味。

🍴Ⓗ 近又

📖別冊P.18,G1 ☎079-552-2191 🏠兵庫縣丹波篠山市二階町81 🕘11:00～15:00、17:00～21:00；check in 16:00；check out 10:00 ⏰不定休 會席料理¥19800起，牡丹鍋¥12500起 🌐www.kinmata.jp/

薦 創業四百年，篠山牡丹鍋的發源地，老饕必ına。

近又自江戶時代以來以「近江屋」之名經營至今，已有超過400年歷史。其以優質食材與細膩烹飪技巧為特色，精心呈現丹波篠山四季變化中的各種會席料理。旅館的悠久歷史與文化吸引了無數名人雅士前來光顧，其中昭和54年，浩宮德仁親王殿下（今上天皇）亦曾在此下榻，品嚐牡丹鍋及手作黑豆，為這家料理旅館增添了光輝的一頁。**走進「近又」，彷彿進入時光隧道，品味的不僅是傳統佳餚，更是數百年來的歷史與風情**。若您來到丹波篠山，務必親臨此地，細細品味近又的獨特魅力。

神戶市區▶阪神間

神戶近郊 丹波篠山

店內的商品都附有手寫的說明，讓顧客在了解背後故事的同時感受溫暖。

Hakutoya
ハクトヤ

別冊P.18,I2 079-552-7522 兵庫縣丹波篠山市河原町121-1 11:00~18:00，週末10:00~18:00 週四，冬季（1月底~2月底） hakutoya.exblog.jp/

　丹波篠山的知名雜貨店Hakutoya坐落於充滿城下町風情的街道上，店門口琳瑯滿目的商品吸引著行人的目光，讓人不由自主地停下腳步。店主一瀨裕子以**「日常的生活與旅行」為主題，展示她在旅途中發現的手工藝品，這些作品既具有實用性，又能輕鬆融入日常生活中**。Hakutoya這個名字靈感源於「白」與「夜」，象徵著從早到晚的生活情景。店內透過窗戶灑入的自然光線，搭配舒適的通風環境，營造出令人放鬆的氛圍，背景音樂則是來自當地藝術家的吉他獨奏，令人愉悅。店內陳列著來自國內外120位作家的各類器皿、木工藝品、玻璃製品、布藝與編織品等，每一件商品都散發著對物品的熱愛與用心。

花格子

薦 おすすめ

別冊P.18,I2 079-552-2808 兵庫縣丹波篠山市河原町160 11:30~13:50，17:30~20:30 週一 乾蕎麥麵¥860，蕎麥御膳¥1290 hanakoushi.jugem.jp

喜歡日式蕎麥麵的人，就不能錯過這排隊名店的美味。

　花格子以正宗的十割蕎麥聞名；為了讓顧客能充分體驗蕎麥的風味、香氣與甘甜，**店家每日堅持使用國產蕎麥，並在早晨以石臼現磨，製作新鮮的手打蕎麥麵**。蕎麥麵的口感滑順，香氣撲鼻，配上特製的醬汁，令人回味無窮。店內環境寬敞而舒適，擁有兩個榻榻米席和四個桌子，但座位有限，建議提前預約。

讓人美麗又窈窕的菊花茶。

岩茶房 丹波ことり

別冊P.18,G3 079-556-5630 兵庫縣丹波篠山市西新町18 11:00~17:00 週三、四 大紅袍茶20g ¥1000 kotori-gancha.com

　岩茶發源自中國福建，屬於半發酵的青茶，最著名的便是大紅袍茶。丹波ことり以中國岩茶為主題，提供約**20種岩茶與自家製小餅乾、果乾**等，讓人可以一邊享用美味的茶點，一邊品銘吟香。2015年移至現址，改建武家屋敷的空間以木家具為主基調，氣氛沉穩。值得一提的是，這裡使用的器皿出自丹波陶匠柴田雅章之手，觸手輕盈、就口細膩的作工，搭上店內的氛圍與好茶，讓人不自覺沉浸在這悠悠時光之中。

Ⓗ 集落丸山

Ⓐ地圖外 📞079-506-0243 Ⓖ兵庫縣丹波篠山市丸山30 ⊘ check in 15:00～，check out ～11:00 Ⓢ2人一棟，素泊每人¥27500 Ⓤ maruyama-v.jp

集落丸山代表的是一方原鄉的縮景；小小的集落裡不過十數軒房舍，近160年歷史過去，幾經頹敗、再興，如今**其中2軒主屋改築成民宿、一間土藏改為法式餐廳、一間則是蕎麥懷石料理**，以共生共存的方式在時空錯位中尋找新生，將破落的老房舍復原成原本的狀態同時注入新靈魂。這裡沒有非去不可的浮光掠影，集落中隨興所至，或是進入老房舍中品嚐優雅法式料理，或是信步走到村落盡頭的水壩聽蛙賞楓，甚至可以回到屋內什麼都不做、泡泡五右衛門風呂更是愜意。入住集落丸山與其說是來去鄉下住一晚，更像是接受全村無微不至的款待，在都市便利性極為貧瘠的集落中，感受最富裕的里山風情。

老房子的白壁、粗樑皆是值得一看之處。

位在櫃台後側則保留了當時實際使用過的大灶，生活空間更添歷史情調。

Ⓗ 篠山城下町ホテル Nipponia

Ⓐ別冊P.18,F2 📞0120-210-289 Ⓖ兵庫縣丹波篠山市西町25 ONAE棟 ⊘check in 15:00～20:00，check out 12:00 Ⓢ2人一室，一泊二食每人¥34500起 Ⓤwww.sasayamastay.jp

自古為山陽道與山陰道的交匯點而興盛的篠山，城下町發展400餘年，而Nipponia以篠山城下町為一整個住宿設施的概念，將**跨越明治時代至昭和時代的老屋改建成宿泊設施，4幢皆已經超過百年歷史**。正因為尊重每一幢老房子的歷史特殊地位，**Nipponia將地域生活的特殊帶入旅館住宿**，經由歲月刻劃的老建物內，一牆一瓦，無處不留下美麗痕跡。房內故意不設置時鐘、電視等，希望藉此可以讓住宿旅客徹底享受悠閒時光，不受塵俗打擾。

👁 陶の郷

🅰地圖外 🚊JR福知山線「相野駅」下車,搭乘往「清水」、「兵庫陶芸美術館」的神姬巴士,約10分至「陶の郷前」下車 ☎079-597-2034 🏠兵庫縣丹波篠山市今田町上立杭3 🕐10:00~17:00 🈲週二(遇假日順延翌日休)、年末年始(12/29~1/1) 💰入園高中生以上￥200,國中小學生￥50 🌐tanbayaki.com

十分有名的丹波燒起源於平安時代末期至鎌倉時代初期(1180~1230年),與瀨戶、常滑、信樂、備前、越前並稱為日本六古窯,可見其歷史悠久。又因於立杭這地區發跡,因此又稱為立杭燒,古樸沉靜是丹波燒的特色,簡單外觀泛著焦褐或黑色光澤,帶給人寧靜感受。這個美麗的地方,孕育出800年的陶器文化,如今這一區有數十家獨立窯元製作丹波燒,延續傳統的文化加以創作,而丹波傳統工藝公園陶の 則集合了眾多陶藝家的作品,展出優秀的作品,讓世人更能了解丹波立杭燒獨特之美。

👁 陶芸教室

☎079-506-6027 🕐10:00~15:30 💰捏陶500g ￥1320,陶繪小盤￥1210 ⓘ完成的作品約需1個月燒製,但無法郵寄海外,可以聯絡篠山觀光課代為收件寄送(運費另計)

來到陶之鄉,當然不要錯過手作玩陶的機會。可以選擇動手捏陶,或是在素燒的陶坯上畫上自己喜愛的圖案。天馬行空的時間,創作出來的作品是最佳紀念品。

🏠 窯元橫丁

🕐10:00~17:00

想要購買各窯元的職人作品,不必一家一家拜訪。窯元橫丁裡集結了共52間丹波燒窯元,上千件作品,每一件都是適合擺在餐桌上使用的美麗杯盤。每年還不定時會舉辦福袋拍賣會等活動,喜歡的通通都帶回家吧!

👁 丹波立杭登窯

🅰地圖外 🚊JR福知山線「相野駅」下車,搭乘往「清水」、「兵庫陶芸美術館」的神姬巴士,約10分至「試 場前」下車,徒步3分 🏠兵庫縣丹波篠山市今田町上立杭3-5 🕐自由參觀

立杭地區風景優美,放眼望去是山丘圍繞的田園風景,土壤中含有豐富的鐵質,是最佳的陶燒材料。這裡將窯建在傾斜的坡上,名為「登窯」(向上傾斜窯的意思),長有47公尺,早被列入國家無形文化財保護,是現存最老的窯。過去丹波燒成品大多作為壺、花瓶、碗等實用用途,雖然未使用釉藥,然而卻因為「穴窯」中的煙、灰而產生自然的光澤,產生一種沉穩厚重之美,因為製作方法和成品都與現今不同,稱之為「古丹波」。從桃山時代末期(1611年)開始使用釉藥,並以「登窯」取代穴窯,江戶時代出現許多優秀的作品,主要作為茶具使用。

神戸市區·阪神間 → 神戸近郊 丹波篠山

薦 おすすめ

🍴 Luna Parpados

ルナパルパドス

🏠 地圖外　☎ 050-3592-0029　🏠 兵庫縣丹波篠山市今田町上立杭5-18　🕐 11:30～13:30完全預約制　❌ 不定休　💲 Lunch A ¥4180、Lunch B ¥5170

和洋融合，使用美麗的丹波燒餐盤，十分風雅。

　原本在神戶的芦屋開業的 Luna Parpados 十分具有人氣，2016年移轉至篠山後開始融入篠山地方特色，將丹波燒端上餐桌。搭配女主廚的手藝，以西班牙料理為基底，丹波地產食材融和日式料理的創作手法，開啟老饕們味覺與視覺的多重感受。**從前菜到甜點，精心製作的料理一品一品皆使用美麗典雅的丹波燒呈現**，與其說是西班牙料理，更像是女主廚經轉化過的心境縮影，獨創一格。

🏺 正元窯

🏠 地圖外　☎ 079-597-3211　🏠 兵庫縣丹波篠山市今田町下立杭11-2　🕐 週五六日11:30～16:00　❌ 週一～四、不定休　🅿️
www.eonet.ne.jp/~syougen-gama/

　丹波一帶有數十家獨立窯元製作丹波燒，延續傳統文化加以創作，其中的**正元窯不但恪守傳統，更是意外地發展出不一樣的窯燒成品**。男主人堅守職人使命，在自家登窯中專注於陶藝創作，作品精湛但卻也較有距離感，喜歡高級感的人可以來逛逛。

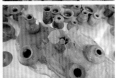

🍴 Rune Café

ルーンカフェ

📷 079-597-3211　🏠 正元窯旁　🕐 週五六日11:30～16:00　❌ 週一～四、不定休　💲 咖啡 ¥350、麵包盤附飲料 ¥850　🅿️
runecafetanbayaki.wixsite.com/runecafe

　正元窯的女主人同為藝術家，**運用天然酵母與國產麵粉，像對待陶藝品一般細心製成麵糰，在窯內燒烤出一顆顆香氣誘人的麵包**。以薪火燒烤的麵包，成品上色不均的問題困擾著女主人許久，但也因為如同陶器一般，在開窯之前並不會知道成色，反而總是帶給她許多期待與樂趣。薪燒麵包既使表面有些焦黑，經過咀嚼後，柴燒的香氣充盈口腔，焦苦後轉為甘甜反倒成為美味特色，深受歡迎。

神戶基本情報

神戶與台灣的交通十分便利，2025開啟直航後三小時即可抵達。作為日本知名的港口城市，氣候上屬於溫帶海洋性氣候，四季分明，春季櫻花綻放、秋季楓葉映紅山脈，與台灣的亞熱帶氣候形成強烈對比。市區融合東西文化，擁有北野異人館街、港口夜景等歐風景點、六甲山的自然美景、和風情懷的有馬溫泉、生田神社等。神戶的風景和文化氛圍兼具異國情調與日式傳統，是體驗日本另一面風情的必訪之地。

日本概要

◎國名：日本

◎正式國名：日本國

◎行政中心：東京(現行法令沒有明訂首都為何。)

◎語言：日語

◎宗教：以信神道教者占最多數，其次為佛教、基督教、天主教等。

◎地理環境：位於東北亞的島國，由四大島：北海道、本州、四國、九州及許多小島組成，西濱日本海、朝鮮海峽、中國東海，東臨太平洋，主島多陡峭山脈和火山，本州是最大主島，沿海為狹窄平原。

◎神戶位置：神戶位於日本本州西南部的近畿地區，與大阪、岡山為鄰，是兵庫縣的首府城市，面向瀨戶內海並背靠六甲山。這樣的地理位置使神戶成為一個重要的港口城市，自古以來便是日本對外貿易的窗口。其地勢狹長，都市建築隨著海岸線延展，而內陸則被起伏的山脈所包圍，形成了獨特的山海交融景觀。

時差
日本比台灣快一個時區，也就是台北時間加一小時。

氣候
◎春(3、4、5月)

氣溫已經開始回升，但仍頗有寒意，有時仍在攝氏10度以下，早晚溫差大，需注意保暖。3月底至4月中是賞櫻季，也是觀光人潮眾多的時候，提早二個月訂機位、旅館較能保障旅行計畫。

◎夏(6、7、8月)

夏天陽光十分炎熱，攝氏30度以上的日子不少，7月下旬至8月初甚至可能超過35度。山裡的氣溫平均約少3~5度，但山裡早晚溫差大，帶件小外套就可以。夏天也是祭典最精彩的時候，煙火大會增添許多樂趣。

◎秋(9、10、11月)

初秋時天氣涼爽宜人，薄外套或針織長衫就很適合。接近11月的晚秋，部分山區已進入冬天氣候，須穿厚外套。11月份進入賞楓季節，奪目的紅葉為山頭染上詩意。

◎冬(12、1、2月)

冬天比台灣更加乾冷，寒流來時還會降至0度左右，保暖防風的衣物不可少。除了山區與北部之外，市區不太會下雪，只會偶爾因寒流而微微飄雪，不會造成交通影響。

習慣
日本的一般商店街和百貨公司，除了特賣期間，通常都從早上11點左右營業到晚間7點到8點之間。行人走方向是靠左行走，車輛行進方向也與台灣相反。而近來日本各處實行分菸制度，在公共場合都不可以吸菸，想吸菸必須要到有標識能吸菸的地方才行。

貨幣及匯率
匯率：台幣1元約兌換日幣4.8圓(2024年7月參考匯價)

通貨：日幣￥。紙鈔有1萬圓、5千圓、2千圓及1千圓，硬幣則有500圓、100圓、50圓、10圓、5圓及1圓。

備註：2024年7月3日，日幣紙鈔全面更新，硬幣則維持原樣。但毋須擔心舊鈔使用問題，都可以持續使用。

兌換
出發前記得在國內先兌換好日幣，雖然各大百貨公司及店家、餐廳等都可使用信用卡，但是像購買電車票、吃拉麵、買路邊攤、住民宿等，都還是會用到現金。國內各家有提供外匯服務的銀行都有日幣兌換的服務，桃園國際機場內也有多家銀行櫃台可快速兌換外幣。

小費
日本當地消費無論用餐或住宿，都不用額外給小費，服務費已內含在標價中。

用餐
除了小餐館、路邊攤和投幣拿券式的拉麵店等小商家只能使用現金，大部分的地方可以刷卡(門口會有可否刷卡的標示)。一般店家都在店門附近擺放料理模型，可以按照模型選餐。不少大型居酒屋也都推出圖文並茂的菜單，讓不會日文的外國朋友可以按圖點餐。

購物&自備購物袋
日本的大打折季是在1月和7月，每次約進行1個半月的時間，跟台灣一樣會折扣愈打愈低，但貨色會愈來愈不齊全。1月因逢過年，各家百貨公司和商店都會推出超值的福袋。

另外因應全球環境保護減塑趨勢，日本自2020年7月起，零售、便利店也推行塑膠袋收費制，一個大約1~5日圓不等，建議盡量自備環保袋在身上。

簽證及護照規定
2005年8月5日通過台灣觀光客永久免簽證措施，即日起只要是90日內短期赴日者，皆可享有免簽證優惠。

免簽證實施注意事項

對象：持有有效台灣護照者(僅限護照上記載有身分證字號者)。

赴日目的：以觀光、商務、探親等短期停留目的之赴日(如以工作之目的赴日者則不符合免簽證規定)。

停留期間：不超過90日期間。

消費稅

日本現行消費稅為10%，2020年退稅計算及退稅方式也有所更新，詳細的退稅條件及方式請見B-7。

🌐tax-freeshop.jnto.go.jp

電話

台灣行動電話雖和日本系統不同，但目前3G、4G手機已可漫遊日本地區。投幣話機可使用10圓、100圓。能撥打國際電話的公用電話越來越少，請特別注意。

◎打回台灣的國際電話：

例：010－886－＊(區碼)－＊＊＊＊－＊＊＊＊

日本國際碼-台灣國碼-區域號碼-受話號碼

◎打回台灣的行動電話：

例：010－886－9＊＊－＊＊＊－＊＊＊

日本國際碼-台灣國碼-受話行動電話號碼

電源

電壓100伏特，插頭為雙平腳插座。如果筆電的電源線為三個插座的話，記得要帶轉接頭，以免到日本後無法使用。

郵政

郵筒分紅、綠兩色，紅色寄當地郵件，綠色寄外國郵件(有些地區只有一個紅色郵筒兼收)。市區主要郵局開放時間，週一~五為9:00~19:00，週六為9:00~17:00。

航空明信片郵資日幣70圓，航空郵件郵資日幣90圓(限10公克以下，寄往亞洲國家，不包括澳洲、紐西蘭，10公克以上，每10公克加日幣60圓)。

信用卡掛失

VISA信用卡國際服務中心

📞00531-44-0022

Master信用卡國際服務中心

📞00531-11-3886

JCB日本掛失專線

📞0120-794-082

美國運通日本掛失專線

📞03-3586-4757

當地旅遊資訊

神戶市總合諮詢處

🏠神戶市中央區雲井通8丁目JR三ノ宮駅東口南側

📞078-241-1050

🕐9:00~18:00

新神戶駅觀光案內所

🏠神戶市中央區加納町1-3-1 (JR新神戶駅改札前)

📞078-241-9550

🕐9:00~17:00

北野觀光案內所

🏠神戶市中央區北野町3-10-20

📞078-251-8360

🕐9:00~18:00，11~2月9:00~17:00

有馬溫泉觀光總合案內所

🏠神戶市北區有馬町790-3

📞078-904-0708

🕐9:30~17:00

神戶旅遊實用網站

Fell Kobe

🌐www.feel-kobe.jp

神戶觀光局

🌐kobe-dmo.jp

Port of Kobe

🌐www.kobe-meriken.or.jp

神戶空港

🌐www.kairport.co.jp

HYOGO NAVI

🌐www.hyogo-tourism.jp

台北駐大阪經濟文化處

🚇地下鐵四つ橋「肥後橋」駅4號出口直結；京阪中之島線「渡辺橋」12號出口直結；地下鐵御堂筋線、京阪本線「淀屋橋」駅7號出口徒步5分

📞06-6227-8623；急難救助專線090-8794-4568 (車禍、緊急就醫、被搶劫、被捕等求助之用，一般事務勿撥打)

🏠大阪市北區中之島2-3-18 中之島FESTIVAL TOWER 17、19F

🕐週一~五 9:00～11:10、13:0 0～15:00；17 F 領務(一般護照、簽證、驗證)受理9:00~11:30、13:00~15:00

🌐teco-osa@mofa.gov.tw

國定假日

12月29日~1月3日	新年假期
1月第二個週一	成人之日
2月11日	建國紀念日
3月20日或21日	春分之日
4月29日	昭和之日
5月3日	憲法紀念日
5月4日	綠之日
5月5日	兒童之日
7月第三個週一	海洋之日
8月11日	山之日
9月第三個週一	敬老之日
9月22日或23日	秋分之日
10月第二個週一	體育之日
11月3日	文化之日
11月23日	勤勞感謝日
12月23日	天皇誕辰

日本入境手續

所有入境日本的外國人都需填寫入出境表格和行李申報單,如果自由行觀光客在出發前沒有拿到旅行社所發送的表格,請在飛機航班上主動向機組人員詢問索取,並盡可能在飛機上填寫完成,每一個空格都需填寫,以免耽誤出關時間。另外,部分日本機場施行可網路預填入境申報,也可善加利用。

入境審查手續

自2007年11月20日開始,為了預防恐怖事件發生,所有入境日本的外國旅客都必須經過按指紋與臉部照相過程才可入境。

① 抵達後請準備好已經填寫完成的入境表格,於外國人的櫃檯依示排隊。

② 向櫃檯入境審查官提交護照、填寫好之入境表格。

③ 在海關人員的引導指示下讀取指紋。
請將兩隻手的食指放上指紋機,等候電腦讀取指紋資訊。

請參閱⑪www.moj.go.jp/content/000001985.pdf

④ 準備臉部拍照,請將臉部正對著指紋機上的攝影鏡頭。

⑤ 接受入境審查官的詢問。

⑥ 入境審查官審核認可之後,
會在護照上貼上日本上陸許可,並釘上出國表格。
(此張表格於日本出境時審查官會取回)

⑦ 等候入境審查官歸還護照,完成入境手續。

不需接受按指紋與臉部照相手續的人

1.特別永住者。
2.未滿16歲者。
3.進行外交或政府公務活動之人員。
4.受到日本國家行政首長邀請之人員。
5.符合日本法務省規定之人員。

隨指標抵達證照檢查處後,請在標示為「外國人入境」的窗口前依序排隊,並準備:1.護照2.填寫好的出入境表格3.機票存根,在輪到你時交給窗口的入境審查官。檢查完資料後,審查官貼上入境許可,並請你在指紋登記系統留下紀錄,完成入國手續。

填寫入國紀錄

① 姓(填寫護照上的英文姓氏)
② 名(填寫護照上的英文名字)
③ 出生日期(依序為日期、月份、西元年)
④ 現居國家名
⑤ 現居都市名
⑥ 入境目的(勾選第一個選項「觀光」,若非觀光需持有簽證)
⑦ 搭乘班機編號
⑧ 預定停留期間
⑨ 在日本的聯絡處(填入飯店名稱、電話號碼即可)
⑩ 在日本有無被強制遣返和拒絕入境的經歷(勾選右方格:沒有)
⑪ 有無被判決有罪的紀錄(不限於日本)(勾選右方格:沒有)
⑫ 持有違禁藥物、槍砲、刀劍類、火藥類(勾選右方格:沒有)
⑬ 簽名

備註:新式入國記錄背面問題即為⑩~⑫

外国人入国記録 DISEMBARKATION CARD FOR FOREIGNER 外國人入境記錄				
英語又は日本語で記載して下さい。Enter information in either English or Japanese. 請用英文或日文填寫。				
氏 名 Family Name 姓(英文)			Given Names 名(英文)	
Name 姓名				
生年月日 Day 日 Month 月 Year 年 年	現 住 所 Home Address 現住址	國 名 Countries name 國家名	都市名 City name 城市名	
Date of Birth 出生日期				
渡航目的 □観光 Tourism 觀光	□商用 Business 商用	□親族訪問 Visiting relatives 探親	航空機便名・船名 Last flight No./Vessel 抵達航班編號	
Purpose of visit □その他 Others 其他目的 ( )			日本滞在予定期間 Intended length of stay in Japan 預定停留期間	
日本の連絡先 Intended address in Japan 在日本的聯絡處			TEL 電話號碼	
1. 日本での退去強制歴・上陸拒否歴の有無 Any history of receiving a deportation order or refusal of entry into Japan 在日本有無被強制遣返和拒絕入境的經歷			□ はい Yes 有 □ いいえ No 無	
2. 有罪判決の有無 (日本での判決に限らない) Any history of being convicted of a crime (not only in Japan) 有無被判決有罪的紀錄(不限於日本)			□ はい Yes 有 □ いいえ No 無	
3. 規制薬物・銃砲・刀剣類・火薬類の所持 Possession of controlled substances, guns, bladed weapons, or gunpowder 持有違禁藥物、槍砲、刀劍類、火藥類			□ はい Yes 有 □ いいえ No 無	
以上の記載内容は事実と相違ありません。I hereby declare that the statement given above is true and accurate. 以上所填內容屬實,絕無虛假。				
署名 Signature 簽名				

在行李旋轉台上找到行李後，還必須通過最後一關行李檢查，才能正式進入日本。如果有需要特別申報的物品的話，必須走紅色通道，如果沒有的話可由綠色通道通關。在這裡請準備：

①行李申報單
②護照

以上物件備齊交給海關人員查驗。

携帯品・別送品 申告書

税関様式C第5360号

下記及び裏面の事項について記入し、税関職員へ提出してください。

1. 乗機（船舶）名・出発地 BR2198 （出発地 2 Taipei ）

入国日 ２０ １４ 年 １０ 月 ２１ 日

フリガナ

氏 名 4 Wang Da Ming

〒

住 所 5 滞在先）

tel _0_3_3_3_4_4_1_1_1_

職 業 6 Student

生年月日 7 1_9_8_0_ 年 １ 月 １ 日

旅券番号 8

同伴家族 9 20歳以上 名 6歳以上20歳未満 名 6歳未満 名

※ 以下の質問について、該当する□に✓でチェックしてください。

1．下記に掲げるものを持っていますか？

	はい	いいえ
10 ① 日本への持込が禁止又は制限されている物（B面を参照）		✓
11 ② 免税範囲（B面を参照）を超える購入品・お土産品・贈答品など		✓
12 ③ 商業貨物・商品サンプル		✓
13 ④ 他人から預かった荷物		✓

* 上記のいずれかで「はい」を選択した方は、B面に入国時に携帯して持込むものを記入願います。

2．100万円相当額を超える現金又は有価証券等を持っていますか？

はい □ いいえ ✓

* 「はい」を選択した方は、別途「支払手段等の携帯輸入届出書」の提出が必要です。

3．別送品 入国の際に携帯せず、郵送などの方法により別に送った荷物（引越荷物を含む）がありますか？

はい □ （ 個 ） いいえ ✓

* 「はい」を選択した方は、入国時に携帯して持込むものをB面に記載したこの申告書を2部、税関に提出して、税関の確認を受けてください。
税関で確認を受けた申告書は、別送品を通関する際に免税範囲の確認に必要となりますので大切に保管してください。

《注意事項》

海外で購入されたもの、預かってきたものなど、本邸に持込む携帯品・別送品については、法令に基づき、税関に申告し、必要な検査を受ける必要があります。申告漏れ、偽りの申告などの不正な行為がありますと、処罰されることがありますのでご注意ください。

ご協力ありがとうございました。

A面より、記入ください。《申告は正確に!》
（ご不明な点などございましたら税関職員へお尋ねください。）

※ 入国時に携帯して持ち込むものについて、下記の表に記入してください。

（注）個人的使用に供する購入品等に限り、1品目毎の海外市価の合計額が1万円以下のものは記入不要です。また、別送した荷物の詳細についても記入不要です。

					* 税関記入欄
酒 類			本		
たばこ	紙巻		本		
	葉巻		本		
	その他		グラム		
香 水			オンス		
その他の品名	数 量	価 格			

* 税関記入欄

円

日本への持込が禁止されているもの

① 麻薬、向精神薬、大麻、あへん、覚せい剤、MDMAなど
② けん銃等の銃砲、これらの銃砲弾やけん銃部品
③ ダイナマイトなどの爆発物や火薬、化学兵器の原材料
④ 紙幣、貨幣、有価証券、クレジットカードなどの偽造品
⑤ わいせつ雑誌、わいせつDVD、児童ポルノなど
⑥ 偽ブランド品、海賊版などの知的財産侵害物品

日本への持込が制限されているもの

① 猟銃、空気銃及び日本刀などの刀剣類
② ワシントン条約により輸入が制限されている動植物及びその製品（ワニ・ヘビ・リクガメ・象牙・じゃ香・サボテンなど）
③ 事前に検疫確認が必要な生きた動植物、肉製品（ソーセージ・ジャーキー類を含む。）、野菜、果物、米など
** 事前に動植物検疫カウンターでの確認が必要です。

免税範囲

・酒類3本（760ml／本）
・外国製紙巻たばこ200本
* 20歳未満の方は酒類とたばこの免税範囲はありません。
・香水2オンス（1オンスは約28ml）
・海外市価の合計額が20万円の範囲に納まる品物（入国者の個人的使用に供するものに限る。）
* 6歳未満のお子様は、おもちゃなど子供本人が使用するもの以外は免税になりません。
* 海外市価とは、外国における通常の小売価格（購入価格）です。

填寫行李申報單

① 搭乘航班編號
② 出發地點
③ 入境日期
④ 姓名(註：填寫護照上英文姓名)
⑤ 日本的聯絡處(請填寫入住之飯店名稱、電話)
⑥ 職業
⑦ 出生年月日(註：填寫西元年號)
⑧ 護照號碼
⑨ 同行家屬(請勾選)
⑩ 是否攜帶以下申請單B面之禁止入境物品？(填寫右方格：沒有)
⑪ 是否攜帶超過B面免稅範圍的商品、土產或禮品？(填寫右方格：沒有)
⑫ 是否攜帶商業貨物、樣品？(填寫右方格：沒有)
⑬ 是否攜帶別人放置物品？(填寫右方格：沒有)
⑭ 是否攜帶超過折合100萬日幣的現金或有價證券？(填寫右方格：沒有)
⑮ 除隨身行李之外是否有郵寄送達日本的物品？(填寫右方格：沒有)
註：以上10-15項如果填寫「是」則必須在B面的清單正確填寫物品名稱與數量。
⑯ 日本禁止入境物品
(1)麻藥、類精神藥、大麻、鴉片、興奮劑、搖頭丸等各級法定毒品。
(2)手槍等槍枝與槍枝的彈藥及零件。
(3)炸藥等爆炸物品、火藥、化學武器的原料。
(4)紙幣、貨幣、有價證券及信用卡等的偽造品。
(5)色情書報雜誌、光碟及兒童色情物品。
(6)仿冒名牌商品、盜版等損害智慧財產權 的物品。
⑰ 日本限制入境物品
(1)獵槍、空氣槍及日本刀等刀劍類。
(2)根據華盛頓公約限制進口的動植物及其製品(鱷魚、蛇、龜、象牙、麝香及仙人掌等)
(3)需事前檢疫的動植物、肉產品(包括香腸、牛肉乾、豬肉乾等)、蔬菜、水果及稻米。
⑱ 入境日本免稅範圍
·酒類3瓶(1瓶760ml)
·外國香菸400支
·香水2盒司(1盒約28ml)
·境外市價總額不超過20萬日幣的物品
(只限入境者的自用品)

訪日前可網路預填「入境審查單」及「海關申報單」

　　從2024年1月25日起，以往在「Visit Japan Web」預填申報單，原本會生成「入境審查單」及「海關申報單」2組QR Code，重新簡化後，現在只會有1組QR Code，不論是入境審查或是最後出海關前，都是使用同1組QR Code，真的是便利多了，當然也可選擇到日本下機後再填傳統紙本，一樣可以入境。

◎相關使用及填寫方式：

　　第一次使用的人，需註冊帳號、email等資訊，註冊完成後，要開始登錄前，最好手邊要有護照

資料、機票資料、住宿資料等在手，等一切齊備，就可以在出國前，先進行登錄囉。但須注意你飛抵的機場，必須是有Visit Japan Web對應系統的機場，目前日本有7個。

　　想進一步了解使用方式，在Visit Japan Web上，有中文詳細說明使用手冊。

❶目前僅7個主要機場（東京-成田機場、東京-羽田機場、關西機場、中部機場、福岡機場、新千歲機場、那霸機場）可以使用 Visit Japan Web 辦理入境和海關手續

港澳入境日本&旅遊資訊

➤日本基本資訊
　　請參考P.B1-B2。

➤簽證及護照規定
　　持香港特區護照(HK SAR)、澳門特區(MACAU SAR)、英國(海外)公民(BNO)，只要是90日內短期赴日者，皆可享有免簽證待遇。

◎免簽證實施注意事項

對象：持有效持香港特區護照(HK SAR)、澳門特區(MACAU SAR)、英國(海外)公民(BNO)者

停留期間：不超過90日期間

赴日目的：以觀光、商務、探親等短期停留目的的赴日(如為其他目的，需另外申請簽證)

◎在香港日本國總領事館

🏠香港中環康樂廣場8號(交易廣場第一座46樓及47樓)

☎+852-2522-1184

🕐09:15-12:00、13:30-16:45

🚫六日

🌐www.hk.emb-japan.go.jp/itprtop_zh/index.html

❶領館轄區：香港特別行政區、澳門特別行政區

➤貨幣及匯率
匯率：港幣1元約兌換日幣20.43圓(2024年7月)。

匯率：澳幣1元約兌換日幣19.84圓(2024年7月)。

通貨：日幣￥。紙鈔有1萬圓、5千圓、2千圓及1千圓，硬幣則有500圓、100圓、50圓、10圓、5圓及1圓。

➤電話
　　港澳行動電話和雖日本系統不同，但目前4G、5G手機已可漫遊日本地區。投幣話機可使用10圓、100圓。能打國際電話的公用電話越來越少，請特別注意。

❶以市話撥打國際電話方式，請參照B-2。香港國際區號(852)、澳門國際區號(853)

➤中國駐大阪總領事館
　　港澳居民在日本遭遇到任何問題與麻煩，如護照遺失、人身安全等，皆可與辦事處連絡。

🚇地下鐵中央線、千日前線在阿波座駅下車，徒步1分鐘

🏠大阪市西區靱本町3-9-2

☎06-6445-9481

🕐週一～週五9:00～12:30，14:00～18:30

🌐osaka.china-consulate.gov.cn

➤港澳居民入境日本手續
　　請參考B3-B4。港澳居民入境日本，除了以往紙本入境申報單及海關申報單外，一樣適用「Visit Japan Web」，可提供出境前預辦入境手續的「入境審查」、「海關申報」和「免稅購買」的網上服務。

≡ **Visit Japan Web** ?

Language 中文（繁體）▾

登入

電子郵件

[　　　　　　　]

密碼

[　　　　　　👁]

☐ 保持登入狀態

登入

重新取得認證碼/忘記密碼時

刪除帳號

建立新帳號

📶 離線狀態使用Visit Japan Web

使用TIPS
想要出國不卡卡，請注意下兩個事項
① **用手機填寫**：以手機進入網站頁面，預先填寫「入境審查單」及「海關申報單」後會取得1組QRCode，以供入境日本時使用，建議用手機在網路直接填寫，就會在手機網頁上取得，會比用網頁方便。
② **截圖使用**：在出國前填完資料取得的QRCode，由於是透過網路連線後出現，但在下機當下，可能上網不那麼便利或是網路卡卡，除了可以離線使用外，建議也可在手機上，直接將QRCode截圖存下，一樣可以使用，以免因臨時找不到網站或被登出帳號而慌張。

日本行動上網

在 旅程中，使用Google Map、交通APP、美食APP、社群網路，或臨時查詢店家資訊時都需要網路連線，這時旅人們就會發現，少了網路，智慧型手機的功能馬上減弱一半。以下介紹四種上網的方法：WIFI分享機、上網SIM卡、國際漫遊與公眾WIFI，旅人可以依自己的需求做選擇。

→ Wifi分享機

在台灣租借Wifi分享機應該可算是在日本最方便的上網方式。由於一台分享機可同時讓3~5台行動裝置上網，因此一群朋友共同分享十分划算。日本4G上網速度快，在城市中一般通訊都不會太差，但要注意上網總流量可能會有限制。現在許多店家提供在機場取還的服務，對準備出國的旅客來說十分便利。

◎ 翔翼通訊

- 📞 02-7730-3111
- 📍 取還處：桃園機場第一、二航廈3F出境大廳櫃台
- ⏰ 取件時間5:30~22:50(當日15:00前下單，可於當日18:00取機)；還機時間24小時，若非營業時間，可將機器及完整包裝投入還機箱
- 🖥 Softbank上網分享器(JP-5M)，4G上網吃到飽：設定費99元+日租金99元，可分享5台裝置，另有販售網卡及e-SIM卡
- 🔗 is.gd/Fzec8j
- ❗ 台北、新竹、台中均設有直營門市，另基隆、桃園、台南、高雄亦設有代銷點，相關資訊以官網最新公告為主。

→ 上網SIM卡

除了租借Wifi分享機以外，也可以選擇上網SIM卡。較不方便的地方在於，要使用上網SIM卡必須把手機內原本的SIM卡取出，換上專用SIM卡，雖然這樣一來便無法使用台灣的號碼，但因為有通訊軟體，還是可以與親友保持聯繫。因為只有換SIM卡，所以無須攜帶額外裝置，在超商與機場取貨便利，有些SIM卡甚至不用歸還，使用完後直接丟棄即可。

有鑑於將SIM卡換掉可能會因此漏接原本門號的訊息，有業者推出了eSIM卡，只要掃描寄到信箱的QRcode就能輕鬆安裝，直接省去現場領取的步驟，但購買前須特別注意自己的手機機型是否適用。

→ 國際漫遊

電信業者	費率
中華電信emome	日租吃到飽1日(連續24小時)298元, 1GB輕量型7天(連續168小時)149元, 2GB輕量型7天(連續168小時)249元, 5GB超值型8天(連續192小時)488元, 8G超值型8天(連續192小時)688元
台灣大哥大	日租吃到飽1日(連續24小時)399元, 4日以上每日199元；1GB計量型15天199元, 2GB計量型15天349元, 5GB計量型15天499元；另有漫遊上網同遊共享包及漫遊上網三合一方案
遠傳電信	日租吃到飽1日(連續24小時)199元, 限最少申辦天數為4天最高30天；5GB加購1GB定量包(暑假促銷方案)至多連續10日(240小時)489元, 5GB定量包至多連續10日(240小時)488元

※以上費率為2024年8月時之資訊，詳細費率請洽電信業者

→ 免費公眾WIFI

業者	熱點	使用方式	網址
Starbucks Wi2	全日本的星巴克	免費, 申請帳號密碼, 不限時數使用	starbucks.wi2.co.jp/
LAWSON Wi-Fi	全日本的LAWSON便利商店可使用	免費, 登入e-mail即可使用	www.lawson.co.jp/service/others/wifi/
FREESPOT	約一萬兩千處	免費, 有的飯店提供的FREESPOT為住宿旅客專用	www.freespot.com/
TOKYO FREE Wi-Fi	東京都提供的車站、景點、公園等公共設施免費wifi, 還可直接連接大眾運輸工具或各區域wifi	以SNS帳號或電子郵件免費申請, 不限時間及次數, 可於兩週內任意使用, 超過兩週需重新註冊	www.wifi-tokyo.jp/ja/

退稅手續

在日本購物後要怎麼退稅？日本從2014年4月起將原本5%的消費稅調漲至8%後，陸續施行了一系列退稅制度修改，伴隨著對外國人的免稅新政策施行，原本只有電器、服飾能夠退稅，如今連食品、藥妝也列入免費範圍，2018年7月起更是將一般品及消耗品合併計算，退稅制度更為優惠。2019年10月起再調漲至10%，想搞懂新的退稅機制，只要把握以下幾個原則就沒有錯：

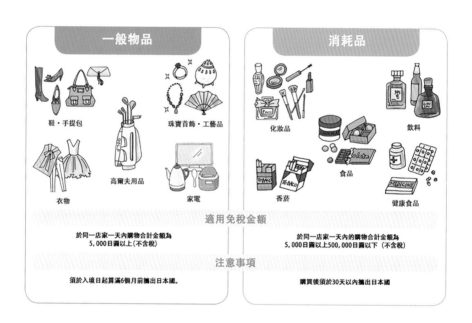

一般物品	消耗品
鞋・手提包　珠寶首飾・工藝品　高爾夫用品　衣物　家電	化妝品　飲料　食品　香菸　健康食品

適用免稅金額

於同一店家一天內購物合計金額為5,000日圓以上(不含稅)	於同一店家一天內的購物合計金額為5,000日圓以上500,000日圓以下(不含稅)

注意事項

須於入境日起算滿6個月前攜出日本國。	購買後須於30天以內攜出日本國

退稅門檻降低

以前的退稅制度將商品分為兩大類，其一為百貨服飾、家電用品等「一般品」，另一種則為食品、飲料、化妝品、藥品、菸酒等「消耗品」，退稅標準為：同一天在同一間店，購買同一種類商品達日幣5,000以上方可享受退稅。2018年7月以後再次降低門檻，不分一般品、消耗品，只要同一天在同一間店裡消費達日幣5,000以上、50萬以下，就可以享受退稅。

不可在日本境內拆封

在日本使用(食用)。為防止退稅過後的物品在日本被打開，購物退稅後物品會裝入專用袋或箱子中，直到出境後才能打開。若是在日本就打開，出境時會被追加回稅金，需特別注意。(原舊制的家電、服飾等「一般品」不在此限)

液體要放託運

原則上所有免稅商品都需要在出境時帶在身邊讓海關檢查，但如果買了酒、飲料等液態食品，或是化妝水、乳液等保養品不能帶入機艙，必需要放入託運行李中時，可在結帳退稅時請店員分開包裝，但切記裝入行李箱時一樣不可打開包裝袋或箱子，以免稅金被追討。

認明退稅標章

舊制的百貨、電器等在各大商場、百貨可於退稅櫃台辦理；而新制則是在付款時便出示護照辦理。可以退稅的店家會張貼退稅標章，若不確定可口頭詢問是否有退稅服務。

有關新稅制詳細規定可洽JAPAN TAX FREE SHOP官網：

www.mlit.go.jp/kankocho/tax-free/about.html

Japan. Tax-free Shop

➡ 退稅流程

❶ 選購商品

❷ 同一日同間商店購買a)消耗品＋b)一般品，滿日幣5,000(未稅)以上

❸ 結帳時表示欲享免稅，並出示護照。短期停留的觀光客才享有退稅資格。有的百貨、商店有專門退稅櫃台，可結帳後再到退稅櫃台辦理。

❹ 填寫基本資料／在購買者誓約書上簽名

❺ 取回商品與護照。

❻ 一般品可以拆箱使用，而消耗品則不可拆封(由專用袋／箱裝著)，並應於出境時隨身攜帶以利海關檢查。

※更多詳細退稅說明可查詢JAPAN TAX FREE SHOP退稅手續：
https://www.mlit.go.jp/common/001396426.pdf

 日文速成班

總之，先說這句

不好意思
すみません。
su-mi-ma-sen.

❶ 不管問什麼，向人搭話時都先說這句比較禮貌。

我不會日文
日本語わかりません。
ni-hon-go wa-ka-ri-ma-sen.

我是台灣人
私は台湾人です。
wa-ta-shi wa Taiwan-jin de-su.

生活日文

早安
おはようございます。
o-ha-yo go-za-i-ma-su.

你好
こんにちは。
kon-ni-chi-wa.

晚安(晚上時與你好同樣意思)
こんばんは。
kon-ban-wa.

晚安(臨睡前)
おやすみなさい。
o-ya-su-mi na-sai.

再見
さよなら。
sa-yo-na-ra.

你好嗎？
お元気ですか。
o-gen-ki de-su-ka.

謝謝
ありがとうございます。
a-ri-ga-tou go-zai-ma-su.

對不起
ごめんなさい。
go-men na-sai.

是 / 好
はい。
hai.

不是
いいえ。
ii-e.

我知道了
わかりました。
wa-ka-ri-ma-shi-ta.

我不知道
わかりません。
wa-ka-ri-ma-sen.

身體不舒服
気分が悪い。
ki-bun ga wa-ru-i.

好像感冒了
風邪引いたみたい。
ka-ze hii-ta mi-tai.

肚子痛
お腹が痛いです。
o-na-ka ga i-tai de-su.

這裡痛
ここが痛いです。
ko-ko ga i-tai de-su.

數字

0	1	2	3	4	5	6	7
れい / ゼロ	いち	に	さん	よん / し	ご	ろく	なな / しち
rei / ze-ro	i-chi	ni	san	yon / shi	go	ro-ku	nana / shi-chi

8	9	10	11	20	百	千	萬
はち	きゅう / く	じゅう	じゅういち	にじゅう	ひゃく	せん	万(まん)
ha-chi	kyu / ku	jyu	jyu-i-chi	ni-jyu	hya-ku	sen	man